한국과학기술고전

국역 재물보 5

이만영 편저 남종진 옮김

세종대왕기념사업회

국 역

남 종 진 南宗鎭

건국대학교를 거쳐, 성균관대학교에서 중국고전 연구로 박사학위를 받음. 민족문화추진회(현 한국고전번역원) 국역연수원 수료. 현 성균관대학교 초빙교수. ≪국역 제가역상집≫, ≪국역 천동상위고≫, ≪국역 추보첩례≫, ≪국역 선택요략≫, ≪국역 교식추보법≫, ≪국역 선택기요≫, ≪국역 성경·신법보천가≫, ≪국역 세초류휘≫, ≪국역 역대사선≫ 5, 9, 17, 21, ≪국역 재물보≫ 1, 2, 3 등의 역주서 있음.

교 열

장 재 석 張在晳

성균관대학교에서 국어국문학을 전공하고, 한림원과 태동고전연구소(지곡서당)에서 한문을 공부하였음. 현재 한국국학진흥원의 일기류 번역사업에 참여하고 있음. 역서로는 ≪국역 의방유취 16≫, ≪국역 의방유취 39≫, ≪국역 의방유취 40≫, ≪논어첫걸음≫, ≪송강문집≫, 공역서로는 ≪편주 의학입문≫, ≪황제내경 소문≫, ≪초간일기≫, ≪청대일기≫, ≪부재일기≫, ≪역중일기≫ 등이 있음.

윤 문 조 경 란 이 천 우

일러두기

1. 이 책은 조선 정조 22년(1798) 이만영(李晩永)이 편저한 ≪재물보(才物譜)≫의 이본(異本) 가운데 국립중앙도서관에 소장되어 있는 8권 8책 본을 저본으로 하여, 권5를 국역한 것이다.

2. 본문에서는 국역문, 원문, 주석을 차례로 실었으며, ≪재물보≫의 원본은 이 책의 맨 뒤쪽을 처음으로 삼아 영인하여 실었다.

3. 차례 3종류에 대한 설명
   ① 첫 번째 차례는 본문의 실제 배열에 따른 차례.
   ② 두 번째 차례는 원문을 국역한 차례.
   ③ 세 번째 차례는 원문의 차례.

4. 표제어 분류 기호
   부호 ●, ◑, ○는 대, 중, 소의 분류를 나타내고, 부호가 없는 것은 최하 수준의 기본 표제어이다. 동일부류에서 다시 하위부류가 나뉘는 경우에는 본문에서 칸을 올리거나 내려서 달리하였다.
   ① ● [최]상위 : ●【발(髮)】[머리털.]
   ② ◑ 중위 : ◑【해(海)】[모든 하천을 받아들이는 것.]
   ③ ○ 하위 : ○【이(理)】[형체가 없어 감각으로는…없는 이치.]
   ④ 일반(부호없음) : 【음양(陰陽)】[음(陰)은 고요함〔靜〕의 원리이다.…]
   ⑤ 동의 표제어는 병기하고, 뒤에서 한꺼번에 풀이하였다.
   예 : 【원극(元極)】·【영극(靈極)】[태극(太極)과 같은 부류이다.]
   ⑥ 부호 ●, ◑, ○의 각 하위분류가 필요할 경우 부호 ■, ◨, □을 사용하였다.

5. 본문의 내용에 대한 국역의 보충 사례

표제어만 있고 별도의 풀이가 없는 일부 사례는 국역에서 풀이를 보충하여 넣었다.

예 : 【변(抃)】 [<손뼉 치다.>]

[각주] 변(抃) : 본문에는 별도의 풀이가 없으나 '박수(拍手)'와 마찬가지로 '손뼉 치다'의 뜻이다.

6. 주석의 처리 규칙

① 원문에 표제어의 출처가 명기된 것은 최대한 원문을 찾아서 각주로 처리하였고, 더러 출처가 잘못된 것은 각주에서 설명하였다.

예 : 【염읍(厭浥)】 [이슬이 내려 촉촉해진 모양. ≪모시(毛詩)≫.]

[각주] 염읍(厭浥) : ≪시경(詩經)≫ <소남(召南) · 행로(行露)>에 "이슬에 젖은 길을…다니지 않으랴.[厭浥行露, 豈不夙夜.]"라고 하였다.

② 표제어에 대한 풀이가 미흡한 경우에는 각주를 달아 보충 설명하였다.

예 : 【추(顀)】 [뼈의 이름.]

[각주] 추(顀) : 척추뼈. 나중에는 '추(椎)'로 쓰게 되었다.

③ 표제어를 풀이한 설명문 가운데 보충설명이 필요한 경우는 본문 속에서 간주로 처리하였다.

예 : 【권라발(捲螺髮)】 [새앙머리(계집아이가 예복을 갖추어 입을 때에 두 갈래로 갈라서 땋은 머리. 틀어 올려 중간을 댕기로 묶거나 틀어 감아서 비녀로 꽂았다.).]

④ 원문의 설명이 일반적 설명과 다른 경우에는 별도로 각주에서 설명을 덧붙였다.

예 : 【견(畎)】 ['견(甽)'과 같다. 전지 안의 밭도랑이 너비가 1척이고 깊이가 1척인 것을 '견(畎)'이라고 한다. '견'을 두 배로 한 것이 '수(燧)'이고, '수'를 두 배로 한 것이 '구(溝)'이고, '구'를 두 배로 한 것이 '혁(洫)'이고, '혁'을 두 배로 한 것이 '회(澮)'이다. 밭도랑.]

[각주] 견(畎) : 풀이에서 '밭도랑'은 원문에는 '밧골앙', 즉 '밭고랑'이라고 하였는데, 표제어인 '견(畎)'은 밭의 가장자리에 둘러져 있는 도랑인 '밭도랑'을 뜻하는 것이므로 '밭도랑'이라고 하여야 한다. '밭고랑'은 밭작물이 늘어서 있는 줄과 줄 사이의 고랑을 통틀어 이르는 말이다.

7. 원문의 교감

① 원문 표기가 잘못된 경우에는 각주를 붙여 설명하고, 국역에서 바로 잡아 옮겼다.

예 : 鋈屬】[銀飾器物. <毛>.]

[각주] 屬 : '續'의 잘못으로, 국역에서는 '續'으로 바로잡아 옮긴다.

【옥속(鋈續)】[은(銀)으로 장식한 기물. ≪모시(毛詩)≫.]

② 일반적이지 않은 이체자, 이형자, 고자(古字), 와자(訛字) 등은 원문에 각주를 붙여 설명하고, 국역에서는 정자로 바꾸어 표기하고 국역하였다.(일반적인 이체자는 원문을 정자로 바꾸어 표기하였음. 예 : 称→稱)

예 : 黃妳】[唐人呼晝寢.]

[각주] 妳 : '嬭'의 이형자로, 국역에서는 '嬭'로 고쳐서 옮긴다.

【황내(黃嬭)】[당(唐)나라 사람들이 낮잠을 일컫던 말.]

8. <한글>에 없는 한자의 처리

<한글>에 없는 한자는 중국의 사이트에서 ≪강희자전(康熙字典)≫ 등에 수록된 글자를 옮겼고, ≪강희자전≫ 등에도 실려 있지 않은 한자의 경우는 원서의 글자를 오려서 붙였다.

9. 표제어의 한자음 한글 표기

원문에서 별도로 음주(音注)를 붙인 경우에 있어서, 그것이 현재 사용하는 한국한자음과 다른 경우에는 원문에서 말한 음주를 본문의 표제어로 첫머리에 내놓고, 아울러 우리나라의 현용 한자음을 병기하였다.

예 : **【탁탁〔택택〕(澤澤)】**［독음은 '탁(鐸)'. 흙이 풀려서 흩어지는 것이다. ≪모시(毛詩)≫.］

국역 재물보

권5

한산(韓山) 이만영(李晩永) 성지(成之) 수집
韓山 李晩永 成之 裒輯

차례

≪재물보≫ 제5권

인보(人譜) 4

□ **【예(禮)】**［예(禮)는 모두 다섯 가지가 있으니, 길례(吉禮)는 귀신(鬼神)을 섬기는 것이고, 흉례(凶禮)는 방국(邦國)의 근심을 슬퍼하는 것이고, 빈례(賓禮)는 방국을 친애(親愛)하는 것이고, 군례(軍禮)는 방국을 대동(大同)하게 하는 것이고, 가례(嘉禮)는 만민(萬民)을 친애하는 것이다.］

□禮［禮凡有五, 吉禮, 事鬼神; 凶禮, 哀邦國之憂; 賓禮, 親邦國; 軍禮, 同邦國; 嘉禮, 親萬民.］

● **【관례(冠禮)】**［처음으로 갓〔冠〕을 씌워주는 의례이다.］

【삼가(三加)】［관례(冠禮)에는 삼가(三加 관례 때에 세 번 관을 갈아 씌우던 의식.)의 의식이 있는데, 각각 축하하는 말이 있다.］

【숙빈(宿賓)】［'숙(宿)'은 '숙(肅)'과 같은 말로, '나아간다〔進〕'는 뜻이다.］[1]

【존장(尊長)】［아버지의 항렬을 '존(尊)'이라 하고, 형의 항렬을 '장(長)'이라 한다.］

【예사(禮辭)】［한 번만 사양하는 것을 '예사(禮辭)'라 하고, 두 번 사양하는 것을 '고사(固辭)'라 하고, 세 번 사양하는 것을 '종사(終辭)'라 한다.］

●冠禮［加冠之節.］ 三加［冠禮有三加之儀, 各有祝辭.］ 宿賓［宿, 猶肅也, 進也.］ 尊長［父之行曰尊, 兄之行曰長.］ 禮辭［只一辭曰禮辭, 再辭曰固辭, 三辭曰終辭.］

● **【혼례(婚禮)】**［장가들고 시집가는 의례이다.］

---

1 숙빈(宿賓) : 주인의 동료와 벗〔賓〕을 찾아가 관례를 거행함을 알리는 것이다. ≪의례(儀禮)≫ <사관례(士冠禮)>에 "이에 빈객에게 나아간다.〔乃宿賓〕"라고 하였는데, 주(注)에 "이에 빈객에게 나아간다는 것은 직접 서로 만나 관례를 치른다고 말하는 것이다.〔乃宿賓者, 親相見, 致其辭.〕"라고 하였다.

【음례(陰禮)】[부부가 되는 것은 음(陰)이 화답하는 일〔陰和之事〕이기 때문에 <음례라고> 일컫는 것이다. ≪주례(周禮)≫.][2]

【가례(嘉禮)】[남녀〔陰陽〕가 <좋은 때에> 만나는 것을 '가(嘉)'라 한다.]

【친사(親事)】[두 성씨가 혼인하여 '친(親)'이 되는 것이다.]

【구(媾)】[겹혼인(사돈 관계에 있는 집안끼리 다시 혼인 관계를 맺는 일.)〔重婚〕을 하는 것이다.]

【반(牉)】[<두 사람이 만나서 하나로> 합하는 것이다.][3]

●昏[4]禮[婚姻之禮.] 陰禮[夫婦, 陰和之事, 故云. <周>.] 嘉禮[陰陽際遇曰嘉.] 親事[兩姓婚姻爲親.] 媾[重婚.] 牉[合也.]

○ 【매작(媒妁)】['매(媒)'는 '도모한다〔謀〕'는 뜻이고, '작(妁)'은 '작(勺)'의 뜻이다. '작(勺)'은 그 나이와 문벌(門閥)을 견주어보고 헤아려서 도모하는 것이다.]

【매파(媒婆)】[중매하는 여자이다.]

【보산(保山)】[중매인이다. ≪역어유해(譯語類解)≫.[5]]

---

2 음례(陰禮) : ≪주례(周禮)≫ <지관(地官) · 대사도(大司徒)>에 "음례로 친애를 가르치면 백성들이 원망하지 않는다.〔以陰禮教親, 則民不怨.〕"라고 하였는데, 가공언(賈公彦)의 소(疏)에 "혼인의 예는 겉으로 드러내 보여서는 안 되기 때문에 '음례'라 한다.〔昏姻之禮不可顯露, 故曰陰禮也.〕"라고 하였다. 또 ≪의례주소(儀禮注疏)≫ <사혼례(士昏禮)>의 가공언 소에 "남자는 위이고 여자는 아래이니, 양이 창도하고 음이 화답하는 뜻을 취하였다.〔男爲上女爲下, 取陽唱陰和之義.〕"라고 하였다.

3 반(牉) : ≪의례(儀禮)≫ <상복(喪服)>에 "부자는 머리와 다리이고, 부부는 절반씩이 합쳐진 것이다.〔父子首足也, 夫妻牉合也.〕"라고 하였다. '반(牉)'은 절반이라는 말로, 각각 반쪽이던 남녀가 만나 부부가 됨으로써 온전한 하나가 되었다는 의미이다.

4 昏 : '婚'의 뜻이므로, 국역에서는 '婚'으로 바꾸어 옮긴다.

5 ≪역어유해(譯語類解)≫ : 조선 숙종(肅宗) 때 신이행(愼以行), 김경준(金敬俊) 등이 편찬한 한어(漢語) 어휘집으로, 천문(天文), 시령(時令), 기후, 지리 등 60여 부문으로 나누어, 한어에 우리말 음을 달았다. 2권 2책. 목판본. 사역원(司譯院)에서 출간하여 역과(譯科)의 초시(初試)와 한학(漢學) 교재로 활용하였다.

【희전(喜錢)】[중매<하고 그 사례로 받는> 값이다.]

○ **【매홍(買紅)】**[채색 비단을 사는 것으로, 혼인하기로 결정하였음을 일컫는 말이다. <황정견집(黃庭堅集)>.][6]

【합경(合庚)】[궁합을 맞추어보는 것이다.]

【경첩(庚帖)】[사주단자(四柱單子)이다.]

○ **【배문재(陪門財)】**[여자의 집안은 명망이 높은데 혼례를 치를 집안은 대등한 집안이 아닌 경우에, 재물을 받아들이게 하여 가문의 명망을 더하는 것이다.]

○媒妁[媒, 謀也. 妁, 勺也. 勺, 量其年齒・家閥而謀之也.] 媒婆[즁ᄆᆡᄒᆞᄂᆞᆫ계집.] 保山[中媒. <譯>.] 喜錢[즁ᄆᆡ갑.] ○買紅[買綵絹也. 定婚之稱. <谷>.] 合庚[궁합마초다.] 庚帖[四柱單子.] ○陪門財[女家門望高, 而婚家非耦, 令其納財, 以陪門望.]

○ **【취(娶)】**[아내를 얻는 것을 '취(娶)'라 한다.]

【빙(聘)】[혼례를 치러서 아내를 맞아들이는 것이다.]

【재취(再娶)】[다시 장가들어서 아내를 맞이하는 것이다.]

○娶[取婦曰娶.] 聘[昏禮娶問.] 再娶[後娶.]

○ **【가(嫁)】**[여자가 다른 사람에게 시집가는 것이다.]

【적(適)】[<'가(嫁)'>와 같은 말이다.]

【자(字)】[여자가 혼인을 받아들이는 것이다.]

【여(女)】[딸을 다른 사람에게 아내로 삼게 하는 것이다.]

---

6 매홍(買紅) : 북송(北宋)의 황정견(黃庭堅)이 지은 <소 자첨의 시구가 일세에 절묘하여…〔子瞻詩句妙一世…〕>로 시작되는 제목의 시에 "정성은 아손(阿巽)의 신랑감이 될 만하니, 채색 비단을 사다가 술 단지를 동여맨다.〔誠堪壻阿巽買紅纏酒缸〕"라고 하였다. '아손(阿巽)'은 소식(蘇軾)의 둘째 아들인 소매(蘇邁)의 딸 이름이다.

【처지(妻之)】[딸을 다른 사람에게 시집보내는 것이다.]

【이천(移天)】[여자는 친정에서 지낼 때에는 아버지를 하늘처럼 여기고〔父天〕, 시집가서는 지아비를 하늘처럼 여기는〔夫天〕 것이다. 고시(古詩)에 이르기를, "스무 살에 하늘처럼 여기는 곳을 옮겼다.〔二十移所天.〕"라고 하였다.][7]

【개가(改嫁)】[<시집간 여자가> 다른 성씨<의 남자>에게 다시 시집가는 것이다.]

【재초(再醮)】·**【후혼(後婚)】**·**【후가(後嫁)】**·**【만낭자(晩娘子)·첨수검(添羞臉)】**[<'개가(改嫁)'와> 같은 말이다.]

【청결(請決)】[지아비를 버리고 다른 곳으로 시집가는 것이다.]

【합독(合獨)】[중매쟁이가 홀아비와 과부를 찾아내어, 그들을 결합시켜주는 것이다. ≪관자(管子)≫.][8]

○嫁[女適人也.] 適[仝.] 字[女子許嫁.] 女[以女妻人.] 妻之[以女嫁人.] 移天[女子在家則父天, 嫁則夫天也. 古詩曰: "二十移所天."] 改嫁[改適他姓.] 再醮. ○後婚. ○後嫁. ○晩娘子·添羞臉[仝.] 請決[棄夫別嫁.] 合獨[媒者取鰥寡而和合之者. <管>.]

○ **【납채(納采)】**[납안(納雁)으로, 채택(采擇)하는 의례로 삼는 것이다.][9]

【문명(問名)】·**【납안(納雁)】**[전안(奠雁)이다.][10]

---

7 이천(移天) : 당(唐)나라의 이백(李白) 또는 고황(顧況)이 지었다고 전하는 고시(古詩) <거부사(去婦詞)>에 "열다섯 살에 당신과 정혼하여 스무 살에 시집갔지요.〔十五許嫁君, 二十移所天.〕"라고 하였다.

8 합독(合獨) : ≪관자(管子)≫ <입국(入國)>에 "국도에는 모두 중매를 맡아보는 자가 있다. 사내가 아내가 없는 것을 홀아비〔鰥〕라 하고 부인이 남편이 없는 것을 과부〔寡〕라 한다. 홀아비와 과부를 찾아서 그들을 결합시켜주니…이것을 '합독'이라 한다.〔凡國都皆有掌媒. 丈夫無妻曰鰥, 婦人無夫曰寡. 取鰥寡而合和之,…此之謂之合獨.〕"라고 하였다.

9 납채(納采) : 신랑 집에서 신부 집에 혼인을 청하는 의례이다.

10 문명(問名)·납안(納雁) : '전안(奠雁)'은 구식 혼례에서, 신랑이 신부 집에 기러기를 가지고 가서 상 위에 놓고 절하는 의례이다.

[납폐(納幣)] [가죽을 사용하기도 하고, 비단을 사용하기도 한다.]
[여피(儷皮)] [두 장의 가죽이다.][11]

○納采[納雁, 以爲采擇之禮也.] 問名○納雁[奠雁.] 納幣[或以皮, 或以帛.] 儷皮[兩皮.]

○ **[친영(親迎)]** [신랑이 신부를 맞이하여 돌아가는 것이다.]
[섭성(攝盛)] [혼례(昏禮)에서, 신랑이 대부(大夫)가 타는 수레를 타고, 대부가 입는 옷을 입고, 대부가 사용하는 예물〔幣〕을 손에 들고 가기 때문에 '섭성(攝盛 성례(盛禮)를 빌린다는 뜻.)'이라 한다.]
○ **[최장각선(催粧却扇)]** [당(唐)나라 때는 혼례(昏禮)가 없었는데, 신부가 아직 도착하지 않으면 신랑이 최장시(催粧詩)를 지어서 재촉하였고, <신부가> 도착하여 서로 마주앉으면 신랑이 각선시(却扇詩)를 짓고 <개두(蓋頭)를> 벗겨주었으니, 이와 같았다. <속(俗)>.]

○親迎[壻迎女歸也.] 攝盛[昏禮, 壻乘大夫之車・服大夫之服・執大夫之幣, 故曰攝盛.] ○催粧却扇[唐時, 無昏禮, 婦未至, 則壻作催粧詩促之, 旣至對坐, 則壻作却扇詩開之, 如是而已. <俗>.]

○ **[초(醮)]** [술을 따라주되 <잔을> 돌려주지 않는 것을 '초(醮)'라 한다. 관례(冠禮)와 혼례에서의 의례이다.]
[동뢰연(同牢宴)] [<부부가> 함께 같은 음식〔牲〕을 먹는 것이다. '공뢰(共牢)'라고도 하는데, 예기(禮器)에 <담아서> 먹는다.]
[교배(交拜)] [신랑과 신부가 맞절을 하는 것이다.]
○ **[근배(巹杯)]** ['근(巹)'은 '파(破)'와 같은 말이다. 표주박으로 술잔을 만들어서 혼례에서 <신랑과 신부가> 함께 마신다.]

---

11 여피(儷皮) : 혼례에서 납폐(納幣)의 예물로 쓰던 암수 한 쌍의 사슴 가죽이다. 여피(麗皮).

【실중지사(室中之事)】[방안에서 맞절을 하고 합환주를 마시기 때문에 이렇게 말하는 것이다.]

【청려(靑廬)】[북쪽 지방의 풍속에서, 푸른 물을 들인 베로 휘장을 쳐서 집으로 삼아 맞절을 하고 예식을 행하는 것이다.]

【결발(結髮)】[옛날 풍속에서는 상투를 틀고 쪽을 찌고〔結髮〕 부부가 되는 것을 '결발(結髮)'이라 하였는데, 흉노(匈奴)와 전쟁을 치른 이후에 사람들이 마침내 결발의 의례를 만들었기에, 이천(伊川 북송(北宋)의 유학자 정이((程頤).)은 그것을 없애려 하였다.]

【신부례(新婦禮)】[신부가 시부모를 만나 뵙는 의례이다.]

【과문(過門)】[<'신부례(新婦禮)와'> 같은 말이다. ≪역어유해(譯語類解)≫.]

【우귀(于歸)】[<'과문(過門)과'> 같은 말이다. ≪모시(毛詩)≫.][12]

○ 【백배(帛拜)】[신부가 시부모를 처음 만나 뵐 때, 향영(香纓)을 손에 들고 절을 하는 것이다. 우홍(牛弘 수(隋)나라의 관료.)은 명주 여덟 자〔尺〕를 가운데를 접어서 향영을 대신하였는데, 이름을 '백배(帛拜)'라 하였다. 요즘에 신부가 손에 수건을 드는 것은 바로 이런 유속(流俗)이다.]

○ 【개두(蓋頭)】[친영(親迎) 때에 신부가 머리에 쓰는 것이다.]

【변(笲)】['변(匥)'과 같은 말이며, 독음은 '변(弁)'이다. 신부의 폐백·대추·포〔脩〕를 담는 것이다. <폐백 상자.>]

【조율(棗栗)】[<신부가> 시아버지에게 드리는 폐백이다.]

【단수(腶脩)】[<신부가> 시어머니에게 드리는 폐백이다.]

○ 【난(餪)】[독음은 '난(煗)'이며, 딸이 시집가고 사흘째 되는 날에 <친정에서> 보내는 음식이다.]

【수실(授室)】[시부모가 며느리에게 잔치를 베풀어 끝나고 서쪽 계단으로 내려가면, 며느리가 계단으로 올라가는 것을 '수실(授室)'이라고 한다. 이런 의례는 오직 총부(冢婦 종부(宗婦))에게만 해당되는 것이다.]

---

12 우귀(于歸) : ≪시경(詩經)≫ <주남(周南)·도요(桃夭)>에 "싱싱한 복숭아나무, 그 꽃잎 활짝 피었구나. 저 아가씨 시집가니 집안 살림 잘 하리라.〔桃之夭夭, 灼灼其華. 之子于歸, 宜其室家.〕"라고 하였다.

【궤구고(饋舅姑)】[신부가 시부모를 만나 뵌 뒤에, 총부(冢婦)인 경우라면 손을 씻고 시부모에게 음식을 올리는데, 통째 익힌 새끼 돼지〔特豚〕를 좌우로 갈라 <한쪽씩> 올리는 것이다.]

【도섭인(刀鑷人)】[신부를 단장해주는 사람이다.]

【수모(手母)】[<도섭인(刀鑷人)과> 같은 말이다.]

○醮[酌而無酬酢曰醮. 冠娶禮也.] 同牢宴[同食一牲也. 一曰共牢, 而食牢俎也.] 交拜[男女交拜.] ○巹杯[巹仝破. 瓢爲巵, 昏禮合巹.] 室中之事[交拜合巹於室中, 故云.] 靑廬[北俗, 用靑布幔爲屋, 交拜行禮.] 結髮[古俗, 結髮爲夫婦, 猶言結髮, 而與匈奴戰後, 人遂有結髮之禮, 伊川欲去之.] 新婦禮[婦見舅姑之禮.] 過門[仝. <譯>.] 于歸[仝. <毛>.] ○帛拜[婦始見舅姑, 持香纓以拜. 牛弘以絹八尺中擗而代香纓, 名曰帛拜. 今新婦手持巾, 卽此流也.] ○蓋頭[親迎, 女冪其首者.] 笲[匪仝, 音弁. 盛婦贄棗脩者也.] 棗栗[贄舅.] 腶脩[贄姑.] ○餪[音煗, 女嫁三日送食.] 授室[舅姑饗婦, 訖, .降自西階, 婦升自阼階, 謂之授室. 此禮惟冢婦有之.] 饋舅姑[婦見舅姑之後, 若冢婦則盥饋舅姑, 特豚側載.] 刀鑷人[粧新婦者.] 手母[仝.]

◑ **【상례(喪禮)】**[초상(初喪)을 치르는 의례이다.]

【대고(大故)】[초상(初喪)이 난 일〔喪事〕을 '대고(大故)'라 한다.]

◑喪禮[治喪之禮.] 大故[喪事曰大故.]

○ **【초종(初終)】**[사람이 새로 죽은 것이다.]

○ **【속광(屬纊)】**[죽은 사람의 입과 코에 햇솜을 갖다 대고 숨이 끊어졌는지 살피는 것이다. <임종(臨終).>]

○ **【초혼(招魂)】**[죽은 사람은 넋이 흩어지기 때문에 넋을 불러서 돌아오게 하는 것이다.]

○ **【고복(皐復)】**['고(皐)'는 '부르다〔呼〕'라는 말이다. <죽은 사람의> 옷으로 넋

을 부르는 것을 '복(復)'이라 한다.]

○ 【수시(收尸)】[죽은 사람의 지체(支體)를 거두어 반듯하게 하는 것이다.]

○ 【설치(楔齒)】['설(楔)'은 독음이 '설(雪)'로, 각사(角柶 뿔로 만든 숟가락.)로 ＜시신의＞ 치아를 괴어서 ＜입이＞ 닫히지 않게 하여 반함(飯含)을 할 수 있게 하는 것이다.]

【각사(角柶)】[뿔〔角〕로 만들며, 모양은 숟가락을 닮았고 길이는 여섯 치〔寸〕이며 양쪽 대가리는 구부정하다.]

○ 【철족(綴足)】[＜신발을 신길 수 없는 것을 막기 위하여＞ 연궤(燕几)에 ＜발을＞ 붙잡아매어 발이 뒤틀어지지 않게 하는 것이다.]

初終[人新死也.] ○屬纊[著新綿於死者口鼻, 以候氣絶也.] ○招魂[死者魂氣散, 故招而復之.] ○皐復[皐, 呼也. 以衣招魂曰復.] ○收尸[收尸支體而正之也.] ○楔齒[楔音雪, 用角柶楔齒, 使不閉而受含也.] 角柶[角爲之, 狀如匕, 長六寸, 兩頭曲.] ○綴足[以几綴之, 使足不辟戾也.]

○ 【발상(發喪)】[사람이 막 죽어서 곡(哭)하는 것이다.]

【거애(擧哀)】[곡(哭)하는 것이다.]

【벽용(擗踊)】[가슴을 치고 발을 구르는 것이다.]

【발흉격심작용(發胸擊心爵踊)】[부인은 웃옷을 벗거나 옷깃을 풀어헤치지 않고, 가슴을 두드려 마치 참새가 뛰듯 하는 것이다. ＜□＞.][13]

【피발(被髮)】[머리를 풀어 헤치는 것이다.]

【급임(扱衽)】[심의(深衣)의 앞쪽 옷깃을 띠〔帶〕에 꽂는 것이다.]

【도선(徒跣)】[신을 신지 않은 맨발이다.]

---

13 발흉격심작용(發胸擊心爵踊) : ≪예기(禮記)≫ ＜문상(問喪)＞에 "가슴을 풀어헤치고 가슴을 치고 발을 구르는데, 쿵쿵 가슴을 치는 것이 마치 담장이 무너지는 것 같으니, 애통함이 지극한 것이다.〔發胸擊心爵踊, 殷殷田田, 如壞牆然, 悲哀痛疾之至也.〕"라고 하고, 또 "부인은 옷을 벗어 메는 것이 마땅치 않기 때문에 가슴을 헤치고 가슴을 두드려 참새가 뛰듯 한다.〔婦人不宜袒, 故發胸擊心爵踊.〕"라고 하였다.

○ **【면(免)】·【좌(髽)】·【괄발(括髮)】**[세 가지는 같은 것으로, 갓〔冠〕은 높아서 조상 앞에서 감히 쓸 수 없기 때문에 머리를 틀어 묶는 것으로 대신한다. 참최(斬衰)는 삼〔麻〕을 사용하고 자최(齊衰)는 베〔布〕를 사용하여 머리를 틀어 묶는다〔括髮〕. 기복(朞服) 이하는 고운 베〔細布〕나 명주〔絹〕를 사용하는데 '면(免)'이라 하며, 부인의 경우에는 '좌(髽)'라 한다.]

【포두건(布頭帑)】[머리털을 모아서 묶는 것이다.]

【계사(鷄斯)】['계(鷄)'는 '비녀〔筓〕'라는 말이고, '사(斯)'는 '머리싸개〔縰〕'라는 말이다. 부모님이 돌아가시면 관(冠)은 벗고 비녀〔骨筓〕와 머리털을 싸매는 비단 천은 남겨두는 것이다. <계사(筓纚).>]

○發喪[人始死, 哭.] 擧哀[哭也.] 擗踊[推胸跳足.] 發胸・擊心・爵踊[婦人不袒披前襟, 而拊心如雀之跳也. <□[14]>.] ○被髮[散髮.] 扱衽[扱深衣前襟於帶.] 徒跣[無屨而空跣.] ○免 ○髽 ○括髮[三者一物, 冠尊不敢加於祖上, 故用以繞髻爲飾. 斬衰以麻, 齊衰以布, 括髮. 朞服以下, 用細布或絹, 曰免, 婦人曰髽.] 布頭帑[卽總以束髮.] 鷄斯[鷄, 幷[15]; 斯, 縰. 喪親, 去冠留骨幷[16]與韜[17]髮之繒.]

○ **【부(訃)】**[상(喪)을 알리다.]

【부거(赴車)】[상(喪)을 알리는 수레이다.]

○ **【조(吊)】**[<상사(喪事)를> 위로하는 것이다.]

○訃[告喪.] 赴車[告訃之車.] ○吊[唁喪.]

○ **【부(賻)】**[재물을 내어 상사(喪事)를 돕는 것이다.]

【봉(賵)】[독음은 '봉(奉)'이며, 수레와 말을 보내 <상사(喪事)를 돕는 것이다>.]

---

14 □ : 원본에 출처 표기가 누락되었다.

15 幷 : '筓'의 잘못으로, 국역에서는 '筓'로 바로잡아 옮긴다.

16 幷 : '筓'의 잘못으로, 국역에서는 '筓'로 바로잡아 옮긴다.

17 韜: '韜'의 잘못으로, 국역에서는 '韜'로 바로잡아 옮긴다.

【수(襚)】[의복(衣服)을 보내 <상사(喪事)를 돕는 것이다>.]

【세(祱)】[독음은 '세(稅)'이며, <'수(襚)'와> 같은 말이다. ≪한서(漢書)≫.]

【증(贈)】[완호(玩好 진귀한 노리갯감.)를 보내 <상사(喪事)를 돕는 것이다>.]

【전(奠)】[음식물을 올려 <상사(喪事)를 돕는 것이다>.]

【함(含)】[패옥(貝玉)으로 <상사(喪事)를 돕는 것이다>.]

○ **【찬효(殩孝)】**[진(秦)나라 사람들이 상가(喪家)에 음식을 보내는 것을 일컫던 말이다. <□>.][18]

○賻[以財助喪事.] 賵[音奉, 以車馬.] 襚[以衣服.] 祱[音稅, 仝. <漢>.] 贈[以玩好.] 奠[獻食物.] 含[以貝玉.] ○殩孝[秦人饋喪家食. <□[19]>.]

○ **【목욕(沐浴)】**[시신(尸身)의 몸과 머리털을 씻기는 것이다.]

【미(湏)】[독음은 '미(弭)'이며, 시신을 씻기는 것이다. ≪주례(周禮)≫.][20]

【향탕(香湯)】[천자(天子)가 죽으면, 시신을 씻기는 데에 사용하던 것이다.]

【반(潘)】[독음은 '반(盘)'이며, <시신의> 머리털을 감기는 것이다. 대부(大夫)의 경우는 찰기장〔稷〕 <일은 물>을 사용하고, 사(士)의 경우는 기장〔粱〕 <일은 물>을 사용하기 때문에 향탕(香湯)<을 사용하는 것>은 분수에 지나친 것이다.]

【차(差)】[쌀을 일은 물이다. ≪예(禮)≫에는 "차목(差沐)"이라 하였다.][21]

---

18 찬효(殩孝) : ≪강희자전(康熙字典)≫에 ≪광운(廣韻)≫을 인용하여 '찬(殩)'은 "'칠(七)'과 '란(亂)'의 반절로, 독음은 '찬(竄)'이다. 찬효는 진(秦)나라 사람들이 상가(喪家)에 음식을 보내던 것을 일컫는다.〔七亂切, 音竄. 殩孝, 秦人曰饋喪家食.〕"라고 풀이하였다.

19 □ : 원본에 출처 표기가 누락되었다.

20 미(湏) : ≪주례(周禮)≫ <춘관(春官)・소종백(小宗伯)>에 "왕이 세상을 떠나면 시신을 씻기는데, 기장 우린 물과 울창주를 사용한다.〔王崩, 大肆, 以秬鬯湏.〕"라고 하였다.

21 차(差) : ≪예기(禮記)≫ <상대기(喪大記)>에 "어자(御者)가 당 위에서 시신의 머리를 감기는데, 임금은 기장 우린 물로 감기고, 대부는 찰기장 우린 물로 감기고, 사는 기장 우린 물로 감긴다.〔御者差沐于堂上, 君沐粱, 大夫沐稷,

[흔(釁)] [바르는 것이다. 울창주(鬱鬯酒)를 시신에 바르는 것을 '흔창(釁鬯)'이라 한다. <□>.]

○ **[괴조(塊竈)]** [<시신을> 씻기려고 할 때, 전인(甸人 왕전(王田)과 공물(供物)을 관장하던 관직 이름.)이 서쪽 담장의 흙을 가져다 괴조(塊竈 흙덩이로 만든 아궁이.)를 만든다.]

○ **[순조(鬊爪)]** ['순(鬊)'은 독음이 '순(舜)'으로, 머리털과 손톱, 발톱을 관(棺)의 네 귀퉁이〔綠中〕에 넣는 것이다. ≪예기(禮記)≫.][22]

[오낭(五囊)] [손과 발의 양쪽 발톱과 머리털을 담는 <주머니>이다.]

○ **[명의(明衣)]** [<시신을> 씻긴 후에 몸에 입히는 것으로, 베〔布〕로 만든다.]

○ **[이반(夷槃)]** ['이(夷)'는 '시신〔尸〕'이고, '반(槃)'은 '얼음 소반〔氷盤〕'이다.]

[이상(夷牀)] [시신을 올려놓는 평상(平床)〔尸牀〕이다.]

[이금(夷衾)] [시신을 덮는 이불이다.]

○沐浴[洗尸體及髮也.] 㴳[音弭, 浴尸也. <周>.] 香湯[天子喪, 浴尸, 用之.] 潘[音盘, 所以沐髮者. 大夫以稷, 士以粱, 香湯, 僭也.] 差[淅米水也. 禮云差沐.] 釁[塗也. 以鬯塗尸, 謂之釁鬯. <□[23]>.] ○塊竈[尸將浴時, 甸人取西墻土爲塊竈.] ○鬊爪[鬊音舜, 亂髮及爪實于綠中者. <禮>.] 五囊[盛手足・左右爪及頭髮者.] ○明衣[所以浴後貼身者, 以布爲之.] ○夷槃[夷, 尸也; 槃, 氷盤也.] 夷牀[尸牀.] 夷衾[覆尸衾.]

○ **[습(襲)]** [시신에 수의(壽衣)를 입히는 것이다.]

○ **[멱목(幎目)]** ['멱(幎)'은 독음이 '멱(覓)'으로, 시신의 얼굴을 덮는 것이다.]

○ **[충이(充耳)]** [햇솜을 사용하고 모양은 대추씨 같은데, 양쪽 귀를 막는 것이다.]

士沐粱.]"라고 하였다.

22 순조(鬊爪) : ≪예기(禮記)≫ <상대기(喪大記)>에 "임금과 대부의 경우에는 머리털과 손발톱을 관의 네 귀퉁이에 넣고, 사의 경우에는 파묻는다.〔君大夫鬊爪實于角中, 士埋之.〕"라고 하였는데, 주에 "'각중(角中)'은 관 속의 네 귀퉁이를 일컫는다.〔角中, 謂棺內四隅也.〕"라고 하였다.

23 □ : 원본에 출처 표기가 누락되었다.

○ 【악수(握手)】[<시신의> 손을 싸매는 것이다.]

【삭약(削約)】[<시신의> 손을 싸맬 때에 양쪽 가장자리의 가운데를 잘라 한 치 집어넣는 것이다.]

【누중(摟中)】['삭약(削約)'<과 같은 말이다>.]

【누중(牢中)】['뢰(牢)'는 '루(摟)'와 같이 읽는다. <'누중(摟中)'과 같은 말이다.>]

○ 【모(冒)】[시신을 싸는 것으로, 모양은 곧은 자루〔直囊〕 같고, 위는 검고 아래는 분홍색인데, 위쪽을 '질(質)'이라 하고 아래쪽을 '쇄(殺)'라 한다.]

【질쇄(質殺)】[위<의 '모(冒)'>를 참조하라.]

○襲[以衣衣尸也.] ○幎目[幎音覓, 所以覆尸面者.] ○充耳[用新綿, 狀如棗核, 以塞兩耳.] ○握手[所以裹手者.] 削約[握手, 兩邊中裁入一寸也.] 摟中[削約.] 牢中[牢讀若摟.] ○冒[韜尸者, 制如直囊, 上玄下纁. 上曰質, 下曰殺.] 質殺[見上.]

○ 【반함(飯含)】[<시신의> 입에 쌀을 채우는 것을 '반(飯)'이라 하고, 패옥(貝玉)을 채우는 것을 '함(含)'이라 한다.]

【무공주(無孔珠)】[모양이 온전하고 구멍을 뚫지 않은 구슬을 사용한다. <시신의 입에 물리는 구슬이다.>]

【유비(柳匕)】[쌀을 뜨는 수저이다.]

【명건(幎巾)】[반함(飯含)을 할 때에 시신의 얼굴을 덮는 것이다.]

○飯含[口實米曰飯, 實貝玉曰含.] 無孔珠[取體完不穿者.] 柳匕[所以抄米者.] 幎巾[飯含時, 覆尸面者.]

○ 【영좌(靈座)】[궤연(几筵)을 설치하여 죽은 사람의 위패를 모셔놓는 것이다.]

○ 【영궤(靈几)】·【영연(靈筵)】·【연궤(筵几)】·【영상(靈牀)】[<'영좌(靈座)'와> 같은 말이다.]

○ **【혼백(魂帛)】**［＜신주(神主)를 만들기 전에＞ 속백(束帛 비단 다섯 필을 마주 말아서 한 데 묶은 것.)을 사용하여 ＜임시로＞ 혼주(魂主)를 삼는 것이다.］

【유의(遺衣)】［죽은 사람이 입던 옷으로, 복(復)을 하고나서 혼상(魂箱)에 넣어두는 것이다.］

【복의(復衣)】［＜'유의(遺衣)'와＞ 같은 말이다.］

【혼상(魂箱)】［혼백(魂帛 신주(神主)를 만들기 전에 임시로 명주나 모시를 접어서 만든 신위(神位).)을 넣어두는 것이다.］

【첩(帕)】［혼상(魂箱)을 덮어주는 것이다.］

【의(倚)】［민간에서는 흔히 '교의(交椅)'라고 부른다.］

○ **【탁자(卓子)】**［민간에서는 흔히 '제상(祭牀)'이라고 부른다.］

○ **【향로(香爐)】**［향을 사르는 그릇이다.］

【향합(香盒)】［향을 담는 그릇이다.］

【향상(香牀)】［향로(香爐)와 향합(香盒)을 놓아두는 곳이다.］

○ **【세(繐)】**［상례(喪禮)에서 사용하는 휘장〔帳〕이다.］

【유황(帷幌)】［＜상여(喪輿)의＞ 옆에 두르는 것을 '유(帷)'라고 하고, 위에 덮는 것을 '황(幌)'이라 한다.］

○ **【명정(銘旌)】**［분(粉)으로 망자(亡者)의 직명과 성씨를 붉은 비단에 쓴 것이다.］

【조(旐)】［＜'명정(銘旌)'과＞ 같은 말이다.］

【죽강(竹杠)】［명정(銘旌)을 달아매는 것이다.］

【부(跗)】［죽강(竹杠)을 꽂아두는 것이다.］

○ **【공포(功布)】**［공포(관(棺)을 매장할 때에, 관을 닦는 데 쓰는 삼베 헝겊.)이다.］

○靈座［設几筵, 以妥靈也.］ 靈几 ○靈筵 ○筵几 ○靈牀［仝.］ ○魂帛［以束帛爲魂主也.］ 遺衣［亡者衣, 所以復而納魂箱.］ 復衣［仝.］ 魂箱［藏魂帛者.］ 帕［覆魂箱者.］ 倚［俗稱交椅.］ ○卓子［俗稱祭牀.］ ○香爐［爇香之器.］ 香盒［盛香之器.］ 香牀［置爐盒者.］ ○繐［喪帳.］ 帷幌［旁曰帷, 上曰幌.］ ○銘旌［以粉書亡者職名·姓氏於絳帛.］ 旐［仝.］ 竹杠［所以懸銘旌者.］ 跗［所以植杠者.］ ○功布［공포.］

○ **[소렴(小斂)]** [염습(殮襲)을 하고 나서 시신을 동여 묶는 것이다.]

[축효(縮絞)] [시체를 세로 방향으로 동여 묶는 것이다〔長絞〕. 장매.]

[횡효(橫絞)] [시체를 가로 방향으로 동여 묶는 것이다. 횡매.]

[산의(散衣)] [잡다한 의복이다.]

○ **[담(紞)]** [독음은 '담(淡)'이며, 끈〔組〕으로 만들어 옷깃〔領〕의 곁에 꿰매어 앞과 뒤를 구별하는 것이다.]

[피지(被識)] [<'담(紞)'과> 같은 말이다.]

○小斂[襲而後, 束之也.] 縮絞[長絞也. 쟝미.] 橫絞[橫抱尸體者. 횡미.] 散衣[雜衣.] ○紞[音淡, 以組爲之, 綴之領側, 以別前後.] 被識[仝.]

○ **[대렴(大斂)]** [시신을 관(棺)에 넣기에 앞서 다시 염습(殮襲)을 하는 것이다.]

[수(收)] [<시신을> 관(棺)에 넣는 것을 '수(收)'라고 한다.]

[금(紟)] [홑이불로, 대렴(大斂)을 할 때에 사용한다.]

[성관재(盛棺材)] [<시신을> 관(棺)에 넣는 것이다.]

○大斂[將入棺而重斂也.] 收[棺斂曰收.] 紟[單被, 大斂用之.] 盛棺材[入棺.]

○ **[관(棺)]** [시신을 덮어 가리는 것이다.]

[수기(壽器)] · **[구츤(柩櫬)]** [<'관(棺)'과> 같은 말이다.]

[혜(槥)] [작은 관(棺)이다.]

[황장(黃腸)] [관(棺)의 이름이다.]

○ **[견(梘)]** [독음은 '견(見)'이며, 관(棺)의 덮개이다. 민간에서는 '천판(天板)'이라 부른다.]

[화(和)] [<'화(和)'는> '화(杯 관머리.)'와 같은 말이다. 관(棺)의 머리 쪽을 '화(和)'라고 한다. ≪예기(禮記)≫.]

[제주(題湊)] [관(棺)의 머리이다.]

○ **[임(衽)]** [민간에서는 '은정(隱釘 나비은장이음.)'이라 부른다.]

【소요(小要)】[<‘임(衽)’과> 같은 말이다. 양쪽 끝은 크고 가운데는 작은 것이다.]

【은칙자(銀則子)】·**【장명침(長命釘)】**[<‘소요(小要)’와> 같은 말이다.]

【회정(灰釘)】[관(棺)의 뚜껑을 덮는 것이다.]

○ **【편부(楄柎)】**[관(棺) 속의 영상(笭牀 시신을 내려 놓는 판목.)이다. 지금은 칠성판(七星板)으로 대신한다.]

【칠성판(七星板)】[얇은 판자에 일곱 개의 구멍을 뚫은 것이다.]

【출회(秫灰)】[<차조의 짚을 불에 태운 재로,> 칠성판(七星板)의 밑바닥에 까는 것이다.]

○ **【녹중(綠中)】**[관(棺) 안쪽의 네 모서리로, 푸른 비단〔綠綾〕을 발라서 붙이기 때문에 붙은 이름이다.]

○ **【곽(槨)】**[외관(外棺)이다.]

【목곽(沐槨)】[곽(槨)이 광택이 나는 것이다.]

○ **【구자(仇胔)】**[관(棺)을 여는 것이다.]

○ **【이금(侇衾)】**[‘이(侇)’는 ‘이(夷 평안하게 함.)’와 같은 말이다. 염(斂)을 하기에 앞서는 시신을 덮어주고, 입관을 하고 나서는 널〔柩〕을 덮어주는 것으로 곧 구의(柩衣)이다.]

【간〔현〕(見)】[독음은 ‘간(間)’이며, 관(棺)의 외의(外衣)이다. ≪예기(禮記)≫.][24]

○ **【함승(緘繩)】**[관(棺)을 동여매는 것으로, 곧 소삭(小索)이다.]

【발(紼)】[관(棺)을 들어 올리는 동아줄로, 곧 대삭(大索)이다.]

○ **【저막(褚幕)】**[장막〔幕〕을 닮은 모양으로, 널〔柩〕을 덮는 데 사용하는 것이다.]

【옥(屋)】[소형 휘장으로, 지붕〔屋〕을 닮았는데 관(棺)을 덮는 것이다. ≪예기(禮記)≫.][25]

---

24 간〔현〕(見) : ≪의례(儀禮)≫ <기석례(旣夕禮)>에 “명기(明器)를 곁에 넣고 간〔현〕(見)을 덮는다.〔藏器於旁, 加見.〕”라고 하였다.

25 옥(屋) : ≪예기(禮記)≫ <잡기(雜記)>에 “제후가 출행하였다가 관사에서 죽

○ **【삽선(翣扇)】**[관(棺)의 장식이다. 무왕(武王)이 처음으로 운삽(雲翣)을 만들었다.]

【불삽(黻翣)】[청색과 흑색의 두 가지 색깔인 것을 '불(黻)'이라 하는데, 흑색과 청색을 엇섞어 '아(亞)'자 모양을 그린 것이다.]

【운삽(雲翣)】[자색(紫色)으로 구름무늬를 그린 것이다.]

【섭(攝)】[운삽(雲翣)이다.]

【한(翰)】[관(棺) 옆의 장식이다. ≪춘추좌씨전(春秋左氏傳)≫에 "관에는 '한회'가 있었다.〔棺有翰檜.〕"라고 하였다][26]

○ **【장(牆)】**[여러 가지 장식물을 모아서 관(棺)을 가로막는 것이다.]

【유의(柳衣)】[<'장(牆)'과> 같은 말이다. '유(柳)'는 '모으다〔聚〕'라는 뜻이다.]

○棺[所以掩尸.] 壽器. ○柩櫬[仝.] 櫘[小棺.] 黃腸[棺名.] ○梘[音見, 棺蓋. 俗名天板.] 和[杯仝. 棺前曰和. <禮>.] 題湊[棺頭也.] ○衽[俗名隱釘.] 小要[仝. 兩端大而中小.] 銀則子. ○長命釘[仝.] 灰釘[加天蓋者.] ○榪柎[棺中笭牀. 今以七星板代之.] 七星板[以薄板穿七孔.] 秫灰[所以鋪七星板下者.] ○綠中[棺內四角, 以綠綾貼之, 故名.] ○槨[外棺.] 沐槨[槨之光澤者.] ○仇鹵[斲棺也.] ○侇衾[侇, 夷仝. 斂前覆尸, 棺後覆柩, 卽柩衣也.] 見[音間, 棺外衣. <禮>.] ○緘繩[棺束, 卽小索.] 紼[擧棺索, 卽大索.] ○褚幕[似幕形, 以覆柩.] 屋[小帳如屋, 覆棺. <禮>.] ○翣扇[棺飾. 武王始作翣.] 黻翣[靑黑二色謂之黻, 以黑靑色相間爲亞形.] 雲翣[以紫畫雲氣.] 攝[翣也.] 翰[棺旁飾. 左傳: "棺有翰檜."] ○

으면…흰 비단으로 '옥(屋)'을 삼는다.〔諸侯行而死於館,…素錦以爲屋.〕"고 하였는데, 그 주에 "작은 휘장으로, 관을 덮는 것이다.〔小帳覆棺者.〕"라고 하였다.

26 한(翰) : ≪춘추좌씨전(春秋左氏傳)≫ 성공(成公) 2년 조에 "송나라 문공이 죽자 처음으로 후장을 하였는데…곽에는 사아가 있었고 관에는 한회가 있었다.〔宋文公卒, 始厚葬,…槨有四阿, 棺有翰檜.〕"라고 하였는데, 두예(杜預)의 주에 "한(翰)은 옆쪽에 장식한 것이고, '회(檜)'는 위쪽에 장식한 것이다.〔翰, 旁飾; 檜, 上飾.〕"라고 하였다.

牆[聚諸飾物障柩.] 柳衣[仝. 柳, 聚也.]

◑ **[재궁(梓宮)]** [천자(天子)의 관(棺)이다.]

[피〔벽〕(椑)] [독음은 '피(皮)'이며, 천자(天子)가 직접 몸을 넣는 관(棺)이다. 임금은 즉위하면 '피〔벽〕(椑)'를 만들어 해마다 한 차례씩 옻칠을 하였다. ≪예기(禮記)≫.][27]

[이관(杝棺)] ['이(杝)'의 독음은 '□(□)'이며, 곧 천자(天子)의 관(棺)〔椑〕이다. 천자의 관은 네 겹으로 만드니 피관(椑棺), 재관(梓棺), 속관(屬棺), 대관(大棺)이다. ≪예기(禮記)≫.][28]

[와관(瓦棺)] [유우씨(有虞氏 순(舜) 임금.) 때의 관(棺)이다.]

[기주(堲周)] [하후씨(夏后氏 우(禹) 임금.) 때의 관(棺)으로, 흙을 구워 <만든 벽돌로> 장사지냈다.]

◑梓宮[天子棺.] 椑[音皮, 天子親身之棺. 君卽位而爲椑, 歲一漆之. <禮>.] 杝棺[杝音□[29], 卽椑也. 天子之棺四重; 杝棺·梓棺·屬棺·大棺. <禮>.〕 瓦棺[有虞氏之棺.] 堲周[夏后氏之棺, 燒土葬之也.]

○ **[성복(成服)]** [상복(喪服)〔制服〕을 갖추어 입는 것이다.]

[천효(穿孝)]·**[괘효(挂孝)]** [상복(喪服)을 입는 것이다.]

○成服[成制服也.] 穿孝○挂孝[상복닙다.]

---

27 피〔벽〕(椑) : ≪예기(禮記)≫ <단궁(檀弓)>에 "임금이 즉위하면 '피〔벽〕(椑)'를 만들어 해마다 한 차례씩 옻칠을 하여 보관해 둔다.〔君卽位爲椑, 歲一漆之, 藏焉.〕"라고 하였다.

28 이관(杝棺) : ≪예기(禮記)≫ <단궁(檀弓)>에 "천자의 관은 네 겹으로, 수시혁관을 씌우는데 그 두께는 세 치이다. 이관(杝棺)이 하나이고,…〔天子之棺四重, 水兕革棺被之, 其厚三寸. 杝棺一,…〕"라고 하였다.

29 □ : 원본에 독음 표기가 누락되었다.

○ **【참최삼년(斬衰三年)】**[‘참(斬)’은 <복제(服制)에서> 베〔布〕를 자르기만 하고 <아랫단을> 꿰매지 않은 것이다.]

○ 부친을 위하여 <입는다>.

○ 임금을 위하여 <입는다>.

○ 승중(承重 아버지를 여읜 맏아들이 당한 조부모의 초상. 승중상(承重喪).)한 자가 조부, 증조부, 고조부를 위하여 <입는다>.

○ 적자(嫡子)〔適子〕로 삼세(三世)를 계승한 자를 위하여 <입는다>.

○ 며느리가 시아버지를 위하여 <입는다>.

○ 첩(妾)이 남편〔君〕[즉 지아비〔夫〕이다.]을 위하여 <입는다>.

○斬衰三年[斬者，布斬而不緝也.] ○爲父. ○爲君. ○承重者爲祖曾高祖. ○爲適子繼三世者. ○婦爲舅. ○妾爲君.[卽夫也.]

○ **【자최삼년(齊衰三年)】**[‘자(齊)’는 <복제(服制)에서 상복(喪服)의> 가장자리를 꿰맨 것이다.]

○ 아버지가 돌아가시고 <나서> 어머니를 위하여 <입는다>.

○ 승중(承重)한 자가 조모, 증조모, 고조모를 위하여 <입는다>.

○ 자모(慈母 어머니를 여읜 뒤에 자신을 길러 준 서모(庶母).)를 위하여 <입는다>.

○ 며느리가 시어머니를 위하여 <입는다>.

○ 어머니가 적자(嫡子)〔適子〕로 삼세(三世)를 계승한 자를 위하여 <입는다>.

○ 첩(妾)이 남편〔君〕의 장자(長子)를 위하여 <입는다>.

○ 양부모(養父母)[세 살 이전에 거두고 보살펴서 키워준 자이다. ○자기 부모가 살아계신 경우와 아버지가 돌아가신 장자(長子)인 경우는 내리고, 사대부(士大夫)가 천인(賤人)에게 <양자로 간 경우> 또한 내린다.]를 위하여 <입는다>.

○ 서자(庶子)가 자신을 낳아준 어머니를 위하여 <입는다>.

○ 군모(君母 서자(庶子)가 아버지의 적처(嫡妻)를 이르는 말.)를 위하여 <입는다>.

○齊衰三年[齊，緝邊也.] ○父卒爲母. ○承重者爲祖曾高祖母. ○爲慈母. ○婦爲姑. ○母爲適子之繼三世者. ○妾爲君之長子. ○爲養父母[三歲前收而養育者. ○己之父母在者及父沒長子則降，士大夫於賤人亦降.] ○庶子爲所生母. ○爲君母.

○ **[**자최장기(齊衰杖期)**]**

○ 아버지가 살아계실 적에 어머니를 위하여 <입는다>.[승중(承重)한 자도 마찬가지이다.]

○ 아버지에게 쫓겨 나간 어머니〔出母〕를 위하여 <입는다>.

○ <아버지가 죽어서> 개가(改嫁)한 어머니를 위하여 <입는다>.[아버지의 후사(後嗣)가 된 경우에는 상복을 입지 않고 심상삼년(心喪三年 상복은 입지 않지만 3년 동안 상제 때의 마음으로 말과 행동을 삼가고 조심하는 것.) 한다.]

○ 아내〔妻〕를 위하여 <입는다>.

○ 며느리가 시아버지가 살아 계실 적에 시어머니를 위하여 <입는다>.

○齊衰杖期. ○父在爲母[承重者同.] ○爲出母. ○爲嫁母[爲父後則無服，猶心喪三年.] ○爲妻. ○婦舅在爲姑.

○ **[**자최부장기(齊衰不杖期)**]**

○ 할아버지와 할머니를 위하여 <입는다>.

○ 큰아버지와 큰어머니, 작은아버지와 작은어머니를 위하여 <입는다>.

○ 형제를 위하여 <입는다>.

○ 중자(衆子 맏아들 이외의 모든 아들.)를 위하여 <입는다>.

○ 형제의 아들을 위하여 <입는다>.

○ 고모 자매의 딸로 아직 시집가지 않았거나 시집은 갔지만 남편과 아들이 없는 자를 위하여 <입는다>.

○ 적손(嫡孫)으로 증손(曾孫)이나 현손(玄孫)을 후사(後嗣)로 삼아야 하는 자를 위하여 <입는다>.

○ 적부(適婦 남편이 죽고 자식도 없어 조상의 제사를 자손에게 전하여 잇지 못하는 맏며느리.)를 위하여 <입는다>.

○ 시집 간 딸이 부모를 위하여 <입는다>.

○ 지아비와 아들이 없는 자가 자신의 형제자매와 형제의 아들을 위하여 <입는다>.

○ 남에게 출가(出嫁)한 사람이 형제 가운데 아버지의 후사(後嗣)가 된 자를 위하여 <입는다>.[아버지가 살아 계신 경우에는 대공(大功)이다.]

○ <남편이 죽어서> 재혼한 어머니와 남편에게 쫓겨 나간 어머니[출모(出母)]가 자기 아들을 위하여 <입는다>.

○ 아버지 형제의 아들을 위하여 <입는다>.

○ 계모(繼母)가 재혼하였으나 전 남편의 아들 가운데 자신을 따라온 자를 위하여 <입는다>.

○ 첩(妾)이 본처(本妻)〔女君〕를 위하여 <입는다>.

○ 남편〔君〕의 중자(衆子 맏아들 이외의 모든 아들.)를 위하여 <입는다>.

○ 자신이 낳은 아들을 위하여 <입는다>.

○ 함께 사는 계부(繼父)가 부자(父子) 가운데 나란히 대공(大功)을 입는 친속이 없는 자를 위하여 <입는다>.

○ 서자(庶子)의 아들이 아버지의 어머니를 위하여 <입는다>.[할아버지의 후사(後嗣)가 되는 경우에는 복(服)을 입지 않으며 심상기년(心喪期年)한다.]

○齊衰不杖期. ○爲祖父母. ○爲伯叔父母. ○爲兄弟. ○爲衆子. ○爲兄弟之子. ○爲姑姊妹女在室及適人而無夫與子者. ○爲適孫若曾・玄孫當爲後者. ○爲適婦. ○女適人者爲父母. ○無夫與子者爲其兄弟姊妹及兄弟之子. ○適人者爲兄弟之爲父後者.[父在則大功.] ○嫁母・出母爲其子. ○爲父兄弟之子. ○繼母嫁而爲前夫之子從己者. ○妾爲女君. ○爲君之衆子. ○爲其

所生子. ○爲同居繼父父子俱無大功之親者. ○庶子之子爲父之母.[爲祖後則不服, 猶心喪期.]

○ 【자최오월(齊衰五月)】

○ 증조부와 증조모를 위하여 <입는다>.[여자가 출가한 경우에는 강복(降服)하지 않는다.]

○齊衰五月. ○爲曾祖父母.[女適人者不降.]

○ 【자최삼월(齊衰三月)】

○ 고조부와 고조모를 위하여 <입는다>.[여자가 출가한 경우에는 강복(降服)하지 않는다.]

○ 함께 사는 계부(繼父)가 아들을 두어 이미 대공(大功)을 입는 친속이 있는 자를 위하여 <입는다>.

○ 함께 살지 않는 계부(繼父)를 위하여 <입는다>.[이 경우는 앞서는 함께 살았지만 지금은 함께 살지 않는 경우를 말한다. 원래는 함께 살지 않으면 복(服)을 입지 않는다.]

○ 종자(宗子 종가(宗家)의 맏아들. 곧 적장자(嫡長子).)와 종부(宗婦)를 위하여 <입는다>.[종자(宗子)의 어머니가 살아 계시면 종자의 아내를 위하여 복(服)을 입지는 않는다.]

○齊衰三月. ○爲高祖父母.[女適人者不降.] ○爲同居繼父有子已有大功親者. ○爲不同居繼父.[此謂先同今異也. 元不同居無服.] 爲宗子宗婦.[宗子之母在則不爲宗子之妻服.]

○ 【대공구월(大功九月)】[포(布)가 대공(大功)인 것이다.]

【대홍(大紅)】[대공(大功)을 '대홍(大紅)'이라고 한다. ≪한서(漢書)≫.]

○ 큰아버지와 작은아버지의 아들을 위하여 <입는다>.

○ 중손(衆孫)의 자녀를 위하여 <입는다>.

○ 중자(衆子)의 아내〔婦〕를 위하여 <입는다>.

○ 형제 아들의 아내〔婦〕를 위하여 <입는다>.

○ 아내가 남편의 할아버지와 할머니를 위하여 <입는다>.

○ 남편의 백부모(伯父母)와 숙부모(叔父母)를 위하여 <입는다>.

○ 남편 형제의 아들의 아내〔婦〕를 위하여 <입는다>.

○ 남편이 다른 사람의 후사(後嗣)가 된 경우에 본생가(本生家)의 시부모를 위하여 <입는다>.

○大功九月[布之大功者.] 大紅[大功曰大紅. <漢>.] ○爲伯叔父之子. ○爲衆孫男女. ○爲衆子婦. ○爲兄弟子之婦. ○婦爲夫之祖父母. ○爲夫之伯叔父母. ○爲夫兄弟子之婦. ○夫爲人後者爲本生舅姑.

○ **【소공오월(小功五月)】**[포(布)가 소공(小功)인 것이다.]

【소홍(小紅)】[소공(小功)을 '소홍(小紅)'이라 한다. ≪한서(漢書)≫.]

○ 종조조부모(從祖祖父母)와 종조조고(從祖祖姑)를 위하여 <입는다>.[할아버지의 형제자매이다.]

○ 종조부모(從祖父母)와 종조고(從祖姑)[아버지의 종형제자매(從兄弟姊妹)이다.]

○ 종조형제자매(從祖兄弟姊妹)를 위하여 <입는다>.[종조부(從祖父)의 자녀이다.]

○ 형제의 손자를 위하여 <입는다>.

○ 형제의 아내〔妻〕를 위하여 <입는다>.

○ 종부형제(從父兄弟)의 아들을 위하여 <입는다>.

○ 외조부모(外祖父母)를 위하여 <입는다>.

○ 어머니의 형제자매를 위하여 <입는다>.

○ 자매의 아들을 위하여 <입는다>.

○ 어머니가 같고 아버지가 다른 형제자매를 위하여 <입는다>.

○ 서모(庶母) 가운데 자신을 양육한 자를 위하여 <입는다>.

○ 서자(庶子)가 적모(嫡母)의 부모, 형제, 자매를 위하여 <입는다>.[적모(嫡母)가 세상을 떠난 경우에는 복(服)을 입지 않는다.]

○ 어머니가 아버지에게 쫓겨난 경우에 계모(繼母)의 부모·형제·자매를 위하여 <입는다>.

○ 여자가 형제의 조카의 아내를 위하여 <입는다>.

○ 적손(嫡孫)을 비롯하여 증손(曾孫)과 현손(玄孫)으로 후사(後嗣)를 맡은 자의 아내〔婦〕를 위하여 <입는다>.[시어머니가 살아 계신 경우에는 그렇게 하지 않는다.]

○ 아내가 남편 형제의 손자를 위하여 <입는다>.

○ 남편의 종형제(從兄弟)의 아들을 위하여 <입는다>.

○ 남편의 형제를 위하여 <입는다>.

○ 남편 고모의 자매를 위하여 <입는다>.[시집을 간 경우에는 강복(降服)하지 않는다.]

○ 남편 형제의 아내를 위하여 <입는다>.

○小功五月[布之小功者.] 小紅[小功曰小紅. <漢>.] ○爲從祖祖父母·從祖祖姑.[卽祖之兄弟姊妹也.] ○爲從祖父母·從祖姑.[卽父之從兄弟姊妹也.] ○爲從祖兄弟·姊妹.[卽從祖父之子女.] ○爲兄弟之孫. ○爲兄弟之妻. ○爲從父兄弟之子. ○爲外祖父母. ○爲母之兄弟姊妹. ○爲姊妹之子. ○爲同母異父之兄弟·姊妹. ○爲庶母之養己者. ○庶子爲嫡母之父母·兄弟·姊妹.[嫡母死則不服.] ○母出則爲繼母之父母·兄弟·姊妹. ○女爲兄弟姪之妻. ○爲嫡孫及曾·玄孫之當爲後者之婦.[其姑在則否.] ○婦爲夫之兄弟之孫. ○爲夫從兄弟之子. ○爲夫之兄弟. ○爲夫姑姊妹.[適人不降.] ○爲夫兄弟之妻.

○ **【시마삼월(緦麻三月)】**[삼실을 삶고 손질하여 짜는데, 짠 다음에는 다시 빨지 않고 그대로 시마(緦麻)를 만든다.]

【섬(纖)】[시마복(緦麻服)이 베가 곱고 가는 것을 '섬(纖)'이라 한다. ≪자치통감강목(資治通鑑綱目)≫.][30]

○ 족증조부모(族曾祖父母)와 족증조고(族曾祖姑)를 위하여 <입는다>.[증조할아버지의 형제자매이다.]

○ 족조부모(族祖父母)와 족조고(族祖姑)를 위하여 <입는다>.[할아버지의 종(從) 형제자매이다.]

○족부모(族父母)와 족고(族姑)를 위하여 <입는다>.[아버지의 재종(再從) 형제자매이다.]

○ 족형제자매(族兄弟姊妹)를 위하여 <입는다>.

○ 형제의 증손(曾孫)을 위하여 <입는다>.

○ 종부형제(從父兄弟)의 손자를 위하여 <입는다>.

○ 종조형제(從祖兄弟)의 아들을 위하여 <입는다>.

○ 증손(曾孫)과 현손(玄孫)을 위하여 <입는다>.[조모(祖母)도 마찬가지이다.]

○ 종모(從母)의 형제자매를 위하여 <입는다>.

○ 외손(外孫)을 위하여 <입는다>.

○ 외형제(外兄弟)를 위하여 <입는다>.

○ 내형제(內兄弟)를 위하여 <입는다>.

○ 서자(庶子)로 아버지의 후사(後嗣)가 된 자가 자기 어머니를 위하여 <입는다>.

○ 서손(庶孫)의 아내〔婦〕를 위하여 <입는다>.[조모(祖母)도 마찬가지이다.]

○ 사(士)가 서모(庶母)가 아들이 있는 자를 위하여 <입는다>.

○ 두 첩(妾)의 아들이 서로 서모(庶母)를 위하여 <입는다>.

○ 유모(乳母)를 위하여 <입는다>.

---

30 섬(纖) : ≪한서(漢書)≫ <문제기(文帝紀)>에 "섬(纖)은 7일이 되면 복을 벗으라.〔纖七日釋服.〕"라고 하였는데, 주에 "섬(纖)은 곱게 짠 베로 지은 옷이다.〔纖, 細布衣也.〕"라고 한 용례가 있다.

○ 형제의 손자며느리를 위하여 <입는다>.

○ 종부형제(從父兄弟)의 며느리를 위하여 <입는다>.

○ 아내〔妻〕의 부모를 위하여 <입는다>.[아내의 친모(親母)가 개가(改嫁)하였더라도 복(服)을 입는다.]

○ 사위를 위하여 <입는다>.

○ 여자〔女〕가 자매의 며느리를 위하여 <입는다>.

○ 조카며느리를 위하여 <입는다>.

○ 외손자며느리를 위하여 <입는다>.[<외>할머니도 마찬가지이다.]

○ 아내가 남편 형제의 증손(曾孫)을 위하여 <입는다>.

○ 남편의 종형제(從兄弟)의 손자를 위하여 <입는다>.

○ 남편의 종조형제(從祖兄弟)의 아들을 위하여 <입는다>.

○ 남편의 증조부모와 고조부모를 위하여 <입는다>.

○ 남편의 종조조부모(從祖祖父母)를 위하여 <입는다>.

○ 남편 형제의 손자며느리를 위하여 <입는다>.

○ 남편의 종조부모(從祖父母)를 위하여 <입는다>.

○ 남편의 종형제(從兄弟)의 며느리를 위하여 <입는다>.

○ 남편의 종부형제(從父兄弟)의 아내를 위하여 <입는다>.

○ 남편의 외조부모를 위하여 <입는다>.

○ 남편의 외숙(外叔)〔舅〕 및 종모(從母 이모)를 위하여 <입는다>.

○ 남편의 종부자매(從父姊妹 사촌누이.)를 위하여 <입는다>.[여자가 출가한 경우에는 강복(降服)하지 않는다.]

○ 사대부가 천인(賤人)의 양자가 되었을 적에 자기를 길러준 자를 위하여 <입는다>.

○緦麻三月[煮治絲縷而織, 織不復洗, 卽以製緦麻.] 繐[緦服細布曰繐. <目>.] ○爲族曾祖父母・族曾祖姑.[卽曾祖之兄弟姊妹.] ○爲族祖父母・族祖姑.[卽祖之從兄弟姊妹.] ○爲族父母・族姑.[卽父之再從兄弟姊妹.] ○爲族兄弟姊妹. ○爲兄弟之曾孫. ○爲從父兄弟之孫. ○爲從祖兄弟之子. ○爲曾・玄孫.[祖母同.] ○爲從母兄弟姊妹. ○爲外孫. ○爲外兄弟. ○爲內兄弟. ○庶子爲父後者爲其母. ○爲庶孫婦.[祖母同.] ○士爲庶母有子者. ○兩妾之子相爲庶母. ○爲乳母. ○爲兄弟孫之婦. ○爲從父兄弟子之婦. ○爲妻之父母.[妻之親母雖嫁出猶服.] ○爲壻. ○女爲姊妹之子婦. ○爲甥婦. ○爲外孫婦[祖母同.] ○婦爲夫兄弟之曾孫. ○爲夫從兄弟之孫. ○爲夫從祖兄弟之子. ○爲夫曾高祖父母. ○爲夫之從祖祖父母. ○爲夫兄弟孫之婦. ○爲夫從祖父母. ○爲夫從兄弟子之婦. ○爲夫從父兄弟之妻. ○爲夫外祖之父母. ○爲夫舅及從母. ○爲夫從父姊妹.[適人不降.] ○士大夫爲賤人之收養己者.

○ 【상복(殤服)】[<죽은 사람이> 나이가 16세부터 19세까지는 장상(長殤)이 되고, 12세부터 15세까지는 중상(中殤)이 되고, 8세부터 11세까지는 하상(下殤)이 되고, 7세 이하이면 무복지상(無服之殤 상복을 입지 않는 상(殤).)이 되고, 아직 3개월이 되지 않았으면 상(殤)이 되지 않는다. ○상복을 입는 기간은 장상은 9개월을 강복하고, 중상은 7개월을 강복하고, 하상은 5개월을 강복하며, 대공(大功) 이하는 여기에 맞추어 강등한다. ○남자가 관례(冠禮)를 치르고 장가를 들었거나 여자가 계례(笄禮)를 치르고 출가를 하였으면 상(殤)으로 치지 않는다.]

○殤服[年十六至十九爲長殤, 十二至十五爲中殤, 八歲至十一爲下殤, 七歲以下爲無服之殤, 未三月不爲殤. ○應服期者, 長殤降九月, 中殤降七月, 下殤降五月, 大功以下以此降等. ○男子冠娶, 女子笄嫁, 不爲殤.]

○ 【심상(心喪)】[상복(喪服)을 입지 않는 상(喪)이다.]

○ 스승을 위하여 <입는다>.[3년을 하기도 하고, 1년을 하기도 하고, 3개월, 5개월, 9개월을 하기도 한다.]

○ 조복(弔服)을 입고 가마(加麻)를 한다.[조복(弔服)은 복제(服制)가 심의(深衣)와 같다. '마(麻)'는 환질(環絰 삼으로 꼬아 만든, 상복을 입을 때에 머리에 두르는 둥근 테. 수질(首絰).)을 말한다.]

○ 석최(錫衰)[시복(緦服)에 쓰는 삼베를 잿물에 담아서 조복(弔服)을 만든 것을 '석최(錫衰)'라 한다. '석(錫)'은 부드럽게 바뀐 모양이다.]

○心喪[無服之喪.] ○爲師.[或三年, 或期, 或三・五・九月.] ○吊服加麻.[吊服制如深衣. 麻謂環絰也.] 錫衰[以緦服之布, 灰治爲弔服, 曰錫衰. 錫, 滑易貌.]

○ **【제복(制服)】**[상(喪)을 당한 사람이 입는 옷이다.]

○ **【적(適)】**[활중(濶中 옷깃의 뒷부분이며, 깃을 달 때에 목 뒤로 돌아가는 부분. 활중(闊中).)을 자르고 가운데를 접어서 밖으로 향하게 하여 어깨 위에 더하는 것이다.]

【벽령(辟領)】[<'적(適)'과> 같은 말이다.]

○ **【활중(濶中)】**[옷에서 목덜미에 바짝 붙는 곳으로, 적(適)을 잘라서 바깥으로 향하여 그 가운데를 헐렁하게 한 것이다.]

○ **【가령(加領)】**[삼베를 옷깃 안에 덧대어 세 겹으로 만들기 때문에 '삼가령(三加領)'이라 한다. <동정.>]

【겁〔겹〕(袷)】[독음은 '겁(劫)'이며, 옷깃〔領〕 안에 덧대어 세 겹으로 만든 것이다.]

○ **【부판(負版)】**[사방으로 한 자 여덟 치 되는 베를 옷깃〔領〕 아래에 매달아 등에 늘어뜨린 것이다.]

○ **【최(衰)】**[독음은 '최(崔)'이며, 길이가 여섯 치이고 폭이 네 치인 베를 왼쪽 옷깃에 꿰매어 달아서 심장 부위에 닿게 만든 것이다.]

○ **【대하척(帶下尺)】**[높이가 한 자 되는 종포(縱布)를 위로 상의에 꿰매어 달고, 가로방향으로 허리에 두른 것이다.]

○ **【임(衽)】**[세 자 다섯 치 되는 베를 위와 아래에 각각 한 자씩 남기고, 위쪽은 왼쪽에서 여섯 치를 자르고 아래쪽은 오른쪽에서 여섯 치를 잘라서 서로 비스듬히 바라보게 재단하여, 양쪽 겨드랑이에 잘 보이지 않게 꿰매어 달고 아래로 늘어뜨려 치마 곁의 가장자리를 가리는 것이다.]

【연미(燕尾)】[<'임(衽)'을> 민간에서 부르는 이름이다.]

○ **【상(裳)】**[앞이 세 폭이고 뒤가 세 폭이며, 매 폭마다 세 번 주름을 접은 것이다.]

【삼구(三袧)】['구(袧)'는 최상(衰裳 베로 만든 치마 모양의 상복.)의 양쪽 측면이다. '삼구(三袧)'는 한 폭(幅)이 세 곳에 주름이 접힌 것이다.]

○制服[有喪者之服.] ○適[裁濶中, 摺而外, 加肩上者.] 辟領[仝.] ○濶中[衣有貼領處, 裁適向外, 濶其中.] ○加領[加布領內, 作三重, 故曰三加領.] 袷[音劫, 卽加於領裏, 作三重者.] ○負版[用布方尺八寸, 綴於領下, 當背垂之.] ○衰[音崔, 用布長六寸・廣四寸, 綴左衿, 當心處.] ○帶下尺[用縱布高一尺, 上屬於衣, 橫繞於腰.] ○衽[用布三尺五寸, 上下各留一尺, 上左裁六寸, 下右裁六寸, 相望斜裁, 杳綴於兩腋下, 垂之, 以掩裳旁際也.] 燕尾[俗名.] ○裳[前三幅, 後三幅, 每幅三輒.] 三袧[袧, 衰裳幅兩側也. 三袧, 一幅三處屈也.]

○ **[효건(孝巾)]** [민간에서는 '두건(頭巾)'이라 부른다.]

○ **[관(冠)]** [베를 주름 접어 만든다. 민간에서는 '굴관(屈冠)'이라 부른다. 옛날에는 관(冠)은 있었지만 효건(孝巾)은 없었다.]

[엽관(厭冠)] ['엽(厭)'의 독음은 '엽(葉)'이며, 상례(喪禮)에서 쓰는 관으로, 머리싸개가 없고 기둥이 없어 머리에 바짝 달라붙는 것이다.]

○ **[수질(首絰)]** [삼베의 양 끝을 꼬고 합쳐서 양 끝을 고리처럼 이어 관(冠)의 위에 씌운다.]

[환질(環絰)] [<'수질(首絰)'과> 같은 말이다.]

○ **[요질(腰絰)]** [삼베의 양 끝을 꼬아서 허리에 매단다.]

○ **[교대(絞帶)]** [삼베의 양 끝을 왼쪽으로 꼬고, 다시 그 가운데를 접어서 오른쪽으로 꼬면 곧 '삼중사고(三重四股 네 가닥으로 꼬아 세 겹으로 만들었다는 말.)'라는 것인데, <이것을> 허리에 묶고 남는 것을 늘어뜨린 것이다.]

○孝巾[俗名頭巾.] ○冠[用布, 褫而爲之. 俗名屈冠. 古者有冠而無孝布[31].] 厭冠[厭音葉, 喪冠, 無纓[32]無梁, 厭帖然也.] ○首絰[用麻, 兩股絞之, 合係兩端如環, 以加冠上.] 環絰[仝.] ○腰絰[用麻, 兩股絞之, 係於腰.] ○絞帶[用麻, 兩股左絞之, 又屈其中, 右絞之, 卽所謂三重四股也, 係於腰, 垂其餘.]

---

31 布 : '巾'의 잘못으로, 국역에서는 '巾'으로 바로잡아 옮긴다.

32 纓 : '纚'의 잘못으로, 국역에서는 '纚'로 바로잡아 옮긴다.

○ **【죽장(竹杖)】**［대나무로 만들며 다섯 칸에 여섯 마디로, 참최(斬衰)에 짚는 지팡이이다.］

【저장(苴杖)】［'저(苴)'는 검은색으로, 참최(斬衰)의 모습을 '저(苴)'라고 한다.］

【동장(桐杖)】［자최(齊衰)에 짚는 지팡이이다.］

【삭장(削杖)】［동장(桐杖)을 깎아내어 위는 둥글고 아래는 모가 진 것이다.］

○ **【관구(菅屨)】**［참최(斬衰)에 착용하는 신이다.］

【소구(踈屨)】［'소(踈)'는 '거칠다〔粗〕'는 말이다. 자최(齊衰)에 신는 신이다.］

【외납(外納)】［신의 남는 끄트머리가 바깥쪽으로 향하게 <엮은> 것이다.］

○竹杖[以竹爲之, 五間六節, 斬衰杖也.] 苴杖[苴, 黎黑色, 斬衰貌曰苴.] 桐杖[齊衰杖也.] 削杖[桐杖削之, 上圓下方也.] ○菅屨[斬衰屨.] 踈屨[踈, 粗也. 齊衰屨.] 外納[屨餘末向外也.]

○ **【방립(方笠)】**［상중(喪中)에 있는 사람이 외출할 때 착용하는 것으로, 민간의 관습〔俗制〕이다.］

【직령(直領)】［상중(喪中)에 있는 사람이 외출할 때 착용하는 것으로, 민간의 관습〔俗制〕이다.］

【중단의(中單衣)】［제복(制服 상복(喪服).)의 안에 착용하는 것이다.］

○方笠[喪人出時所着, 俗制也.] 直領[喪人出時所着, 俗制也.] 中單衣[着於制服之內.]

○ **【전계(箭笄)】**［대나무로 만든 비녀이다. 부인(婦人)이 상중(喪中)에 <꽂는> 비녀이다.］

○ **【배자(背子)】**［첩(妾)들이 착용하는 상복(喪服)으로, 길이는 키와 나란하고 소매는 좁은데, 곧 몽두의(蒙頭衣 머리에서부터 길게 내려 써 얼굴을 가리는 장옷. 몽두리(蒙頭里).)이다.］

○箭笄[竹釵也. 婦人居喪簪也.] ○背子[衆妾所着喪服, 長如身齊, 小袖, 卽蒙頭衣也.]

○ **【면(袒)】**[오복(五服) 이외의 가장 가벼운 것이다.]
【시복(施服)】[방계(傍系)에 있으되 <복(服)이> 이르는 것을 '시(施)'라 한다. '시복(施服)'이라는 것은 복(服)이 시복(緦服)과 면복(免服)에 이르는 친족이다.]
○ **【의복(義服)】**[<친족 관계에 있지 않아> 상복을 입지 않아도 되지만 의리로 상복을 입는 것이다.]

○袒[五服外最輕者.] 施服[在旁而及曰施. 施服者, 服及緦免之親也.] ○義服[無服而服.]

○ **【상주(喪主)】**[상사(喪事)를 주관하는 사람이다.]
【고자(孤子)】[아버지가 돌아가신 경우를 '고자(孤子)'라 한다.]
【애자(哀子)】[어머니가 돌아가신 경우를 '애자(哀子)'라 한다.]
【고애자(孤哀子)】[부모가 모두 돌아가신 경우를 '고애자(孤哀子)'라 한다.]
【극인(棘人)】[<부모의> 상(喪)을 당하여 슬프고 경황이 없음이다. ≪모시(毛詩)≫.][33]
【죄인(罪人)】[상인(喪人)이 자신을 일컫는 말이다.]
【상인(喪人)】[상중(喪中)에 있는 사람이다.]
【심제인(心制人)】[대상(大祥)을 마친 후부터 담제(禫祭)를 지내기 전까지는 '심제인(心制人)'이라고 한다.]
○ **【난란(欒欒)】**[<상제(喪制)가> 말려서 구겨져 펼치지 못하는 것이다. ≪모시(毛詩)≫.][34]

---

33 극인(棘人) : ≪시경(詩經)≫ <회풍(檜風)·소관(素冠)>에 "행여 흰 관을 쓴 상주의 수척한 모습을 볼 수 있을까? 마음 괴로워 걱정하며 애태운다.〔庶見素冠兮, 棘人欒欒兮, 勞心慱慱兮.〕"라고 하였다.

【구구매매(瞿瞿梅梅)】[상중(喪中)의 모양이다. ≪예기(禮記)≫.][35]

【심묵(深墨)】[얼굴이 야위고 거무튀튀한 것이다. ≪맹자(孟子)≫.][36]

○ 【박마(樸馬)】[상중(喪中)에 있는 사람이 타는 말이다. '박(樸)'은 '소박하다〔素樸〕'는 뜻이다. ≪소학(小學)≫.][37]

○ 【의려(倚廬)】[담벼락에 나무를 기대어놓고〔倚〕 임시 거처〔廬〕로 삼는 것이다.]

【악실(堊室)】[<상중(喪中)에> 사(士)는 악실(堊室)에서 지낸다.]

【점괴(苫塊)】[상중(喪中)에는 거적〔苫〕에 눕고 흙덩이를 베고〔塊〕 <잔다>. '점(苫)'은 '띠〔茅〕'라는 말이고, '괴(塊)'는 '흙덩이'라는 말이다.]

【초토(草土)】['점괴(苫塊)'<와 같은 말>이다.]

【하(苄)】[부들풀이 자리〔席〕를 만들 만한 것이다. ≪예기(禮記)≫에 이르기를, "부들자리의 끝을 자르되 안으로 넣지 않는다.〔苄剪不納.〕"라고 하였다.]

○ 【전죽(餰粥)】[장례를 치르기 전에 마시는 것이다.]

【소식(蔬食)】[장례를 치르고 나서 먹는 것이다.]

---

34 난란(欒欒) : ≪시경(詩經)≫ <회풍(檜風)·소관(素冠)>에 "행여 흰 관을 쓴 상주의 수척한 모습을 볼 수 있을까? 마음 괴로워 걱정하며 애태운다.〔庶見素冠兮, 棘人欒欒兮, 勞心慱慱兮.〕"라고 하였다.

35 구구매매(瞿瞿梅梅) : ≪예기(禮記)≫ <옥조(玉藻)>에 "거상할 적의 모습은 파리하고 실의해서, 낯빛 모습은 근심스러우며, 보는 모습은 놀라서 다급하고 분명치 못하며, 말하는 모습은 낮고 미미하다.〔喪容纍纍, 色容顚顚, 視容瞿瞿梅梅, 言容繭繭.〕"라고 하였다.

36 심묵(深墨) : ≪맹자(孟子)≫ <등문공 상(滕文公上)에 이르기를, "죽을 마시고 얼굴이 몹시 검은 빛으로 자리에 나아가 곡(哭)한다.〔歠粥, 面深墨, 卽位而哭.〕"라고 하였다.

37 박마(樸馬) : 주희(朱熹)의 ≪가례(家禮)≫ <상례(喪禮)·성복(成服)>에 "성복하는 날 주인과 형제는 비로소 죽을 먹는다.〔成服之日, 主人及兄弟始食粥.〕"라고 하고, "이때부터 상사를 비롯하여 부득이하게 출입한다면 박마(樸馬)를 타고 삼베로 안장을 싸거나 소교(素轎)를 타고 삼베로 주렴을 싼다.〔若以喪事及不得已而出入, 則乘樸馬布鞍·素轎布簾.〕"라고 하였다. 박마는 갈기를 다듬지 않은 말이다.

○喪主[主喪之人.] 孤子[父亡稱孤子.] 哀子[母亡稱哀子.] 孤哀子[父母俱亡稱孤哀子.] 棘人[居喪哀遽也. <毛>.] 罪人[喪人自稱.] 喪人[居喪之人.] 心制人[大祥後・禫祭前稱心制人.] ○欒欒[卷曲不得舒也. <毛>.] 瞿瞿梅梅[居喪之容. <禮>.] 深墨[面瘦黑也. <孟>.] ○樸馬[喪人所乘. 樸, 素樸之義. <學>.] ○倚廬[倚木於墻, 以爲廬也.] 堊室[士居堊室.] 苫塊[居喪, 寢苫枕塊. 苫, 茅也. 塊, 土也.] 草土[苫塊也.] 芐[蒲之可爲席者. 禮云: "芐剪不納."] ○饘粥[葬前所啜者.] 蔬食[葬後所食者.]

○ **【분상(奔喪)】**[객지에 있다가 부음(訃音)을 듣고 달려가는 것이다.]
【대성(戴星)】[<객지에 있다가 부모의> 부음(訃音)을 듣고 달려가는 것이 <이른 새벽에> 별을 보고 출발하여 <늦은 저녁에> 별을 보고 들어가는 것이다.]

○ **【사각건(四脚巾)】**[머리를 풀어헤치고 갈 수 없기 때문에 머리를 쪽 찌거나 틀어 올리고 쓰는 것이다.]

○ **【기복(起復)】**[<상중(喪中)에> 최마(衰麻)에서 일어나〔起〕 그 본래의 직책으로 돌아가는〔復〕 것이다.]

○奔喪[在外聞喪而赴也.] 戴星[奔喪, 見星而出, 見星而入.] ○四脚巾[不可被髮而行, 故斂髮而着.] ○起復[起於衰麻之中而復其本職也.]

○ **【빈(殯)】**[장사(葬事)를 치르기 전에 조문객〔賓〕들이 <죽은 이를> 만나보는 것이다.]
【이〔사〕(肂)】[독음은 '이(貳)'이며, 빈소(殯所)이다.]
【역(帟)】[작은 장막으로, 빈소(殯所) 위에 덮는 것이다.]
【초빈(草殯)】[풀로 빈소(殯所)를 가린 것이다.]
【고빈(藁殯)】・**【고예(藁瘞)】**[<'초빈(草殯)'과> 같은 말이다.]

○殯[將葬, 賓遇之也.] 肂[音貳. 殯次.] 帟[小幕, 覆殯上者.] 草殯[以草掩殯

也.] 藁殯○藁瘞[仝.]

○ **[발인(發引)]** [관(棺)을 수레에 싣고 <매장하러> 가는 것이다.]

○ **[대여(大轝)]** [상여(喪輿)이다.]

[구거(柩車)] · **[영이(靈輀)]** · **[신거(蜃車)]** · **[유거(柳車)]** · **[유([illegible])]** [<'대여(大轝)'와> 같은 말이다.]

[소방상(小方牀)] [<좁은 곳이나 험한 길에 쓰던 작은> 상여(喪輿)로, 관(棺)을 싣는 것이다. ≪가례(家禮)≫.]

[횡강(橫杠)] [두 입주(立柱) 위의 거목(距木)이다.]

[장강(長杠)] [가로로 놓아서 어깨에 메는 것〔멜대〕이다.]

[복토(伏兎)] [장강(長杠)에 필요한 것으로, 장부를 꽂는 것이다.]

[조예(鑿枘)] [장부를 꽂는 데에 필요한 것이다. ○복토(伏兎)를 설치하고 두 입주(立柱)에 장부 구멍에 내어 장부 구멍에 넣어서 매끄럽게 돌아가게 한다. <착예(鑿枘).>]

[단강(短杠)] [장강(長杠)의 양 끝에 가로 놓은 거목〔距木〕이다.]

[소강(小杠)] [단강(短杠)이 서로 교차하며 이어진 것이다.]

[촬초정(撮蕉亭)] [민간에서 한 칸짜리 작은 집의 이름으로, 상여에서 사용하는 것은 그것을 본뜬 모양인데, 이것을 두 입주(立柱)의 위에 덮는다.]

[유소(流蘇)] [네 모서리에 유소(流蘇오색의 실로 만든 수술.)를 늘어뜨려 묶은 것이다.]

[죽격(竹格)] [대나무로 틀을 만들어 채색실로 묶고, 그 위를 촬초정(撮蕉亭)처럼 만들고 옆에 휘장을 치고 <휘장의> 네 모서리에 유소(流蘇)를 늘어뜨린 것이다.]

[첨(襜)] [수레의 휘장으로, 상여(喪輿)의 사방에 늘어뜨린 것이다.]

[천(輤)] · **[위(幃)]** [<'첨(襜)'과> 같은 말이다.]

[불(紼)] [영구(靈柩)를 끄는 동아줄이다.]

[피(披)] [<손잡이> 끈〔紐〕이다. 큰 상구(喪柩)가 나아갈 때, 양 옆에 끈을 <만들어> 두어 군사(軍士)가 그것을 붙잡아서 기울어 위태해지는 것을 막는다.]

○ **[강대군(扛擡軍)]** [상두꾼(상여를 메는 사람.).]

○ **[영거(靈車)]** [혼백(魂帛 신주(神主)를 만들기 전에 임시로 명주나 모시를 접어서 만든 신위(神位).)을 <실은> 수레이다. 민간에서는 '안거(安轝)'라고 부른다.]

[혼거(魂車)] [<'영거(靈車)'와> 같은 말이다.]

○ **[방상씨(方相氏)]** [흉한 귀신을 막아준다.]

[방상(防喪)] [<'방상씨(方相氏)'와> 같은 말이다.]

[기두(魌頭)] [눈이 네 개면 방상(方相)이고, 눈이 두 개면 기두(魌頭)이다.]

[ᄆᆢᆼ기(蒙倛)] · **[소(蘇)]** · **[광조(狂阻)]** · **[촉광(觸壙)]** [<'기두(魌頭)'와> 같은 말이다.]

○ **[만가(挽歌)]** [죽은 이를 장사 지내어 보내며, 상여 줄을 잡은 사람들이 서로 주고받는 소리로, 전횡(田橫) 때에 시작되었는데, 지금의 만사(挽辭)가 바로 그런 의미이다.]

[사(些)] [만가(挽歌)이다.]

[만사(挽詞)] · **[만장(挽章)]** [<'만가(挽歌)'와> 같은 말이다.]

[진동(侲童)] [만가(挽歌)를 부르는 사람이다.]

[불구(紼謳)] [영구(靈柩)를 이끄는 사람이 부르는 노래이다.]

[우빈(虞殯)] [죽은 이를 장사 지내어 보내는 노래이다. ≪춘추좌씨전(春秋左氏傳)≫.][38]

○ **[애사(哀辭)]** [죽음을 애도하는 글이다.]

[뇌(誄)] [<'애사(哀辭)'와> 같은 말이다.]

[제문(祭文)] [죽은 이에게 제사를 드리는 글이다.]

○發引[柩載車行也.] ○大轝[喪車.] 柩車. ○靈輀. ○蜃車. ○柳車. ○輀[仝.] 小方牀[喪車, 所以安棺者. <家禮>.] 横杠[兩柱上距.] 長杠[所以横施受

38 우빈(虞殯) : ≪춘추좌씨전(春秋左氏傳)≫ 애공(哀公) 11년 조에 "공손하가 자신의 문도에게 명하여 우빈을 노래하게 하였다.〔公孫夏命其徒歌虞殯.〕"라고 하였는데, 두예(杜預)의 주에 "우빈은 죽은 이를 떠나보내는 노래이다.〔虞殯, 送葬歌曲也.〕"라고 하였다.

擔者.] 伏免[39][長杠之要, 所以穿枘者.] 鑿枘[穿枘之要. ○伏兎設, 鑿於兩柱, 鑿納, 使常滑轉.] 短杠[長杠兩端之橫距.] 小杠[短杠之交加者.] 撮蕉亭[□[40]俗一間小屋之名, 喪轝所用, 格之形象, 此以覆兩柱之上.] 流蘇[四角垂結.] 竹格[以竹爲□[41], 以綵結之, 上如撮蕉亭, 旁施□[42]幔, 四角垂流蘇.] 裧[車襜, 喪車四旁所垂者.] 輤. ○幃[仝.] 紼[引柩索.] 披[紐也. 大喪柩行, 兩旁有紐, 軍士執之, 以防傾危.] ○扛擡軍[상도군.] ○靈車[魂帛之車. 俗名安轝.] 魂車[仝.] ○方相氏[以禦凶鬼.] 防喪[仝.] 魌頭[四目爲方相, 兩目爲魌頭.] 蒙倛. ○蘇. ○狂阻. ○觸壙[仝.] ○挽歌[送葬執紼者相和聲, 自田橫始, 今挽辭卽其義也.] 些[挽歌.] 挽詞. ○挽章[仝.] 侲童[所以唱挽歌者.] 紼謳[引柩者之歌.] 虞殯[送葬之歌. <左>.] ○哀辭[哀死之文.] 誄[仝.] 祭文[祭亡者文.]

○ 【장(葬)】[죽은 사람을 땅에 묻는 것이다.]

【음(陰)】[땅에 묻는 것이다. ≪예기(禮記)≫에 "사람은 땅에 묻혀 흙이 된다.〔人陰爲土.〕"라고 하였다.][43]

【예(瘞)】·【근(墐)】[땅에 묻는 것이다.]

【붕(堋)】[<땅에> 묻고 흙을 덮는 것이다. ≪춘추좌씨전(春秋左氏傳)≫.][44]

---

39 免 : '兎'의 잘못으로, 국역에서는 '兎'로 바로잡아 옮긴다.

40 □ : 원본에 한 글자가 누락되었다.

41 □ : 원본에 한 글자가 누락되었다. ≪사계전서≫ <가례집람도설(家禮輯覽圖說)>의 <죽격도(竹格圖)>에 근거하여, 국역에서는 '格'자를 보충하여 옮긴다.

42 □ : 원본에 한 글자가 누락되었다. ≪사계전서≫ <가례집람도설(家禮輯覽圖說)>의 <죽격도(竹格圖)>에 근거하여, 국역에서는 '帷'자를 보충하여 옮긴다.

43 음(陰) : ≪주자대전(朱子大全)≫ 권59 <답여방숙(答余方叔)>에 "나무가 불에 타서 재가 되고 사람이 땅에 묻혀서 흙이 되더라도 그 재와 흙의 기운은 남아있다.〔木燒爲灰, 人陰爲土, 亦有此灰土之氣.〕"라고 한 용례가 있다.

44 붕(堋) : ≪춘추좌씨전(春秋左氏傳)≫ 소공(昭公) 12년 조에 "정나라 간공을 장사지내는데, 사묘지실이 길을 막고 있는 것이 있었으니 그것을 헐어내면 아침에 하관〔堋〕하고 헐지 않으면 한낮에 하관〔堋〕하게 되었다.〔鄭簡公葬, 司墓之室有當道者, 毁之則朝而堋, 弗毁則日中而堋.〕"라고 하였는데, 주에 "'붕

【탈재(脫載)】[땅에 묻는 것이다.]

【폄(窆)】[관(棺)을 ＜광중(壙中 시체가 놓이는 무덤의 구덩이 부분.)에＞ 내리는 것이다.]

【양사(襄事)】[장사(葬事)를 마치는 것을 '양(襄)'이라 한다.]

【양봉(襄奉)】[＜'양사(襄事)'와＞ 같은 말이다.]

○ **【합장(合葬)】**[부부가 무덤을 함께 하는 것이다.]

【합부(合祔)】[＜'합장(合葬)'과＞ 같은 말이다.]

【가상(嫁殤)】[옛날에는 가상(嫁殤)하는 것을 금하였는데, 남녀가 아직 혼인하지 않았는데 죽게 되면 다른 남녀로 상사(殤死 스무 살이 되기 전에 죽는 것.)한 자를 취하여 합장(合葬)하는 것을 말한다.]

○ **【갈장(渴葬)】**[＜예법(禮法)에서 정해놓은 장례의＞ 때를 기다리지 아니하고 장사를 지내는 것이다.]

【부장(報葬)】['부(報)'는 '부(赴)'와 같이 읽는데, '서두른다[亟疾]'는 뜻으로, 석 달이 되지 않아 장사지내는 것이다.][45]

【완장(緩葬)】[＜예법(禮法)에서 정해놓은 장례의＞ 때를 넘겨 장사를 지내는 것이다.]

○ **【권조(權厝)】**['조(厝)'는 '버려둔다[置]'는 뜻이다. 임시로 그곳에 두는 것이다.]

○ **【천장(遷葬)】**[무덤[宅兆]을 옮기는 것이다.]

【개장(改葬)】·**【천폄(遷窆)】**·**【면례(緬禮)】**[＜'천장(遷葬)'과＞ 같은 말이다.]

○ **【나장(倮葬)】**[수의(壽衣)를 입히지 않은 채로 땅에 묻는 것이다. ≪한서(漢書)≫.][46]

(堋)'은 하관이다.[堋, 下棺.]"라고 하였다.

45 부장(報葬) : 경제적 사정 등으로 예법에 정해진 날짜보다 당겨서 지내는 장사로, ≪예기집설(禮記集說)≫ ＜상복소기(喪服小記)＞의 주에 "'보(報)'는 '부(赴)'로 읽으니, 급하다는 뜻이다."라고 하였다.

46 나장(倮葬) : ≪한서(漢書)≫ ＜양왕손전(楊王孫傳)＞에 "양왕손이 임종 시에 자기 아들에게 분부하기를, "나는 알몸으로 매장하여 나의 참된 모습으로 돌아가고 싶으니 나의 뜻을 절대로 바꾸지 말거라.[吾欲臝葬, 以反吾眞, 必亡易

○ **【갈구(葛溝)】**[칡덩굴로 <시체를> 싸매 도랑에 던져버리는 것이다.]

○ **【매(埋)】**[매장하는 것이 예법(禮法)과 같지 않은 것이다.]

○ **【도근(道殣)】**[길 가에 시체를 파묻는 것이다.]

【노총(路冢)】[<'도근(道殣)'과> 같은 말이다.]

○ **【연(捐)】**[<객사(客死)하여> 시체를 찾지 못하는 것이다.]

【기(棄)】[<시체가> 땅에 묻히지 못하는 것이다.]

【갈(禍)】[독음은 '갈(曷)'이며, 길바닥에서 죽은 사람이 있으면 땅에 묻고 표지를 세워두는 것이다.]

○ **【복택(卜宅)】**[시체를 묻을 땅을 가려서 정하는 것이다.]

【택조(宅兆)】[무덤의 경계이다.]

【가성(佳城)】[묘지(墓地)이다. ≪사문유취(事文類聚)≫.47]

○ **【광(壙)】**[묘혈(墓穴 시체를 묻는 구덩이.)이다.]

【감(坎)】[땅에 구덩이를 파고 시체를 <임시로> 묻어두는 것이다.]

【천중(穿中)】[광중(壙中 시체가 놓이는 무덤의 구덩이 부분.)이다. <□>.]

【취(竁)】[<시체를 묻을> 구덩이를 파는 것이다.]

【둔석(窀穸)】[묘혈(墓穴 시체를 묻는 구덩이.)이다.]

○ **【금정(金井)】**[나무로 '정(井)'자 모양을 만들고, 그 가운데를 파내어 묘혈(墓穴)을 삼는 것이다.]

○ **【회격(灰隔)】**[석회를 시체가 놓이는 구덩이에 채워 넣어 덧널〔槨〕에 두른 것이다.]

○ **【인(茵)】**[관(棺)의 아래에 까는 자리인데, 지금은 사용하지 않는다.]

○ **【항목(抗木)】**[민간에서는 '횡대(橫帶)'라 부른다.]

○ **【풍비(豐碑)】**[<시체를 묻을 때에> 관(棺)을 광중(壙中)에 내리는 도구이다.

吾意.]"라고 한 기록이 있다. '나장(羸葬)'은 '나장(倮葬)'과 같은 말이다.

47 ≪사문유취(事文類聚)≫ : 송나라의 축목(祝穆)이 역대 문헌에서 사실(事實), 시문(詩文), 명언 등을 가려 뽑아 경(經), 사(史), 자(子), 집(集)의 체재에 따라 종류별로 분류하여 만든 책. 후에 원나라의 부대용(富大用)이 신집(新集) 36권, 외집(外集) 15권을 증보하였고, 축연(祝淵)이 유집(遺集) 15권을 증보하였다.

큰 나무로 비목(碑木)을 만들어 <시체를 묻을> 구덩이 옆의 네 모퉁이에 세우고, 비목에 구멍을 파서 녹로(鹿盧)를 안장하고, 동아줄의 끝머리로 관(棺)을 연결하여 한쪽 머리를 묶고, 녹로를 에워 감는다. 사람들은 제각기 비목을 등진 채로 동아줄을 등에 업고서 북소리가 울리기에 앞서 뒷걸음쳐서 조금씩 아래로 내린다.]

○ **【명기(明器)】**[<죽은 사람을> 시중들게 만든 그릇으로, 광중(壙中)에 넣는 것이다.]

【용(俑)】[장사 때에 <함께> 묻어주는 허수아비이다.]

【추령(芻靈)】[<장사 때에 함께 묻어주는> 짚으로 만든 허수아비이다.]

【순장(殉葬)】[사람을 죽여서 장사 때에 함께 묻는 것이다.]

【도거(塗車)】[<장사 때에 함께 묻어주는> 진흙으로 만든 수레이다.]

○ **【절(折)】**[장례 도구이다. <잡기(雜記)>.][48]

○ **【오작(仵作)】**[<시신을> 매장하는 <일을 담당하는> 군인이다. ≪역어유해(譯語類解)≫.]

【오작항인(仵作行人)】[관청에서 필요로 하는 검시(檢屍)를 하는 사람이다.][49]

○葬[藏死人也.] 陰[埋也. 禮曰: "人陰爲土."] 瘞. ○墐[埋也.] 堋[葬下土也. <左>.] 脫載[葬也.] 窆[下棺也.] 襄事[成事曰襄.] 襄奉[仝.] ○合葬[夫婦同穴地.] 合祔[仝.] 嫁殤[古者禁嫁殤者, 謂男女未嫁而死, 則更取他男女之殤死, 以合葬也.] ○渴葬[不及時而葬.] 報葬[報讀若赴, 函疾之義, 不待三月而葬.] 緩葬

---

48 절(折) : ≪의례(儀禮)≫ <기석례(旣夕禮)>에 "명기를 승차의 서쪽에 진열하고 절(折)은 가로로 덮는다.〔陳明器於乘車之西, 折橫覆之.〕"라고 하였고, ≪순자(荀子)≫ <예론(禮論)>에 "<봉분을 떠받치고 묘혈(墓穴)을 덮는〉 항석(抗席)과 절(折)은 그 모양이 지붕, 울타리, 문을 본뜬 것이다.〔抗折, 其須以象槾茨番闕也.〕"라고 한 용례가 있다.

49 오작항인(仵作行人) : ≪대명률례언해(大明律例諺解)≫ 권29에 "오작은 검시·매장을 하는 사람이고, 항인은 검시하는 사명(使命)의 통칭이다. 도살인을 오작항인으로 삼는 일이 많았기 때문에 도항(屠行)이라고도 한다.〔仵作, 檢屍及埋葬之人; 行人, 檢屍使命之通稱. 仵作行人, 多以屠宰之家爲之, 故或稱屠行.〕"라고 하였다.

[過時而葬.] ○權厝[厝, 置也. 姑置於此也.] ○遷葬[移宅兆也.] 改葬. ○遷窆. ○緬禮[仝.] ○倮葬[無衣服而葬. <漢>.] ○葛溝[裹以葛, 委諸溝.] ○埋[葬不如禮.] ○道殣[道旁埋尸也.] 路冢[仝.] ○捐[不得尸.] 棄[不得埋.] 褐[音曷, 有死于道者, 埋置表識也.] ○卜宅[卜葬地也.] 宅兆[塋墓界域也.] 佳城[墓地. <事>.] ○壙[墓穴.] 坎[穿地以葬.] 穿中[壙中. <□[50]>.] 窾[穿壙.] 窀穸[墓穴.] ○金井[以木作井字, 穿其中, 爲壙.] ○灰隔[以石灰築壙中, 以周於槨.] ○茵[棺下褥也. 今不用.] ○抗木[俗夕[51]橫帶.] ○豐碑[下棺具也. 用大木爲碑, 植於壙旁四角, 鑿碑孔, 安鹿盧, 以紼末係棺, 緘一頭, 繞鹿盧. 人各背碑負紼, 未聽鼓聲, 却行而漸下之.] ○明器[作侍御器, 用以納壙者.] 俑[從葬木耦[52].] 芻靈[草偶.] 殉葬[殺人以從葬也.] 塗車[以泥爲車.] ○折[葬具. <雜記>.] ○仵作[埋葬軍也. <譯>.] 仵作行人[官家所用檢尸者.]

○ 【분(墳)】[시체를 땅에 묻고 흙을 돋우어 올린 것을 '분(墳)'이라 한다.]

【묘(墓)】·【총(冢)】·【영(塋)】·【농(壟)】·【번랑(墦埌)】[<'번랑(墦埌)'의> 독음은 '번랑(潘浪)'이다. <모두 '분(墳)'과> 같은 말이다.]

【토만두(土饅頭)】[<'분(墳)'과> 같은 말이다. ≪범성대집(范成大集)≫.][53]

【솔도파(窣堵波)】[산스크리트어에서 '무덤'을 말한다.(사리(舍利)의 봉안하기 위해 쌓은 탑(塔)인 stūpa의 음역.)]

【마렵(馬鬣)】[무덤의 모양이 길고 좁은 것이다.]

【부(斧)】[<'마렵(馬鬣)'과> 같은 말이다.]

【당(堂)】[무덤의 모양이 '당(堂)'을 닮은 것이다.]

【방(坊)】[무덤의 모양이 '방(坊)'을 닮은 것이다.]

【수장(壽藏)】[<살아생전에 만들어 둔> 무덤이다.]

---

50 □ : 원본에 출처 표기가 누락되었다.

51 夕 : '名'의 잘못으로, 국역에서는 '名'으로 바로잡아 옮긴다.

52 耦 : '偶'의 잘못으로, 국역에서는 '偶'로 바로잡아 옮긴다.

53 토만두(土饅頭) : 남송(南宋)의 범성대(范成大)가 지은 <중구일에 수장(壽藏)을 만들어둔 곳에 가며〔重九日行營壽藏之地〕>에서 "설사 천년 된 쇠문턱이 있다고 해도, 끝내는 일개 토만두가 되고 말 뿐인 것을.〔縱有千年鐵門限, 終須一箇土饅頭.〕"이라 하였다.

○ **【수(隧)】**［무덤 속의 길이다.］
【천(阡)】［묘도(墓道 무덤으로 통하는 길.)이다.］
【연(羨)】［묘도(墓道 무덤으로 통하는 길.)이다. ≪사기(史記)≫.］[54]
【역(域)】［묘역(墓域 묘소의 경계를 정한 구역.)이다.］
○ **【황로(黃壚)】**［구천(九泉)의 아래에 있는 노산(壚山)이다. ≪회남자(淮南子)≫.］[55]
【구천(九泉)】［지하(地下)이다.］
【구원(九原)】［<'구천(九泉)'과> 같은 말이다.］

墳［葬人起土曰墳.］墓. ○冢. ○塋. ○壟. ○墦埌［音潘埌. 同.］土饅頭［仝. <范>.］窣堵波［梵言墳.］馬鬣［墳形長而狹者.］斧［仝.］堂［墳形似堂.］坊［墳形似坊.］壽藏［墓也.］○隧［墓中道.］阡［墓道.］羨［墓道. <史>.］域［墓限.］○黃壚［泉下有壚山. <淮>.］九泉［地下.］九原［仝.］

○ **【묘지(墓誌)】**［죽은 이의 행적을 모아서 돌에 새겨 무덤 속에 넣는 것이다.］
【묘표(墓表)】［<죽은 이의> 행적을 돌에 새겨서 무덤 앞에 세우는 것이다.］
【신도비(神道碑)】［무덤 앞에 길을 내고 석주(石柱)를 세워 표지로 삼는 것을 '신도(神道)'라고 부르는데, 죽은 이의 행적을 기술하여 지석(誌石)에 새겨서 세우는 것이다.］
【음기(陰記)】［글을 지어 비석(碑石)의 뒷면에 새긴 것이다.］
【비희(贔屭)】［비석(碑石) 아래의 받침돌〔趺〕로, 모양이 거북을 닮은 것이다.］

---

54 연(羨) : ≪사기(史記)≫ <위강숙세가(衛康叔世家)>에 이후(釐侯)가 죽고 태자 공백(共伯) 여(餘)가 임금이 되었는데, 아우인 화(和)가 공백을 습격하자 "공백은 이후의 '연(羨)'으로 들어가 자살하였다.〔共伯入釐侯羨自殺.〕"라고 하였는데, ≪사기색은(史記索隱)≫에 "'연(羨)'은 독음이 '연(延)'으로 묘도(墓道)이다.〔羨音延, 墓道.〕"라고 하였다.

55 황로(黃壚) : ≪회남자(淮南子)≫ <남명훈(覽冥訓)에 "위로는 구천에 오르고, 아래로는 황천에 이른다.〔上際九天, 下契黃壚.〕"라고 하였는데, '황로'는 사람이 죽은 뒤에 그 혼이 가서 산다고 하는 세상으로, 황천(黃泉)이다. 달리 황로(黃盧), 황려(黃廬), 황로(黃壚)라고도 한다.

○墓誌[述亡者行蹟, 而刻于石, 納墓中.] 墓表[刻行蹟于石, 立墓前.] 神道碑[墓前開道, 建石柱, 爲標曰神道, 述亡者事蹟, 而刻石立之.] 陰記[爲文, 刻之碑背.] 贔屭[碑下趺, 形似龜.]

○ **【상석(牀石)】**[무덤 앞쪽에 제사음식을 올려놓는 것이다.]

【혼유석(魂遊石)】[상석(牀石)의 뒤쪽에 안치하는 것이다.]

【향로석(香爐石)】[향로를 올려놓는 것이다.]

【망주(望柱)】[희생을 묶어두던 높은 돌〔麗牲之石〕이다.]

【석인(石人)】[무덤의 앞쪽에 세우는데, 왼쪽은 문인(文人)이고 오른쪽은 무인(武人)이다.]

【석양마(石羊馬)】[무덤의 좌우에 세우는 <석물(石物)>이다.]

【사대석(莎臺石)】[돌로 무덤을 둘러놓고 그 위에 떼와 흙을 둥글게 쌓아올린 것이다.]

○ **【묘호(墓戶)】**[무덤을 지키며 보살피는 집이다. ≪사기(史記)≫.]

○牀石[墓前薦祭饌者.] 魂遊石[安牀石後.] 香爐石[薦香爐者.] 望柱[卽高麗牲之石.] 石人[立于墓前, 左文右武.] 石羊馬[立墓左右.] 莎臺石[以石周冢而上封莎土.] ○墓戶[守冢之家. <史>.]

◑ **【능침(陵寢)】**[천자(天子)의 무덤을 '능침(陵寢)'이라 부른다.]

【침(寢)】[옛날에는 종묘(宗廟)의 뒤쪽에 능침(陵寢)을 두어 의관(衣冠)과 궤장(几杖)을 넣어두었는데, 살아생전의 용구(用具)를 본뜬 것이었다. 진(秦)나라 시황제(始皇帝)부터 무덤 옆으로 옮겼다. ≪자치통감강목(資治通鑑綱目)≫의 주(注).][56]

---

56 침(寢) : ≪사기(史記)≫ <악서(樂書)>에 "삼대 이전에는 묘제가 없었으며, 진나라 시황제가 무덤에서 제사를 지내는 능침을 두면서부터 무덤의 옆에서 시작되었다. 한나라는 진나라의 제도를 따라서 상릉에는 모두 원침을 두었다.〔三代以前, 未有墓祭, 至秦始出寢, 起於墓側. 漢因秦制, 上陵皆有園寢.〕"라고 한 용례가 있다.

【백성(栢城)】[산릉(山陵)에는 잣나무를 심어 능침(陵寢)을 가린다.]

○ **【방중(方中)】**[땅을 파내 묘혈(墓穴)을 만든 것을 '방(方)'이라 하는데, 능묘(陵墓) 위쪽의 흙을 파내어 '방(方)'을 만든다.]

【방상(方上)】[<'방중(方中)'과> 같은 말이다.]

◑陵寢[天子墓曰陵寢.] 寢[古者宗廟後有陵, 有衣冠几杖, 象生之具也. 秦始皇移起墓側. <目注>.] 栢城[山陵樹柏, 遮迾陵寢.] ○方中[掘地爲坑曰方, 掘陵上土作方也.] 方上[仝.]

○ **【반혼(返魂)】**[장사를 지내고 혼백을 집으로 돌아오게 하는 것이다.]

【회령(回靈)】[<'반혼(返魂)'과> 같은 말이다.]

【접령(接靈)】[반혼(返魂)을 맞이하는 것이다. ≪역어유해(譯語類解)≫.]

○返魂[葬而魂返于室也.] 回靈[仝.] 接靈[반혼보다. <譯>.]

○ **【조석곡(朝夕哭)】**[아침저녁으로 영좌(靈座)에서 곡(哭)하는 것이다.]

【조석전(朝夕奠)】[장사지내기 전에 아침저녁으로 음식을 차려 놓는 것이다.]

【상식(上食)】[아침저녁으로 밥을 차려 놓는 것이다.]

【조전(祖奠)】[발인(發靷) 하기 전날에 조상<의 사당>을 찾아가〔朝〕 포시(晡時 오늘날의 오후 4시.)에 음식을 차려 놓는 것을 '조전(祖奠)'이라 한다. '조(祖)'라는 것은 그 행하는 바의 의례이다.]

【견전(遣奠)】[발인(發靷)할 때에 지내는 노제(路祭)이다.]

【우제(虞祭)】[장사를 지낸 뒤에 신령을 안정시키는 제사이다.]

【졸곡(卒哭)】[삼우(三虞) 뒤의 강일(剛日 일진(日辰)의 천간(天干)이 갑(甲)·병(丙)·무(戊)·경(庚)·임(壬)인 날.)에 지내는 제사이다.]

【부제(祔祭)】[망자(亡者)<의 신주(神主)를> 조상<의 신주 곁>에 합사(合祀)하는 제사이다.]

[소상(小祥)] [<사람이 죽고> 한 돌이 되어 제사를 지내는 것이다.]
[상사(常事)] [<'소상(小祥)'과> 같은 말이다.]
[연제(練祭)] [소상(小祥)에 연복(練服)을 하고 제사를 지내는 것이다.]
[대상(大祥)] [<사람이 죽고> 두 돌이 되어 제사를 지내는 것이다.]
[상사(祥事)] [<'대상(大祥)'과> 같은 말이다.]
[담제(禫祭)] [대상(大祥)을 지내고 달을 넘겨서 제사를 지내는 것이다.]
[길제(吉祭)] [담제(禫祭)를 지낸 뒤에 비로소 조상의 사당에 <신주를 모시고> 제사를 지내는 것이다.]

○朝夕哭[晨昏哭於靈座.] 朝夕奠[葬前, 朝夕奠饌.] 上食[朝夕奠飯.] 祖奠[發引前日, 朝于祖, 晡時奠曰祖奠. 祖者, 所行之禮也.] 遣奠[發引路祭也.] 虞祭[旣葬而安神之祭.] 卒哭[三虞後剛日之祭.] 祔祭[亡者祔祖之祭.] 小祥[期而祭.] 常事[仝.] 練祭[小祥, 練服而祭.] 大祥[再期而祭.] 祥事[仝.] 禫祭[大祥, 踰月而祭.] 吉祭[禫後, 始有事于祖廟也.]

◑ **[제례(祭禮)]** [제사(祭祀)를 지내는 의례이다.]
[제(祭)] [음식으로 귀신을 섬기는 것이다.]
[사(祀)] [<'제(祭)'와> 같은 말이다.]
[인(禋)] [정성스러운 마음으로 <제사를> 지내는 것이다.]
○ **[음사(淫祀)]** [자신이 <제사를 지내야할> 귀신이 아닌데도 제사를 지내는 것이다.]
○ **[여제(與祭)]** [제사에 <정성스레> 참여하는 것이다. ≪논어(論語)≫.][57]
[장사(將事)] [제사 지내는 일을 받들어 하는 것이다.]

◑祭禮[祭祀之禮.] 祭[以飮食事神也.] 祀[仝.] 禋[精意以享.] ○淫祀[非其鬼而祭也.] ○與祭[參祭也. <語>.] 將事[承奉祭祀之事也.]

---

57 여제(與祭) : ≪논어(論語)≫ <팔일(八佾)>에 공자가 "나는 제사에 참여하지 않으면 마치 제사를 지내지 않은 것과 같다.〔吾不與祭, 如不祭.〕"라고 하였다.

○ **【시제(時祭)】**[네 계절마다(음력 2월, 5월, 8월, 11월.) 지내는 제사이다.]

【예제(禰祭)】[아버지의 사당에서 제사를 지내는 것이다.]

【기제(忌祭)】[기일(忌日)에 지내는 제사이다.]

【휘일(諱日)】[죽은 날이다.]

【절사(節祀)】[절일(節日)에 지내는 제사이다.]

【파산(破散)】[한식(寒食)에 야외에 나가 <조상에게> 제사지내는 것을 '파산(破散)'이라 한다.]

○ **【재계(齋戒)】**[제사를 지내기 전에 몸을 청결하게 하는 것이다.]

【산재(散齋)】[<제사를 지내기 전에> 몸을 엄숙히 하는 것이다.]

【치재(致齋)】[<제사를 지내기 전에> 마음을 공경히 갖는 것이다.]

○ **【참신(參神)】**[신(神)에게 참배(參拜)하는 것이다.]

【강신(降神)】[향(香)을 피우고 술을 따라 모사(茅沙 제기에 담은 모래와 거기에 꽂은 띠풀 묶음.) 위에 부어〔縮酒〕 신(神)이 내리게 하는 것이다.]

【분향(焚香)】[향을 피우는 것이다.]

【점향(點香)】[<'분향(焚香)'과> 같은 말이다.]

【축주(縮酒)】[술을 모사(茅沙 제기에 담은 모래와 거기에 꽂은 띠풀 묶음.) 위에 붓는 것이다. ≪춘추좌씨전(春秋左氏傳)≫.][58]

【삼헌(三獻)】[<제사 지낼 때에> 술잔을 신위(神位) 앞에 드리는 것이 세 번이다.]

【유식(侑食)】[<제사 지낼 때에 제주(祭主)가> 술을 붓고 숟가락을 <제삿밥에> 꽂는 것이다.]

【합문(闔門)】[유식(侑食)을 하고나서 문을 닫고 신령이 흠향하기를 기다리는 것이다.]

---

58 축주(縮酒) : ≪춘추좌씨전(春秋左氏傳)≫ 희공(僖公) 4년 조에, 제(齊)나라 환공(桓公)이 제후의 군대를 거느리고 초(楚)나라를 토벌하자, 초나라에서 제나라 군중(軍中)으로 사자를 보내 침략한 이유를 물었더니, 제나라 관중(管仲)이 "초나라에서 포모를 바치지 않아 축주(縮酒)할 수가 없어 천왕(天王)의 제사를 지내지 못하게 하였기 때문이다.〔爾貢包茅不入, 王祭不供, 無以縮酒.〕"라고 하였다.

【계문(啓門)】[잠시 있다가 <닫아둔 문을> 여는 것이다.]

○時祭[四時之祭.] 禰祭[有事于父廟也.] 忌祭[忌日之祭.] 諱日[亡日.] 節祀[節日之祭.] 破散[寒食出祭謂之破散.] ○齊戎[59][將祭而潔身也.] 散齊[齊其身也.] 致齊[齊其心也.] ○參神[參拜於神.] 降神[焚香縮酒, 以求神也.] 焚香[爇香.] 點香[仝.] 縮酒[灌酒於茅上也. <左>.] 三獻[奠爵者三.] 侑食[添酌扱匙也.] 闔門[既侑而闔門以竢神享也.] 啓門[少頃而啓也.]

○ **【진다(進茶)】**[차탕(茶湯)을 올리는 것이다.]

【고리성(告利成)】[축관(祝官)이 제주(祭主)에게 제사 지내는 일이 이성(利成 제사에서 공양(供養)하는 의식이 순조롭게 끝났다는 뜻.)하였음을 고하는 것이다.]

【사신(辭神)】[제사가 끝나고 신령에게 절하여 작별하는 것이다.]

【철(徹)】[제사 지낸 음식을 거두는 것이다.]

【수조(受胙)】['조(胙)'는 축복을 받은 고기〔福肉〕이다. 제사가 끝나고 신령에게서 받는다.]

【하사(嘏辭)】[<제주(祭主)가 신령에게서> 축복을 받는 말이다.]

【음복(飮福)】[<제사에 쓴> 술을 마셔서 축복을 받는 것이다.]

○ **【흠(歆)】**[귀신이 <제사 음식을> 받아서 먹는 기운이다.]

【향(享)】·**【향(饗)】**[<'흠(歆)'과> 같은 말이다.]

【소격(昭假)】['격(假)'은 '격(格)'과 같으니, '이른다〔至〕'는 말이다.]

○ **【시동(尸童)】**[제사에는 시(尸)를 두어 신령을 의탁하는데, 남자는 남시(男尸)를 두고 여자는 여시(女尸)를 둔다.]

【시(尸)】[<'시동(尸童)'과> 같은 말이다.]

【시속(尸謖)】['속(謖)'은 '일어난다〔起〕'는 말이다. 제사가 끝나고 시동(尸童)이 일어나는 것이다.]

---

59 齊 : '齊'는 '齋'와 통용하지만 '齋'가 일반적이므로, 국역에서는 '齋'로 바꾸어 옮긴다. 아래에서도 마찬가지이다. '戎'은 '戒'의 잘못으로, 국역에서는 '戒'로 바로잡아 옮긴다.

○ **【축(祝)】**[제주(祭主)를 도와 신을 흠향하게 하는 자이다. <축관(祝官).>]

【공축(工祝)】[<'축(祝)'과> 같은 말이다.]

【상축(商祝)】[상(商)나라 때의 예법(禮法)에 익숙한 축관(祝官)이다.]

【하축(夏祝)】[하(夏)나라 때의 예법(禮法)에 익숙한 축관(祝官)이다.]

【염구(厭飫)】[<'구(飫)'는> 독음이 '구(廐)'로, '배부르다〔飽〕'는 말이다. 백성들의 제사에서는 축관(祝官)을 '염구(厭飫)'라고 부르는데, 백성들은 글을 짓는 솜씨가 뛰어난 자가 드물기 때문에 축관을 가장 존경하여 실컷 배불리 음식을 먹이기 때문이다.]

○ **【축문(祝文)】**[신령에게 제사를 드리는 글이다.]

○ **【좌식(佐食)】**[좌식(佐食)은 위와 아래에 두 사람을 두는데, 시동(尸童)이 먹는 것을 돕는다.]

○進茶[進茶湯也.] 告利成[祝告祀事利成于主人也.] 辭神[祭畢而拜辭于神也.] 徹[撤去祭饌也.] 受胙[胙, 福肉也. 祭畢而受之神也.] 嘏辭[受福之辭.] 飮福[飮酒受福.] ○歆[鬼神享氣.] 享. ○饗[仝.] 昭假[假, 格仝, 至也.] ○尸童[祭有尸以依神, 男, 男尸, 女, 女尸.] 尸[仝.] 尸謖[謖, 起也, 祭畢而尸起也.] ○祝[贊主人享神者.] 工祝[仝.] 商[60]祝[習商祝[61]者也.] 夏祝[習夏禮者.] 厭飫[音廐, 飽也. 民祭祝曰厭飫, 言民鮮能文, 故最尊敬祝, 使飽飫飮食也.] ○祝文[祭神之文.] ○佐食[佐食有上下二人, 佐尸食.]

○ **【다례(茶禮)】**[다과(茶果)을 올리는 것이다.]

【천신(薦新)】[<철 따라> 새로 난 물건이 생기면 <신위(神位)에> 올리는 것이다.]

○ **【전(奠)】**[신령 앞에 술을 따르는 것이다.]

【은전(殷奠)】[<제물을> 넉넉하게 차린 것이다.]

【박전(剝奠)】['박(剝)'은 '수건으로 덮지 않은 것'이다. 포와 젓갈 따위는 먼지

---

60 商 : '商'의 이체자로, 국역에서는 '商'으로 바꾸어 옮긴다.

61 祝 : '禮'의 잘못으로 보인다. 국역에서는 '禮'로 바꾸어 옮긴다.

를 거리끼지 않기 때문에 <덮지 않고> 열어놓는다.]

○ **【고사유(告事由)】**[사유가 있으면 고하는 것이다.]

○ **【허배(虛拜)】**[제사를 지내지 않으면서 <신위(神位)에> 절하는 것이다.]

○茶禮[薦茶果也.] 薦新[有新物則薦.] ○奠[頓爵神前.] 殷奠[殷盛也.] 剝奠[剝者, 不巾覆也. 脯醢之屬不惡塵埃, 故剝之.] ○告事由[有事則告.] ○虛拜[非祭而拜也.]

○ **【묘(廟)】**[신(神)을 모신 집이다.]

【종묘(宗廟)】['종(宗)'은 '우러르다〔尊〕'는 말이고, '묘(廟)'는 '모습〔貌〕'이라는 말이다.]

【사우(祠宇)】·**【사당(祠堂)】**[묘(廟)이다.]

【예(禰)】[아버지의 사당(祠堂)이다.]

【조(祧)】[<고조(高祖) 이전의> 먼 조상의 사당(祠堂)이다.]

【팽(閍)】[사당(祠堂)의 문이다.]

【당(唐)】[사당(祠堂)의 한 가운데 길이다.]

【영당(影堂)】[송(宋)나라 이전에는 신주(神主)가 없어서 반드시 화상(畫像)을 사용하여 제사를 지냈기 때문에 영당(影堂)을 두었다.]

【이주(二主)】[화상(畫像)과 신주(神主)이다.]

【닐(昵)】[가까운 대(代)의 사당(祠堂)이다.]

○ **【신주(神主)】**[밤나무로 만든다.]

【주(主)】[우주(虞主 우제(虞祭)를 지낼 때에 쓰는 신주.)는 뽕나무를 쓰고, 연주(練主 연제(練祭)를 지낼 때에 쓰는 신주.)는 밤나무를 쓴다.]

【석(祏)】[신주(神主)와 독(櫝)을 통틀어 일컫는 이름이다.]

【독(櫝)】[쌍창독(雙窓櫝). 창문이 두 개인 <독(櫝)>의 구조는 한 위공(韓魏公 북송(北宋)의 한기(韓琦).) 가묘(家廟)의 제도이다.][62]

---

62 독(櫝) : '독'은 신주(神主)를 모셔 두는 궤인데, 양창독(兩窓櫝)은 앞쪽에 두 개의 문을 만들어 여닫을 수 있게 하고, 아랫부분은 평평하고 낮게 받침대를

[좌개(坐蓋)] [외독(外櫝)과 합독(合櫝). 받침대가 있고 덮개가 있는 구조로, 사마 온공(司馬溫公 북송(北宋)의 사마광(司馬光).) 가묘(家廟)의 제도이다.][63]

[가당신(家堂神)] [<'좌개(坐蓋)'와> 같은 말이다. ≪역어유해(譯語類解)≫.]

[주두(主頭)] [신주(神主)의 머리 부분이 둥그스름하여 규(圭 옥(玉)으로 만든 홀(笏).)와 같은 것이다.]

[함중(陷中)] [신주(神主) <뒷면의> 한 복판을 파내어 죽은 사람의 관직명과 이름자를 쓰는 것이다.]

[분면(粉面)] [분(粉)을 칠한, <신주(神主)의> 앞쪽 면이다.]

[부(趺)] [신주(神主)를 안치하는 곳이다. 부방(趺方 신주 밑에 까는 네모진 받침.).]

[도(韜)] [신주(神主)를 덮어 가리는 것이다.]

[자(藉)] [부방(趺方 신주 밑에 까는 네모진 받침.) 아래의 네모진 자리이다.]

[독(櫝)] [신주(神主)를 넣어두는 곳이다.]

[감실(龕室)] [신주(神主)를 넣어두는 방이다.]

[주(宔)] [독음은 '주(主)'이며, 돌로 주독(主櫝 신주를 담는 그릇.)을 만든 것이다.]

○ **[소목(昭穆)]** [사당(祠堂)에 <조상의 신주(神主)를 모시는> 차례이다. 왼쪽 줄을 소(昭)라 하고, 오른쪽 줄을 목(穆)이라 한다.]

○ **[반부(班祔)]** [반부(班祔 자식이 없는 사람의 신주를 조상의 사당에 함께 모시는 일.)하는 것이므로, 소(昭)는 소에 반부하고, 목(穆)은 목에 반부한다.]

○ **[계〔궤〕(祪)]** [독음은 '계(癸)'이며, 사당(祠堂)에서 철거한 신주(神主)이다.]

○廟[安神之室.] 宗廟[宗, 尊也. 廟, 貌也.] 祠宇. ○祠堂[廟也.] 禰[親廟.] 祧[遠祖廟.] 閍[廟門.] 唐[廟中路.] 影堂[宋以前無神主, 必以畫像行祭, 故有影堂.] 二主[畫像與神主也.] 昵[近代之廟.] ○神主[以栗木爲之.] 主[虞主用桑,

---

만든 독이다.

63 좌개(坐蓋) : '좌(坐)'는 내면의 위쪽과 전면이 터진 것에 신주(神主)를 안치한 것이고, '개(蓋)'는 위에서 밑으로 둘러씌운 것이다. ≪송자대전(宋子大全)≫ 권116 <박사술에게 답함〔答朴士述〕> 참조. 합독(合櫝)은 부부의 신주를 한 독(櫝) 안에 모신 것이다.

練主用栗.] 祏[神主及櫝之通稱.] 櫝[쌍창독. 兩窓之制, 韓魏公家制.] 坐蓋[외독합독. 有坐有蓋之制, 司馬溫公家制.] 家堂神[仝. <譯>.] 主頭[神主頭圜, 如圭.] 陷中[刳神主之中, 書其官職名・名字.] 粉面[以粉塗前面.] 趺[所以安神主者. 부방.] 韜[所以韜神主者.] 藉[趺下方席.] 櫝[所以藏神主者.] 龕室[藏神主之室.] 宔[音主. 以石爲主櫝也.] ○昭穆[廟序也. 左昭右穆.] ○班祔[以其班祔, 昭祔昭, 穆祔穆.] ○祪[音癸. 毁廟主也.]

○ **【묘제(墓祭)】**[산소에서 제사를 지내는 것이다.]
【전묘(展墓)】[산소를 찾아가 돌보는 것이다.]
【소분(埽墳)】[산소를 찾아가 돌보는 자가 묘역을 쓸고 물을 뿌리는 것이다.]
【영소(榮埽)】[자손이 경사스러운 일이 생기면 산소에 고하여 제사를 지내는 것이다.]
【가토(加土)】[중국의 무덤은 떼를 입히지 않고 해마다 무덤 위에 흙을 얹어준다.]
【상분(上墳)】[소분(埽墳). <소분(埽墳).>]
【망제(望祭)】[산소가 멀리 있는 경우에 물가에서 <조상의 무덤을 향하여> 제사를 지내는 것이다.]
【분황(焚黃)】[죽은 사람이 관직이 추증되는 경우에 <그 자손이 그 사실을> 누런 종이에 적어 고하고 무덤 앞에서 태워버리는 것이다.]

○墓祭[祭於墓也.] 展墓[省墓也.] 埽墳[省墓者埽洒塋域也.] 榮埽[子孫有慶, 則告墓而祭也.] 加土[中國墓不被莎, 每歲加土於墓上.] 上墳[쇼분.] 望祭[墓遠則於水邊行祭.] 焚黃[亡者有贈官, 則書誥於黃紙, 焚於墓前.]

◑ **【태묘(太廟)】**[천자(天子)의 사당(祠堂)이다.]
【종묘(宗廟)】[제후(諸侯)의 사당(祠堂)이다.]
【침(寢)】[사당(祠堂)의 뒤쪽이다.]
【당(唐)】[사당(祠堂)의 한 가운데 길이다.]

【연(堧)】[사당(祠堂) 밖에서 담장 안까지의 비어있는 땅이다.]

○ **【명당(明堂)】**[채옹(蔡邕)이 말하기를, "명당이라는 것은 천자의 태묘이다. 조상의 제사를 모셔서 하늘의 상제(上帝)와 짝하는 것이다.〔明堂者, 天子太廟也. 所以宗祀其祖, 以配上帝者也.〕"라 하였으니, 천지<의 이치>를 밝히고, 만물을 통솔하는 것이다.][64]

【합궁(合宮)】[황제(黃帝) 때의 명당(明堂)이다.]

【총장(總章)】[유우씨(有虞氏) 때의 명당(明堂)이다.]

【양관(陽館)】[은(殷)나라 때의 명당(明堂)이다.]

【명당(明堂)】[주(周)나라 때의 명당(明堂)이다.]

○ **【청양(靑陽)】**[명당(明堂)의 동쪽이다.]

【명당(明堂)】[명당(明堂)의 남쪽이다.]

【총장(總章)】[명당(明堂)의 서쪽이다.]

【현당(玄堂)】[명당(明堂)의 북쪽이다.]

【태묘(太廟)】[명당(明堂)의 중앙이다.]

【좌개(左个)】[명당(明堂)의 왼쪽이다.]

【우개(右个)】[명당(明堂)의 오른쪽이다.]

【벽옹(辟雍)】[명당(明堂)의 바깥을 물로 에워싸 마치 벽(璧 얇은 고리모양의 옥(玉).)〔辟〕의 모양과 같은 것이다.]

【곤륜(崑崙)】[<전한(前漢)> 공옥대(公玉帶)의 <명당도(明堂圖)>에는 가운데 전각(殿閣) 하나가 있는데, 사방에 벽(壁)은 없고〔無辟〕 띠를 이어 지붕을 덮었고 물이 궁(宮)을 담처럼 에워싸고 있으니, 이름을 '곤륜(崑崙)'이라 하였다.][65]

---

64 명당(明堂) : 후한(後漢) 채옹(蔡邕)의 <명당 월령 장구(明堂月令章句)>에 "명당이라는 것은 천자의 태묘이니, 조상의 제사를 모시고 하늘의 상제(上帝)와 짝하는 것이다. 하후씨 때는 세실이라 하였고, 은나라 사람들은 중옥이라 하였고, 주나라 사람들은 명당이라 하였다. 동쪽을 청양이라 하고, 남쪽을 명당이라 하고, 서쪽을 총장이라 하고, 북쪽을 현당이라 하고, 가운데를 태실이라 한다.〔明堂者, 天子太廟, 所以宗祀其祖, 以配上帝者也. 夏后氏曰世室, 殷人曰重屋, 周人曰明堂. 東曰靑陽, 南曰明堂, 西曰總章, 北曰玄堂, 中央曰太室.〕"라고 하였다.

◑太廟[天子廟.] 宗廟[諸侯廟.] 寢[廟後.] 唐[廟中路.] 堧[廟外垣內游地.] ○明堂[蔡邕曰: "明堂者, 天子太廟也. 所以宗祀而配上帝." 明天地, 統萬物也.] 合宮[黃帝明堂.] 總章[有虞明堂.] 陽館[殷明堂.] 明堂[周明堂.] ○靑陽[明堂東.] 明堂[明堂南.] 總章[明堂西.] 玄堂[明堂北.] 太廟[明堂中央.] 左个[明堂左.] 右个[明堂右.] 辟雍[明堂外, 環以水圜, 如辟形.] 崑崙[公玉帶明堂圖中有一殿, 四面無辟, 以茅蓋屋, 水環宮垣, 名曰崑崙.]

○ 조선(朝鮮)의 국기일(國忌日 국왕과 왕후의 제삿날.)〔我朝國忌〕

[태조 강헌 대왕(太祖康獻大王)] [무자년(戊子年, 1408)] 5월 24일. 건원릉(健元陵)[양주(楊州).]

[신의왕후 한씨(神懿王后韓氏)] [신미년(辛未年, 1391)] 9월 23일. 제릉(齊陵)[풍덕(豐德). ○관적(貫籍)은 안변(安邊)으로, 안천부원군(安川府院君) 한경(韓卿)의 딸이다.]

[신덕왕후 강씨(神德王后康氏)] [병자년(丙子年, 1396)] 8월 13일. 정릉(貞陵)[양주(楊州). ○관적(貫籍)은 곡산(谷山)으로, 상산부원군(象山府院君) 강윤성(姜允成)의 딸이다.]

[정종 공정 대왕(定宗恭靖大王)] [기해년(己亥年, 1419)] 9월 26일. 후릉(厚陵)[풍덕(豐德).]

[정안왕후 김씨(定安王后金氏)] [임진년(壬辰年, 1412)] 6월 25일. 후릉(厚陵)[<풍덕(豐德).> 관적(貫籍)은 경주(慶州)로, 좌시중(左侍中) 김천서(金天瑞)의 딸이다.]

[태종 공정 대왕(太宗恭定大王)] [임인년(壬寅年, 1422)] 5월 10일. 헌릉(獻陵)[광주(廣州).]

[원경왕후 민씨(元敬王后閔氏)] [경자년(庚子年, 1420)] 7월 10일. 헌릉

---

65 곤륜(崑崙) : ≪사기(史記)≫ <효무본기(孝武本紀)>에 "황제는 명당을 지어 고방(高旁)을 받들고자 하였으나 그 제도를 미처 알지 못하였는데, 제남 사람 공옥대가 황제 시대의 명당도를 바쳤다.〔上欲治明堂奉高旁, 未曉其制度, 濟南人公玉帶上黃帝時明堂圖.〕"라는 기록이 있다.

(獻陵)[<광주(廣州).> 관적(貫籍)은 여주(驪州)로, 여흥부원군(驪興府院君) 민제(閔霽)의 딸이다.]

【세종 장헌 대왕(世宗莊憲大王)】[경오년(庚午年, 1450)] 2월 17일. 영릉(英陵)[여주(驪州).]

【소헌왕후 심씨(昭憲王后沈氏)】[병인년(丙寅年, 1446)] 3월 24일. 영릉(英陵)[<여주(驪州).> 관적(貫籍)은 청송(靑松)으로, 영의정(領議政) 심온(沈溫)의 딸이다.]

[조(祧)] 【문종 공순 대왕(文宗恭順大王)】[임신년(壬申年, 1452)] 5월 14일. 현릉(顯陵)[양주(楊州).]

【현덕왕후 권씨(顯德王后權氏)】[신유년(辛酉年, 1441)] 7월 24일. 현릉(顯陵)[<양주(楊州).> 관적(貫籍)은 안동(安東)으로, 화산부원군(花山府院君) 권전(權專)의 딸이다.]

[조(祧)]【단종 공의 대왕(端宗恭懿大王)】[정축년(丁丑年, 1457)] 10월 24일. 장릉(莊陵)[영월(寧越).]

[조(祧)]【정순왕후 송씨(定順王后宋氏)】[신사년(辛巳年, 1521)] 6월 4일. 사릉(思陵)[양주(楊州). ○관적(貫籍)은 여산(礪山)으로, 여량부원군(礪良府院君) 송현수(宋玹壽)의 딸이다.]

【세조 혜장 대왕(世祖惠莊大王)】[무자년(戊子年, 1468)] 9월 8일. 광릉(光陵)[양주(楊州).]

【정희왕후 윤씨(貞熹王后尹氏)】[계묘년(癸卯年, 1483)] 3월 30일. 광릉(光陵)[<양주(楊州).> 관적(貫籍)은 파평(坡平)으로, 판중추(判中樞) 윤번(尹璠)의 딸이다.]

[조(祧)]【덕종 회간 대왕(德宗懷簡大王)】[정축년(丁丑年, 1457)] 9월 2일. 경릉(敬陵)[고양(高陽).]

【소혜왕후 한씨(昭惠王后韓氏)】[갑자년(甲子年, 1504)] 4월 27일. 경릉(敬陵)[<고양(高陽).> 관적(貫籍)은 청주(淸州)로, 서원부원군(西原府院君) 한확(韓確)의 딸이다.]

[조(祧)]【예종 양도 대왕(睿宗襄悼大王)】[기축년(己丑年, 1469)] 11월

27일. 창릉(昌陵)[고양(高陽).]

[조(祧)] 【장순왕후 한씨(章順王后韓氏)】[신사년(辛巳年, 1461)] 12월 5일. 공릉(恭陵)[파주(坡州). ○관적(貫籍)은 청주(淸州)로, 영의정(領議政) 한명회(韓明澮)의 딸이다.]

[조(祧)] 【안순왕후 한씨(安順王后韓氏)】[무오년(戊午年, 1498)] 12월 24일. 창릉(昌陵)[<고양(高陽).> 관적(貫籍)은 청주(淸州)로, 우의정(右議政) 한백륜(韓伯倫)의 딸이다.]

【성종 강정 대왕(成宗康靖大王)】[갑인년(甲寅年, 1494)] 12월 24일. 선릉(宣陵)[광주(廣州).]

【공혜왕후 한씨(恭惠王后韓氏)】[갑오년(甲午年, 1474)] 4월 15일. 순릉(順陵)[파주(坡州). ○관적(貫籍)은 청주(淸州)로, 영의정(領議政) 한명회(韓明澮)의 딸이다.]

【정현왕후 윤씨(貞顯王后尹氏)】[경인년(庚寅年, 1530)] 8월 23일. 선릉(宣陵)[<광주(廣州).> 관적(貫籍)은 파주(坡州)로, 우의정(右議政) 윤호(尹壕)의 딸이다.]

【중종 공희 대왕(中宗恭僖大王)】[갑진년(甲辰年, 1544)] 11월 15일. 정릉(靖陵)[광주(廣州).]

【단경왕후 신씨(端敬王后愼氏)】[정사년(丁巳年, 1557)] 12월 7일. 온릉(溫陵)[양주(楊州). ○관적(貫籍)은 거창(巨昌)으로, 좌의정(左議政) 신수근(愼守勤)의 딸이다.]

【장경왕후 윤씨(章敬王后尹氏)】[을해년(乙亥年, 1515)] 3월 2일. 희릉(禧陵)[고양(高陽). ○관적(貫籍)은 파평(坡平)으로, 영돈녕(領敦寧) 윤여필(尹汝弼)의 딸이다.]

【문정왕후 윤씨(文定王后尹氏)】[을축년(乙丑年, 1565)] 4월 7일. 태릉(泰陵)[양주(楊州). ○관적(貫籍)은 파평(坡平)으로, 영돈녕(領敦寧) 윤지임(尹之任)의 딸이다.]

[조(祧)] 【인종 영정 대왕(仁宗榮靖大王)】[을사년(乙巳年, 1545)] 7월 1일. 효릉(孝陵)[고양(高陽).]

【인성왕후 박씨(仁聖王后朴氏)】[정축년(丁丑年, 1577)] 11월 29일. 효릉(孝陵)[<고양(高陽).> 관적(貫籍)은 나주(羅州)로, 금성부원군(錦城府院君) 박용(朴墉)의 딸이다.]

[조(祧)] 【명종 공헌 대왕(明宗恭憲大王)】[정묘년(丁卯年, 1567)] 6월 28일. 강릉(康陵)[양주(楊州).]

【인순왕후 심씨(仁順王后沈氏)】[을해년(乙亥年, 1575)] 1월 2일. 강릉(康陵)[<양주(楊州)>. 관적(貫籍)은 청송(青松)으로, 영돈녕(領敦寧) 심강(沈鋼)의 딸이다.]

【선조 소경 대왕(宣祖昭敬大王)】[무신년(戊申年, 1608)] 2월 2일. 목릉(穆陵)[양주(楊州).]

【의인왕후 박씨(懿仁王后朴氏)】[경자년(庚子年, 1600)] 6월 27일. 목릉(穆陵)[<양주(楊州)>. 관적(貫籍)은 나주(羅州)로, 영돈녕(領敦寧) 박응순(朴應順)의 딸이다.]

【인목왕후 김씨(仁穆王后金氏)】[임신년(壬申年, 1632)] 6월 28일. 목릉(穆陵)[<양주(楊州)>. 관적(貫籍)은 연안(延安)으로, 영돈녕(領敦寧) 김제남(金悌男)의 딸이다.]

[조(祧)] 【원종 공량 대왕(元宗恭良大王)】[기미년(己未年, 1619)] 12월 29일. 장릉(章陵)[김포(金浦).]

【인헌왕후 구씨(仁獻王后具氏)】[병인년(丙寅年, 1626)] 1월 14일. 장릉(章陵)[<김포(金浦).> 관적(貫籍)은 능성(綾城)으로, 좌찬성(左贊成) 구사맹(具思孟)의 딸이다.]

【인조 순효 대왕(仁祖純孝大王)】[기축년(己丑年, 1649)] 5월 8일. 장릉(長陵)[교하(交河).]

【인열왕후 한씨(仁烈王后韓氏)】[을해년(乙亥年, 1635)] 12월 9일. 장릉(長陵)[<교하(交河)>. 관적(貫籍)은 청주(淸州)로, 영돈녕(領敦寧) 한준겸(韓浚謙)의 딸이다.]

【장렬왕후 조씨(莊烈王后趙氏)】[무진년(戊辰年, 1688)] 8월 26일. 휘릉(徽陵)[양주(楊州). ○관적(貫籍)은 양주(楊州)로, 영돈녕(領敦寧) 조창원(趙

昌遠)의 딸이다.]

【효종 현인 대왕(孝宗顯仁大王)】[기해년(己亥年, 1659)] 5월 4일. 영릉(寧陵)[여주(驪州).]

【인선왕후 장씨(仁宣王后張氏)】[갑인년(甲寅年, 1674)] 2월 24일. 영릉(寧陵)[<여주(驪州).> 관적(貫籍)은 덕수(德水)로, 우의정(右議政) 장유(張維)의 딸이다.]

【현종 창효 대왕(顯宗彰孝大王)】[갑인년(甲寅年, 1674)] 8월 18일. 숭릉(崇陵)[양주(楊州).]

【명성왕후 김씨(明聖王后金氏)】[계해년(癸亥年, 1683)] 12월 5일. 숭릉(崇陵)[<양주(楊州).> 관적(貫籍)은 청풍(淸風)으로, 영돈녕(領敦寧) 김좌명(金佐明)의 딸이다.]

【숙종 원효 대왕(肅宗元孝大王)】[경자년(庚子年, 1720)] 6월 8일. 명릉(明陵)[고양(高陽).]

【인경왕후 김씨(仁敬王后金氏)】[경신년(庚申年, 1680)] 10월 26일. 익릉(翼陵)[고양(高陽). ○관적(貫籍)은 광주(光州)로, 광성부원군(光城府院君) 김만기(金萬基)의 딸이다.]

【인현왕후 민씨(仁顯王后閔氏)】[신사년(辛巳年, 1701)] 8월 14일. 명릉(明陵)[<고양(高陽).> 관적(貫籍)은 여흥(驪興)으로, 여양부원군(驪陽府院君) 민유중(閔維重)의 딸이다.]

【인원왕후 김씨(仁元王后金氏)】[정축년(丁丑年, 1757)] 3월 26일. 명릉(明陵)[<고양(高陽).> 관적(貫籍)은 경주(慶州)로, 경은부원군(慶恩府院君) 김주신(金柱臣)의 딸이다.]

【경종 선효 대왕(景宗宣孝大王)】[갑진년(甲辰年, 1724)] 8월 25일. 의릉(懿陵)[양주(楊州).]

【단의왕후 심씨(端懿王后沈氏)】[무술년(戊戌年, 1718)] 2월 7일. 혜릉(惠陵)[양주(楊州). ○관적(貫籍)은 청송(靑松)으로, 청은부원군(靑恩府院君) 심호(沈浩)의 딸이다.]

【선의왕후 어씨(宣懿王后魚氏)】[경술년(庚戌年, 1730)] 6월 29일. 의릉

(懿陵)[<양주(楊州).> 관적(貫籍)은 함종(咸從)으로, 함원부원군(咸原府院君) 어유구(魚有龜)의 딸이다.]

[영종 현효 대왕(英宗顯孝大王)] [병신년(丙申年, 1776)] 3월 5일. 원릉(元陵)[양주(楊州).]

[정성왕후 서씨(貞聖王后徐氏)] [정축년(丁丑年, 1757)] 2월 15일. 홍릉(弘陵)[고양(高陽). ㅇ관적(貫籍)은 대구(大丘)로, 달성부원군(達成府院君) 서종제(徐宗悌)의 딸이다.]

[진종 효장 대왕(眞宗孝章大王)] [무신년(戊申年, 1728)] 11월 16일. 영릉(永陵)[파주(坡州).]

[효순왕후 조씨(孝純王后趙氏)] [신미년(辛未年, 1751)] 11월 14일. 영릉(永陵)[<파주(坡州).> 관적(貫籍)은 풍양(豊壤)으로, 좌의정(左議政) 조문명(趙文命)의 딸이다.]

[정종 장효 대왕(正宗莊孝大王)] [경신년(庚申年, 1800)] 6월 28일. 건릉(健陵)[화성(華城).]

ㅇ我朝國忌

太祖康獻大王 [戊子] 五月二十四日. 健元陵[楊州.]

神懿王后韓氏 [辛未] 九月二十三日. 齊陵[豐德. ㅇ籍安邊, 安川卿女.]

神德王后康氏 [丙子] 八月十三日. 貞陵[楊州. ㅇ籍谷山, 象山允成女.]

定宗恭靖大王 [己亥] 九月二十六日. 厚陵[豐德.]

定安王后金氏 [壬辰] 六月二十五日. 厚陵[籍慶州, 左侍中天瑞女.]

太宗恭定大王 [壬寅] 五月十日. 獻陵[廣州.]

元敬王后閔氏 [庚子] 七月十日. 獻陵[籍驪州, 驪興霽女.]

世宗莊憲大王 [庚午] 二月十七日. 英陵[驪州.]

昭憲王后沈氏 [丙寅] 三月二十四日. 英陵[籍靑松, 領議政溫女.]

[祧] 文宗恭順大王 [壬申] 五月十四日. 顯陵[楊州.]

顯德王后權氏 [辛酉] 七月二十四日. 顯陵[籍安東, 花山專女.]

[祧] 端宗恭懿大王 [丁丑] 十月二十四日. 莊陵[寧越.]

[祧] 定順王后宋氏 [辛巳] 六月四日. 思陵[楊州. ○籍礪山, 礪良玹[66]女.]

世祖惠莊大王 [戊子] 九月八日. 光陵[楊州.]

貞熹王后尹氏 [癸卯] 三月三十日. 光陵[籍坡平, 判中樞璠女.]

[祧] 德宗懷簡大王 [丁丑] 九月二日. 敬陵[高陽.]

昭惠王后韓氏 [甲子] 四月二十七日. 敬陵[籍靑[67]州, 西原確女.]

[祧] 睿宗襄悼大王 [己丑] 十一月二十七日. 昌陵[高陽.]

[祧] 章順王后韓氏 [辛巳] 十二月五日. 恭陵[坡州. ○籍淸州, 領議政明澮女.]

[祧] 安順王后韓氏 [戊午] 十二月二十四日. 昌陵[籍靑州, 右議政伯倫女.]

成宗康靖大王 [甲寅] 十二月二十四日. 宣陵[廣州.]

恭惠王后韓氏[甲午] 四月十五日. 順陵[坡州. ○籍靑州, 領議政明澮女.]

貞顯王后尹氏 [庚寅] 八月二十三日. 宣陵[籍坡州, 右議政壕女.]

中宗恭僖大王 [甲辰] 十一月十五日. 靖陵[廣州.]

端敬王后愼氏 [丁巳] 十二月七日. 溫陵[楊州. ○籍巨昌, 左議政守勤女.]

章敬王后尹氏 [乙亥] 三月二日. 禧陵[高陽. ○籍坡平, 領敦寧汝弼女.]

文定王后尹氏 [乙丑] 四月七日. 泰陵[楊州. ○籍坡平, 領敦寧之任女.]

[祧] 仁宗榮靖大王 [乙巳] 七月一日. 孝陵[高陽.]

仁聖王后朴氏 [丁丑] 十一月二十九日. 孝陵[籍羅州, 錦城墉女.]

[祧] 明宗恭憲大王 [丁卯] 六月二十八日. 康陵[楊州.]

仁順王后沈氏 [乙亥] 正月二日. 康陵[籍靑松, 領敦寧鋼女.]

宣祖昭敬大王 [戊申] 二月二日. 穆陵[楊州.]

懿仁王后朴氏 [庚子] 六月二十七日. 穆陵[籍羅州, 領敦寧應順女.]

仁穆王后金氏 [壬申] 六月二十八日. 穆陵[籍延安, 領敦寧悌男女.]

[祧] 元宗恭良大王 [己未] 十二月二十九日. 章陵[金浦.]

仁獻王后具氏 [丙寅] 正月十四日. 章陵[籍綾城, 左贊成思孟女.]

仁祖純孝大王 [己丑] 五月八日. 長陵[交河.]

---

66 靑 : '淸'의 잘못으로, 국역에서는 '淸'으로 바로잡아 옮긴다.

67 玹 : 뒤에 '壽'자가 누락되어, 국역에서는 '壽'자를 보충하여 옮긴다.

仁烈王后韓氏 [乙亥] 十二月九日. 長陵[籍青州, 領敦寧浚謙女.]
莊烈王后趙氏 [戊辰] 八月二十六日. 徽陵[楊州. ○籍楊州, 領敦寧昌遠女.]
孝宗顯仁大王 [己亥] 五月四日. 寧陵[驪州.]
仁宣王后張氏 [甲寅] 二月二十四日. 寧陵[籍德水, 右議政維女.]
顯宗彰孝大王 [甲寅] 八月十八日. 崇陵[楊州.]
明聖王后金氏 [癸亥] 十二月五日. 崇陵[籍清風, 領敦寧佐明女.]
肅宗元孝大王 [庚子] 六月八日. 明陵[高陽.]
仁敬王后金氏 [庚申] 十月二十六日. 翼陵[高陽. ○籍光州, 光城萬基女.]
顯仁[68]王后閔氏 [辛巳] 八月十四日. 明陵[籍驪興, 驪陽維重女.]
仁元王后金氏 [丁丑] 三月二十六日. 明陵[籍慶州, 慶恩柱臣女.]
景宗宣孝大王 [甲辰] 八月二十五日. 懿陵[楊州.]
端懿王后沈氏 [戊戌] 二月七日. 惠陵[楊州. ○籍青松, 青恩浩女.]
宣懿王后魚氏 [庚戌] 六月二十九日. 懿陵[籍咸從, 咸原有龜女.]
英宗顯孝大王 [丙申] 三月五日. 元陵[楊州.]
貞聖王后徐氏 [丁丑] 二月十五日. 弘陵[高陽. ○籍大丘, 達成宗悌女.]
眞宗孝章大王 [戊申] 十一月十六日. 永陵[坡州.]
孝純王后趙氏 [辛未] 十一月十四日. 永陵[籍豐壤, 左議政文命女.]
正宗莊孝大王 [庚申] 六月二十八日. 健陵[華城.]

○ **【약(礿)】** [독음은 '약(約)'이며, 하(夏)나라와 은(殷)나라 때에 지내던 봄 제사의 이름이다.]

【사(祠)】 [주(周)나라 때에 지내던 봄 제사의 이름이다.]

【해사(解祠)】 [천자(天子)가 일정하게 봄 제사를 지내는 것을 '사제(祠祭)'라고 하는데, 죄를 벗어던지고 복을 기원하는 것이다.]

【체(禘)】 [하(夏)나라와 은(殷)나라 때에 지내던 여름 제사의 이름이다.]

【약(禴)】 [주(周)나라 때에 지내던 여름 제사의 이름이다.]

---

68 顯仁 : '仁顯'의 잘못으로, 국역에서는 '仁顯'으로 바로잡아 옮긴다.

[상(嘗)] [가을 제사의 이름이다.]

[증(烝)] [겨울 제사의 이름이다.]

[사헌관(肆獻祼)] [협제(祫祭 천자나 제후가 여러 선조를 태조묘에 올려서 함께 지내던 제사.)이다.]

[궤식(饋食)] [정제(正祭 한 해에 네 번 철마다 조상의 사당에 지내는 정규적인 제사.)의 이름이다. 왕자(王者)는 태뢰(太牢 소를 통째로 제물로 바치던 일.)를 사용하고, 대부(大夫)는 소뢰(小牢 양을 통째로 제물로 바치던 일.)를 사용하고, 사(士)는 특생(特牲 한 가지 가축만을 제물로 바치던 일.)을 사용한다.]

[추향(追享)] [조제(祧祭)이다.]

[조향(朝享)] [음력 초하룻날마다 태묘(太廟)에서 지내는 제사이다.]

[한사(閒祀)] [체협(禘祫)이다. <사시(四時)의 정제(正祭) 사이에 지내던 제사이다.>]

[조(造)] [고칭제(告稱祭 외출할 때에 사당에 고하는 것.)이다.]

[체(禘)] [왕자(王者)의 대제(大祭)이다.]

[협(祫)] [가까운 조상과 먼 조상을 두루 합쳐서 제사를 지내는 것이다.]

[팽(祊)] [제사의 이름이다. '팽(祊)'은 '경(倞)'이라는 말인데, '경(倞)'은 '멀다〔遠〕'는 뜻이다.]

[복조(復胙)] [하후씨(夏后氏 우(禹)임금.) 때의 제사 이름이다. 제사를 지낸 다음날에 거듭하여 다시 제사를 지내는 것이다. 상(商)나라 때의 융제(肜祭)와 주(周)나라 때의 역제(繹祭)는 의미가 같은 것이다.]

[융역(肜繹)] [위 <'복조(復胙)'>를 참조하라.]

○礿[音約. 夏・殷春祭名.] 祠[周春祭名.] 解祠[天子常以春解祠謂祠祭, 以解罪求福.] 禘[夏・殷夏祭名.] 禴[周夏祭名.] 嘗[秋祭.] 烝[冬祭.] 肆獻祼[祫祭.] 饋食[正祭名. 王者以太平[69], 大夫以小牢, 士以特牲.] 追享[祧祭.] 朝享[朔祭于太廟.] 閒祀[禘祫.] 造[告稱祭.] 禘[王者大祭.] 祫[合祭先祖親疏遠近也.] 祊[祭名. 祊之爲言倞也. 倞, 遠也.] 復胙[夏后氏祭名. 祭之明日, 尋繹復祭也. 商之肜・周之繹, 義仝.] 肜繹[見上.]

---

69 平 : '牢'의 잘못으로, 국역에서는 '牢'로 바로잡아 옮긴다.

○ **【교(郊)】**[하늘에 지내는 제사를 '교(郊)'라 한다.]

【유(類)】[교사(郊祀)에 의지하여 상제(上帝)에게 지내는 제사이다.]

【시(祡)】[≪서전(書傳)≫에는 '시(柴)'로 되어 있는데, 마른 장작을 태워 하늘에 지내는 제사이다.]

【요(尞)】[독음은 '요(尞)'이다.][70]

【번시(燔柴)】[<'요(尞)'와> 같은 말이다.]

【여(旅)】[오제(五帝)와 천신(天神)을 두루 합쳐서 지내는 제사이다.]

【인사(禋祀)】[하늘에 지내는 제사를 '인(禋)'이라 한다.]

【오제(五帝)】[해당되는 계절의 제(帝)에게 각각 지내는 제사이다.]

【환구(圜丘)】[하늘에 제사를 지내는 제단을 마련하여 놓은 곳이다.]

【태단(泰壇)】[<'환구(圜丘)'와> 같은 말이다.]

【명당(明堂)】[9월에 오제(五帝)를 두루 합쳐서 지내는 제사이다.]

【태소(泰昭)】[오제(五帝)의 <해당되는> 지역에 지내는 제사이다.]

【감단(坎壇)】[<'태소(泰昭)'와> 같은 말이다.]

【조(兆)】[<'태소(泰昭)'와> 같은 말이다.]

【유(類)】[오제(五帝)에게 기도하는 것이다.]

【치(畤)】[흙을 쌓아올리고 지내는 제사이다.]

【오치(五畤)】[오신(五神)에게 지내는 제사이다.]

【조(垗)】['경계(境界)〔畔〕'이다. 사방으로 경계〔畤〕를 만들어놓고 그 안에서 <오제(五帝)에게> 지내는 제사이다.]

【호치(好畤)】[하늘은 음(陰)을 좋아하여 반드시 높은 산의 아래에서 제사를 지냈다.][71]

---

70 요(尞) : 마른 장작 위에 옥백(玉帛)과 희생(犧牲)을 올려놓고 하늘에 올리는 제사이다.

71 호치(好畤) : ≪한서(漢書)≫ <교사지(郊祀志)>에 "하늘은 음(陰)을 좋아하여 반드시 높은 산의 아래에 있는 제사 터에서 제사를 지냈으므로, '치(畤)'라고 불렀다.〔蓋天好陰, 祠之必于高山之下畤, 命曰畤.〕"라고 하였다. '호치(好畤)'는 진(秦)나라 때에 옹주(雍州)의 동쪽에 있던 지명으로, 하늘에 제사를 지내던 곳이었다.

○ 【왕궁(王宮)】[일단(日壇)에서, 춘분(春分)에 아침 해에 지내는 제사이다.]

【야명(夜明)】[월단(月壇)에서, 추분(秋分)에 저녁달에 지내는 제사이다.]

【실시(實柴)】[일월성신(日月星辰)에 지내는 제사이다.]

【일단(日壇)】·【월단(月壇)】·【사류(四類)】['실시(實柴)'의 다른 이름이다.]

【유료(槱燎)】[사중(司中)·사명(司命)·풍사(風師)·우사(雨師)에게 지내는 제사를 '유료(槱燎)'라 한다.]

【유종(幽宗)】·【우종(雩宗)】[<'유료(槱燎)'와> 같은 말이다.]

【육종(六宗)】[<'유료(槱燎)'와> 같은 말이다.]

○ 【기(庪)】[산(山)에 지내는 제사이다.]

【부침(浮沉)】[하천〔川〕에 지내는 제사이다.]

【포(布)】[별〔星〕에 지내는 제사이다.]

【책(磔)】[바람〔風〕에 지내는 제사이다.]

【시류(是禷)】·【시마(是禡)】[사제(師祭 군대가 출동할 때 가는 곳에 지내던 제사.)이다.]

【기백(旣伯)】·【기도(旣禱)】[마제(馬祭 말[馬]의 신(神)에게 지내던 제사.)이다.]

【표격(表格)】[사제(師祭 군대가 출동할 때 가는 곳에 지내던 제사.)이다.]

【편(偏)】[뭇 신(神)들을 두루 일컫는 이름이다.]

○郊[祭天曰郊.] 類[依郊祀, 祭上帝.] 祡[≪書傳≫作柴, 燒柴以祭天也.] 烎[72][音尞.] 燔柴[仝.] 旅[合祀五帝天神.] 禋祀[祀天曰禋.] 五帝[各祭其時之帝.] ○圜丘[祭天壇場.] 泰壇[仝.] 明堂[九月合享五帝.] 泰昭[祭五帝之地.] 坎壇[仝.] 兆[仝.] 類[有禱于帝.] 時[封土而祀也.] 五時[祭五神也.] 垗[畔也. 爲四時[73]祭其中.] 好時[天好陰祀必于高山之下.] ○王宮[日壇. 春分祭朝日.] 夜明[月壇. 秋分祭夕月.] 實柴[祀日月星辰.] 日壇. ○月壇. ○四類[亦實柴之異名.] ○槱燎[祀司中·司命·觀[74]師·雨師曰槱燎.] 幽宗. ○雩宗[仝.] 六宗[仝.] ○

---

72 烎 : '裻'의 와자(訛字)로, 국역에서는 '裻'로 바꾸어 옮긴다.

73 時 : '畤'의 잘못으로, 국역에서는 '畤'로 바로잡아 옮긴다.

74 觀 : '飌'의 잘못으로, '飌'은 '風'의 고자(古字)인데, 국역에서는 '風'으로 바꾸어

庪[祭山.] 浮沉[祭川.] 布[祭星.] 磔[祭風.] 是禷·是禡[師祭也.] 旣伯·旣禱[馬祭也.] 表格[師祭也.] 徧[群神揔名.]

○ 【봉선(封禪)】[흙을 쌓아 산(山)에 더하는 것을 '봉(封)'이라 하고, 제사를 지낼 터를 마련하여 대지에 제사를 지내는 것을 '선(禪)'이라 한다.]

【이침(貍沉)】[산과 숲, 시내와 못에 지내는 제사이다.]

【여(旅)】[＜'이침(貍沉)'과＞ 같은 말이다.]

【방구(方丘)】[대지에 제사를 지내는 땅이다.]

【태절(泰折)】[＜'방구(方丘)'와＞ 같은 말이다.]

【승(升)】[산(山)에 지내는 제사이다.]

【침(沉)】[하천〔川〕에 지내는 제사이다.]

【예(瘞)】[대지에 지내는 제사이다.]

【지기(地示)】[하늘의 ＜귀신을＞ '신(神)'이라 하고, 대지의 ＜귀신을＞ '기(示)'라 한다.]

【단(壇)】[땅을 높인 것이다.]

【절(折)】[방단(方壇)을 만들어 제사를 행하고 태절(泰折 지신(地神)에게 제사를 지내던 곳의 지명.)에 매장하던 것이다.]

【선(墠)】[독음은 '선(膳)'이며, 제단(祭壇)의 경계 아래에 있는 평평한 들판이다.]

【유(壝)】[제단(祭壇) 바깥의 평지이다.]

【장(場)】[신(神)에게 제사를 드리는 장소이다.]

【옥첩(玉牒)】·【은승(銀繩)】·【금니(金泥)】[모두 하늘에 고하는 책문(冊文 제문(祭文)을 쓴 문서.)의 도구이다.]

【사(社)】[토지의 신(神)으로 만물을 주재한다.]

【후토(后土)】[토지신〔社〕을 일컫는 말이다.]

【구룡씨(句龍氏)】[공공씨(共工氏)의 아들로, 구주(九州)를 다스릴 수 있었

옮긴다.

기 때문에 토지신〔社〕으로 삼아 제사를 지낸다.]

【태사(太社)】[임금이 백성을 위하여 세운 사(社)이다.]

【왕사(王社)】[임금이 자신을 위하여 세운 사(社)이다.]

【국사(國社)】[제후(諸侯)가 백성을 위하여 <토지신에게 제사를 지내려고> 세운 사(社)이다.]

【후사(侯社)】[제후(諸侯)가 자신을 위하여 <토지신에게 제사를 지내려고> 세운 사(社)이다.]

【치사(置社)】[대부(大夫) 이하가 무리를 지어서 <토지신에게 제사를 지내려고> 세운 사(社)이다.]

【총토(冢土)】[태사(太社 임금이 백성을 위하여 후토(后土)를 제사 지내던 곳.)이다. ≪모시(毛詩)≫.][75]

○ **【혈제(血祭)】**[사직(社稷)·오사(五祀)·오악(五岳)에 제사를 지내는 것이다.]

○ **【여사(厲祀)】**[제사를 지내줄 사람이 없는 귀신〔無主之鬼〕에게 제사를 지내는 것이다.]

【태려(泰厲)】[<후손이 없는> 천자(天子)에게 제사를 지내는 것이다.]

【국려(國厲)】[<후손이 없는> 제후(諸侯)에게 제사를 지내는 것이다.]

【족려(族厲)】[<후손이 없는> 대부(大夫)에게 제사를 지내는 것이다.]

○封禪[積土增山曰封, 爲墠祭地曰禪.] 貍沉[祭山林川澤.] 旅[仝.] 方丘[祭地之地.] 泰折[仝.] 升[祭山.] 沉[祭川.] 瘞[祭地.] 地示[天曰天[76], 地曰地[77].] 壇[崇土.] 折[爲方壇禮, 埋于泰折.] 墠[音膳. 壇畔低處平野.] 壝[壇外平地.] 場[祭神所.] 玉牒. ○銀繩. ○金泥[皆告天冊文之具.] 社[土神, 主萬物.] 后土[稱社.] 句龍氏[共工氏子, 能平九州, 故祀以爲社.] 太社[王爲群姓立.] 王社[王自

---

75 총토(冢土) : ≪시경(詩經)≫ <대아(大雅)·면(綿)>에 "이에 총토를 세우니, 많은 사람들이 출행하리라.〔迺立冢土, 戎醜攸行.〕"라고 하였는데, 주희(朱熹)의 주에 "총토는 태사(太社)이다.〔冢土, 太社也.〕"라고 하였다.

76 天 : '神'의 잘못으로, 국역에서는 '神'으로 바로잡아 옮긴다.

77 地 : '示'의 잘못으로, 국역에서는 '示'로 바로잡아 옮긴다.

爲立社.] 國社[諸侯爲百姓立社.] 侯社[諸侯自爲立社.] 置社[大夫以下成群立社.] 冢土[大社也. <毛>.] ㅇ血祭[祭社稷 · 五祀 · 五岳.] ㅇ厲祀[祭無主之鬼.] 泰厲[天子之厲.] 國厲[諸侯之厲.] 族厲[大夫之厲.]

ㅇ **[직(稷)]** [곡식을 맡아 다스린다는 신〔穀神〕이다. 여산씨(厲山氏)의 아들을 '농(農)'이라 하는데, 백곡(百穀)을 번식시킬 수 있었기 때문에 제사를 올리고 '직(稷)'으로 삼았다.]

[누(膢)] [독음은 '루(婁)'이며, 곡식의 신(神)에게 기원하는 것이다.]

[사방(四方)] [사방의 농신(農神)에게 제사를 지내 보답하는 것이다.]

[팔사(八蜡)] [첫째 선색(先嗇), 둘째 사색(司嗇), 셋째 농(農), 넷째 우표철(郵表畷), 다섯째 묘호(猫虎), 여섯째 방(坊), 일곱째 수용(水墉), 여덟째 곤충(昆蟲)이다.][78]

[대나(大儺)] [여귀(厲鬼 제사를 받지 못하는 떠돌이 귀신.)를 쫓아내는 것이다.]

[양(禓)] [대나(大儺)를 일컫는 다른 이름이다.]

[진(侲)] [역귀(疫鬼)〔儺〕를 쫓는 사람이다.]

[방책(方磔)] [개〔狗〕<의 사지를> 찢어 <희생으로 바치고> 푸닥거리하는 것이다. 바람에 제사지내는 것을 또한 '책(磔)'이라 한다.]

[벽고(副辜)] [사방의 만물에게 지내는 제사이다.]

[납(臘)] ['사(蜡)'를 다르게 부르는 이름이다.]

[추루(貙膢)] [가을 사냥에서 지내는 제사이다.]

[가평(嘉平)] [은(殷)나라 때의 납제(臘祭)이다.]

[청사(淸祀)] [하(夏)나라 때의 납제(臘祭)이다.]

[장이(掌珥)] [수컷 <희생>의 머리를 바쳐 사직(社稷)에 지내는 제사이다.]

---

78 팔사(八蜡) : 한 해가 끝나가는 12월에 농사에 도움을 준 여덟 신(神)에게 합사(合祀)하는 것이다. 여덟 신은 농사를 창시한 '선색(先嗇),' 백곡의 종자를 맡아보는 '사색(司嗇)', 전관(田官)인 '농(農)', 농막(農幕)과 농로(農路)의 신(神)인 '우표철(郵表畷)', 들쥐를 잡아먹은 고양이와 호랑이의 신인 '묘호(猫虎)', 제방의 신인 '방(坊)', 수로의 신인 수용(水庸), 곤충의 신인 '곤충(昆蟲)'이다.

○稷[穀神. 厲山氏子曰農, 能殖百穀, 故祀以爲稷.] 膢[音婁, 祈穀食神.] 四方[祭四方農神而報之.] 八蜡[一先嗇, 二司嗇, 三農, 四郵表畷, 五猫虎, 六坊, 七水墉, 八昆蟲.] 大儺[驅厲鬼.] 禓[亦大儺之異名.] 侲[逐儺之人.] 方磔[磔狗禳之. 祭風亦曰磔.] 謳䜣[祭四方百物.] 臘[蜡之異名.] 貙膢[秋獵祭.] 嘉平[殷臘.] 淸祀[夏臘.] 掌珥[以牡頭祭社稷也.]

○ **【대이〔예〕(大𥛸)】**[<'이(𥛸)'의> 독음은 '이(貳)'이며, 제사의 이름이다. 가을철에 벼가 익을 무렵에 천자(天子)가 대이(大𥛸)에 지내던 제사이다.]

○ **【영(禜)】**[수해나 가뭄이 들거나 돌림병이 생긴 경우에 지내던 제사이다.]

【매(禖)】[천자(天子)가 아들을 얻기를 기원하며 지내던 제사이다.]

○大𥛸[音貳, 祀名. 秋至禾熟, 天子祀大𥛸.] ○禜[有水旱·厲疫則祭.] 禖[天子求子祭.]

○ **【질(祑)】**[≪서전(書傳)≫에는 '질(秩)'로 되어 있다. 산천(山川)에 지내던 망제(望祭)이다.]

【망(望)】[산천(山川)에 지내던 제사이다.]

【여(旅)】[<'망(望)'과> 같은 말이다.]

○ **【오사(五祀)】**[문신(門神)·호신(戶神)·조신(竈神)·행신(行神)·중류신(中霤神 토지신과 택신(宅神).)이다.]

【타유(妥侑)】[타제(妥祭)와 유제(侑祭)로, 모두 예식(禮食)의 이름이다.][79]

【의(宜)】[제사에서 기원(祈願)할 것이 있는 것이다.]

○祑[書傳作秩. 望祭山川.] 望[祭山川.] 旅[仝.] ○五祀[門·戶·竈·行·中霤也.] 妥侑[妥祭·侑祭, 皆禮食名.] 宜[有禱于祀.]

---

79 타유(妥侑) : ≪시경(詩經)≫ <소아(小雅)·초자(楚茨)>에 "술과 밥을 장만하여, 올려서 제사 지내며, 편안히 모시고 권하여, 복을 크게 하도다.〔以爲酒食, 以饗以祀; 以妥以侑, 以介景福.〕"라고 하였다.

○ **【축책(祝冊)】**［천자(天子)가 교사(郊祀)의 제향(祭享)에서 <사용하는> 축문(祝文)이다.］

○ **【양폐(量幣)】**［종묘(宗廟)의 <제사에서 사용하는> 폐백이다.］

○祝冊[天子郊祀祭享祝文.] ○量幣[祭宗廟幣.]

○ **【자성(粢盛)】**［제미(祭米 제삿밥을 지으려고 마련한 쌀.)를 '자(粢)'라 하고, <제미를> 그릇에 담은 것을 '성(盛)'이라 한다.］

○ **【보·궤(簠簋)】**［서직(黍稷)을 담은 그릇이다. '보(簠)'는 겉이 네모지고 안은 둥글며, '궤(簋)'는 안이 네모지고 겉이 둥글다.］

【호련(瑚璉)】［하(夏)나라 때는 '호(瑚)'라고 불렀고, 은(殷)나라 때는 '련(璉)'이라 불렀다. <서직(黍稷)을 담던 제기(祭器)이다.>］

【구개(龜蓋)】［보궤(簠簋)의 덮개이다.］

【돈(敦)】［서직(黍稷)을 담는 제기(祭器)이다.］

【회(會)】［돈(敦)의 덮개이다.］

【풍(豐)】［술잔을 받쳐두는 제기(祭器)이다.］

【우(杅)】［물과 미음을 담는 제기(祭器)이다.］

○ **【치(饎)】**［독음은 '치(熾)'이며, 서직(黍稷)을 찌는 것이다. ≪모시(毛詩)≫.］[80]

○粢盛[祭米曰粢, 在器曰盛.] ○簠簋[盛黍稷之器. 簠, 外方內圜. 簋, 內方外圜.] 瑚璉[夏曰瑚, 殷曰璉.] 龜蓋[簠簋之蓋.] 敦[盛黍稷之器.] 會[敦蓋.] 豐[所以承酒爵.] 杅[盛水漿.] ○饎[音熾. 炊黍稷也. <毛>.]

○ **【생(牲)】**［소<·말>·양·개·돼지로, 제사에서 <제물로> 쓰는 것이다.］

【희(犧)】［털빛이 순수하여 뒤섞임이 없는 것이다.］

---

80 치(饎) : ≪시경(詩經)≫ <대아(大雅)·형작(泂酌)>에 "저 멀리 길에 고인 물을 뜨노라, 저기에서 떠다가 여기에 부으면, 젯밥도 찔 수 있노라.〔泂酌彼行潦, 挹彼注茲, 可以饙饎.〕"라고 하였다.

【특생(特牲)】[한 종류만의 희생(犧牲)이다. ≪서경(書經)≫.][81]

【현(賢)】[희생(犧牲) 가운데 상등(上等)의 것이다. ≪예기(禮記)≫.][82]

【대뢰(大牢)】[소이다.]

【소뢰(小牢)】[양이다.]

【일원(一元)】[희생(犧牲) 한 마리이다.]

【대무(大武)】[소이다.]

【유모(柔毛)】[양이다.]

【강렵(剛鬣)】[돼지이다.]

【갱헌(羹獻)】[개이다.]

【한음(翰音)】[닭이다.]

【명시(明眎)】[토끼이다.]

【소지(疏趾)】[꿩이다.]

【윤제(尹祭)】[말린 고기〔脯〕<로 제사지내는 것>이다.]

【상제(商祭)】[말린 생선〔薨〕으로 제사지내는 것이다.]

【명자(明粢)】[피〔稷〕이다.]

【가소(嘉疏)】[벼〔稻〕이다.]

【향합(薌合)】[기장〔黍〕이다.]

【향기(薌萁)】[기장〔粱〕이다.]

【정제(脡祭)】[선어(鮮魚)이다.]

【돌비(腯肥)】[돼지이다.]

【향(薌)】[소의 지방이다.]

【조(臊)】[개의 지방이다.]

---

81 특생(特牲) : ≪춘추좌씨전(春秋左氏傳)≫ 양공(襄公) 9년 조에 "<신(神)에게> 기도할 때는 폐백으로 <희생을 대신>하고, 빈객을 접대할 때는 특생을 쓴다.〔祈以幣更, 賓以特牲.〕"라고 한 용례가 있다.

82 현(賢) : ≪예기(禮記)≫ <내칙(內則)>에 "부유한 경우에는 두 가지 희생을 갖추어 그 가운데 나은 것〔賢〕을 종자에게 바친다.〔若富, 則具二牲獻其賢者於宗子.〕"라고 하였는데, 그 주(注)에 "'현(賢)'은 '선(善)'과 같다.〔賢, 猶善也.〕"라고 하였다.

【성(腥)】[닭의 지방이다.]

【전(羶)】[양의 지방이다.]

○ **【견(牽)】**[희생(犧牲)이 살아있는 것이다.]

【생(牲)】[<희생(犧牲)을> 아직 죽이지 않은 것이다.]

【성(腥)】[<희생(犧牲)을> 아직 익히지 않은 것이다.]

【전(牷)】[<희생(犧牲)이> 몸체가 온전한 것이다.]

【반(胖)】[희생(犧牲)으로 쓰는 양(羊)이 해체된 것이다.]

○ **【충(充)】**[희생(犧牲)이 살진 것이다.]

【돌(腯)】[<'충(充)'과> 같은 말이다.]

【반(胖)】[희생(犧牲)의 몸체를 나누어 절반으로 갈라놓은 것을 '반(胖)'이라 한다. '반(胖)'은 열두 부위로, 머리〔首〕, 바른 척추〔正脊〕, 곧은 척추〔脡脊〕, 가로 척추〔橫脊〕, 대협(代脅), 정협(正脅), 짧은 갈비뼈〔短脅〕, 어깨〔肩〕, 앞다리〔臂〕, 정강이〔臑〕, 넓적다리〔髀〕·장딴지〔膞〕·엽구리〔骼〕이다. 넓적다리는 항문에 가깝기 때문에 사용하지 않고 열한 부위만 사용한다. 길제(吉祭)에는 우반(右胖)을 중시하고, 상제(喪祭)에는 좌반(左胖)을 중시한다.]

○ **【고(辜)】**[희생을 해체하는 것이다.]

【계〔기〕(刉)】[독음은 '계(癸)'이며, 모생(毛牲 털이 난 희생.)을 자르는 것이다.]

【이(衈)】[독음은 '이(耳)'이며, 우생(羽牲 깃털이 난 희생.)을 자르는 것이다.]

【벽고(疈辜)】['벽(疈)'은 아무렇게나 희생을 해체하는 것이다. '고(辜)'는 제도에 따라 희생을 해체하는 것이다.]

【박(剝)】[희생을 도살하여 해체하는 것이다.]

【척(剔)】[뼈를 발라내는 것이다.]

【오할(午割)】[가로세로로 자르는 것이다.]

【촌(刌)】[독음은 '촌(寸)'이며, '자른다〔割〕'는 말이다. ≪의례(儀禮)≫에 "폐를 잘라낸 것이다.〔刌肺.〕"라고 하였다.][83]

【타(隋)】[독음은 '타(墮)'이며, 고기를 찢는 것이다.]

---

83 촌(刌) : ≪의례주소(儀禮注疏)≫ <특생궤식례(特牲饋食禮)>의 주에 "폐제는 폐를 잘라낸 것이다.〔肺祭, 刌肺也.〕"라고 하였다.

【저해〔돈해〕(豚解)】［희생을 해체하면서 새끼돼지<를 해체하는> 방법을 쓰는 것을 더러 '저해〔돈해〕(豚解)'라고 말한다. '돈(豚)'의 독음은 '저(椓)'이며, '구멍〔竅〕'이라는 뜻이다.］

【증(脀)】［희생을 삶아 익히며 솥〔鼎〕에 넣거나 조(俎)에 올려놓는 것을 모두 '증(脀)'이라 한다.］

○ **【난도(鸞刀)】**［칼자루의 고리에 방울을 매단 것으로, 희생을 잡는 데 쓴다. ≪모시(毛詩)≫.］[84]

【조(俎)】［고기를 올려놓는 제기(祭器)이다.］

【대방(大房)】［조(俎)의 이름이다.］

【완조(梡俎)】［유우씨(有虞氏) 때의 조(俎)이다.］

【궐조(嶡俎)】［하후씨(夏后氏) 때의 조(俎)로, 횡목(橫木)〔桄(원주: '광(桄)'은 '가롯세'이다.).〕이 발에 달렸다.］

【구조(椇俎)】［상(商)나라 때의 조(俎)로, 발이 구부정하여 마치 헛개나무를 닮았다.］

【어(棜)】·**【금(禁)】**［모두 조(俎)의 이름으로, 대부(大夫)와 사(士)가 사용하는 것이다.］

【차(且)】［독음은 '차(借)'이며, 희생을 올려놓는 제기(祭器)이다.］

【기(肵)】［독음은 '기(沂)'이며, <희생의> 심장과 피를 담는 제기(祭器)이다.］

【피〔비〕(朼)】［독음은 '피(皮)'이며, 희생의 몸통을 제기에 올려놓는 것이다. <제사를 지낼 때 희생을 솥에서 떠내어 제기 올려놓는 데 사용하는 큰 나무 숟가락이다.>］

【필(畢)】［고기를 집어 드는 도구이다.］

○ **【신(脤)】**［생고기〔生〕를 조(俎)에 올리는 것이다.］

---

84 난도(鸞刀) : ≪시경(詩經)≫ <소아(小雅)·신남산(信南山)>에 "청주로 제사를 올리고 붉은 황소 바쳐서 조상께 제사 드리네. 난도를 잡고서 그 털을 벗기고 그 피와 기름을 얻는다.〔祭以淸酒, 從以騂牡, 享于祖考. 執其鸞刀, 以啓其毛, 取其血膋.〕"라고 하였다.

【번(膰)】[익힌 <고기이다.>]

【조(胙)】[제사를 지낸 복육(福肉)이다.]

○ **【휘〔운〕(煇)】**[독음은 '휘(彙)'이며, 희생의 몸통을 말아보는 낮은 벼슬아치이다. ≪주례(周禮)≫.][85]

○ **【흔(釁)】**[희생의 피를 바쳐 지내는 제사이다.]

【혈료(血膋)】[<'료(膋)'는> 창자 사이에 낀 지방이다. 또 창자와 위장 바깥에 막을 이루고 있는 지방이다. 혈료(血膋)는 희생의 피와 지방을 가져다 태우는 것이다.][86]

牲[牛・羊・犬・豕, 用于祭者.] 犧[毛色純而不雜.] 特牲[一牲. <書>.] 贒[牲之上者. <禮>.] 大牢[牛也.] 小牢[羊也.] 一元[牲一頭也.] 大武[牛.] 柔毛[羊.] 剛鬣[豕.] 羹獻[犬.] 翰音[雞.] 明眎[兎.] 疏趾[雉.] 尹祭[脯.] 商祭[臯[87]祭.] 明粢[稷.] 嘉疏[稻.] 薌合[黍.] 薌萁[粱.] 脡祭[鮮魚.] 腯肥[豚.] 薌[牛膏.] 臊[犬膏.] 腥[雞膏.] 羶[羊膏.] ○牽[犧生.] 牲[未殺.] 腥[未熟.] 牷[體完.] 胖[牲羊解.] 充[牲肥.] 腯[仝.] ○胖[分牲體半解曰胖. 胖爲十二體; 首, 正脊, 脡脊, 橫脊, 代脅, 正脅, 短脅, 肩, 臂, 臑, 髀[88], 膊, 胳也. 而髀[89]則近竅, 故不用, 用只十一體而已. 吉祭尚右胖, 喪祭尚左胖.] ○辜[磔牲也.] 刉[音癸, 割

85 휘〔운〕(煇) : ≪예기(禮記)≫ <제통(祭統)>에 "제사에는 휘〔운〕(煇)・포(胞)・적(翟)・혼(閽)<의 천한 관리>에게 남은 음식을 주는 것이 있으니, 아랫사람에게 은혜를 베푸는 도리이다.〔夫祭有畀煇・胞・翟・閽者, 惠下之道也.〕"라고 하였는데, 주에 "휘〔운〕(煇)는 ≪주례(周禮)≫에는 '운(韗)'이라 하였는데, 날가죽을 잘라서 가공하는 벼슬아치이다.〔煇, 周禮作韗, 謂韗磔皮革之官.〕"라고 하였다.

86 혈료(血膋) : ≪시경(詩經)≫ <소아(小雅)・신남산(信南山)>에 "난도를 잡고서 그 털을 벗기고 그 피와 지방을 취한다.〔執其鸞刀, 以啓其毛, 取其血膋.〕"라고 하였는데, 정현(鄭玄)의 전(箋)에 "료(膋)는 지방이다. 피를 사용하여 희생을 잡았음을 고하고, 지방으로 <희생의 비린내를> 올려 보낸다.〔膋, 脂膏也. 血以告殺, 膋以升臭.〕"라고 하였다.

87 臯 : '고(羹)'의 이체자로, 국역에서는 '羹'로 바꾸어 옮긴다.

88 髀 : '비(髀)'의 잘못으로, 국역에서는 '髀'로 바로잡아 옮긴다.

89 髀 : '비(髀)'의 잘못으로, 국역에서는 '髀'로 바로잡아 옮긴다.

毛牲.] 衈[音耳, 割羽牲.] 韷辜[韷, 肆而磔之也. 辜, 制而磔之也.] 剝[殺牲體解也.] 剔[解骨也.] 午割[縱橫割也.] 刌[音寸, 割也. 儀禮: "刌肺."] 隋[音墮, 裂肉.] 豚解[解牲體, 以豚子之法, 或曰豚解. 豚, 音椓, 竅也.] 脀[凡牲烹熟, 載之鼎, 升之俎, 皆曰脀.] ㅇ鸞刀[刀環有鈴者, 殺牲用之. <毛>.] 俎[薦肉之器.] 大房[俎名.] 梡俎[有虞氏俎.] 嶡俎[夏后氏俎, 足有桄(桄, 가룻세.).] 椇俎[商俎. 足撓曲, 似枳椇樹.] 棜. ㅇ禁[皆俎名. 大夫·士所用.] 且[音借. 薦牲器.] 肵[音沂. 盛心血器.] 杝[音皮. 薦牲體者.] 畢[擧肉之具.] ㅇ脤[生居俎上.] 膰[熟.] 胙[祭福肉.] ㅇ煇[音彙. 賤吏主牲體者. <周>.] ㅇ釁[血祭.] 血膋[腸間脂. 又腸胃外幕脂也. 血膋, 取其血與膋, 炳之也.]

○ **[거창(秬鬯)]** [검은 기장으로 빚은 술에 울초(鬱草 울금향(鬱金香).)를 섞은 것이다.]

[울창(鬱鬯)] · **[황류(黃流)]** [<'거창(秬鬯)'과> 같은 말이다.]

○ **[이(彝)]** [종묘(宗廟)에서 울창주(鬱鬯酒)를 담는 제기(祭器)로, 배 부분이 크고 둥글며 귀처럼 생긴 손잡이가 달린, 상준(上尊)이다.]

[계이(雞彝)] · **[가이(斝彝)]** · **[호이(虎彝)]** [명수(明水)를 담는 <제기(祭器)이>다.]

[조이(鳥彝)] · **[황이(黃彝)]** · **[유이(蜼彝)]** [울창주(鬱鬯酒)를 담는 <제기(祭器)이>다.]

[주(舟)] [이(彝)를 받쳐주는 그릇이다.]

[화포건(畫布巾)] [육이(六彝 계이(雞彝)·조이(鳥彝)·황이(黃彝)·호이(虎彝)·유이(蜼彝)·가이(斝彝).)를 덮는 것이다. ≪주례(周禮)≫.][90]

○ **[가(斝)]** [울창주(鬱鬯酒)를 담는 준(尊)이다.]

[유(卣)] [울창주(鬱鬯酒)를 담는 것이다.]

[수(脩)] [중준(中尊)이다.]

---

90 화포건(畫布巾) : ≪주례(周禮)≫ <천관(天官)>에 "멱인은 물건을 덮는 덮개를 관장한다.〔冪人掌共巾冪.〕"라고 하였는데, 주에 "공건은 물건을 덮을 수 있다. 제사에서는 소포건으로 팔준을 덮고, 화포건으로 팔이를 덮는다.〔共巾可以覆物. 祭祀以疏布巾冪八尊, 以畫布巾冪八彝.〕"라고 하였다.

【뇌(罍)】［하준(下尊)으로, 울창주(鬱鬯酒)를 담는 것이다.］

【호(壺)】［하준(下尊)이다.］

【황목(黃目)】［울창주(鬱鬯酒)를 담는 준(尊)으로, 황금으로 <사람의> 눈〔目〕을 새긴 것이다. ≪예기(禮記)≫.］[91]

○ **【준(尊)】**［모양이 '이(彝)'와 비슷한 것이다.］

【사준(獻尊)】［<'사(獻)'는> 독음이 '사(些)'이다.］·**【상준(象樽)】**·**【착준(著樽)】**·**【호준(壺樽)】**·**【태준(泰樽)】**·**【산준(山尊)】**［육준(六尊).］[92]

【소포건(疏布巾)】［육준(六尊)을 덮는 것이다. ≪주례(周禮)≫.］[93]

【태산(泰山)】［유우씨(有虞氏) 때의 준(尊)이다.］

【산뢰(山罍)】［하후씨(夏后氏) 때의 준(尊)이다.］

【착(著)】［상(商)나라 때의 준(尊)으로, 발이 없어서 땅바닥에 달라붙는 것이다. 상나라의 주왕(紂王)이 만든 상착(象著)이라는 것은 술동이〔樽〕이지 젓가락〔箸〕이 아니다.］

【사상(犧象)】［주(周)나라 때의 준(尊)이다.］

○ **【와무(瓦甒)】**［하늘에 제사지낼 때 사용한다.］[94]

【표재(瓢齎)】［표주박으로 만든 술통으로, 영문(禜門)에서 사용한다.］

【신(蜃)】［신(蜃 교룡(蛟龍)의 일종으로, 기운을 토하여 신기루를 일으킨다고 하는 상상의 동물.)을 준(樽)에 장식한 것으로, 사방 산천(山川)의 신에게 제사를 지내는 데에 사용한다.］

【대뢰(大罍)】［와준(瓦樽)으로, 토지의 신에게 제사를 지내는 데에 사용한다.］

---

91 황목(黃目) : ≪예기(禮記)≫ <명당위(明堂位)>에 "관준은 하후씨는 계이를 사용하였고, 은나라는 가를 사용하였고, 주나라는 황목을 사용하였다.〔灌尊, 夏后氏以鷄夷, 殷以斝, 周以黃目.〕"라고 하였다.

92 육준(六尊) : 제사에서 사용하던 여섯 종의 주기(酒器)로, 새겨 넣은 무늬가 서로 다르기 때문에 이름 또한 다른 것이다.

93 소포건(疏布巾) : ≪주례(周禮)≫ <천관(天官)>에 "멱인은 물건을 덮는 덮개를 관장한다.〔冪人掌共巾冪.〕"라고 하였는데, 주에 "공건은 물건을 덮을 수 있다. 제사에서는 소포건으로 팔준(八尊)을 덮고, 화포건으로 팔이(八彝)를 덮는다.〔共巾可以覆物. 祭祀以疏布巾冪八尊, 以畫布巾冪八彝.〕"라고 하였다.

94 와무(瓦甒) : 흙을 빚어서 구워 만든 술항아리의 일종이다.

○ **【참(站)】**［독음은 '참(儳)'이며, 모양은 콩〔豆〕을 닮았는데, 키가 낮아서 술잔을 올려놓고 술 단지를 받치는 데에 사용한다.］

○ **【숙(宿)】**［술잔을 내오는 것이다. <고명(顧命)>에, "세 번 술잔을 내어와 세 번 술잔을 따른다."라고 하였다.］[95]

【관(祼)】［관제(灌祭)이다. 울창주(盇鬯酒)를 부어 처음으로 시신에게 바치고 귀신에게 비는 것이다.］

○ **【모(茅)】**［모사(茅莎)를 세워놓는 것은 축주(縮酒 제사에서 헌작(獻爵) 때에 모사(茅莎) 그릇에 약간 술을 붓는 일.)를 하기 때문이다.］

○ **【타(隋)】**［독음은 '타(墮)'이며, 옥관기(沃灌器 '옥관'은 세척한다는 뜻.)의 이름이다.］

【옥찬(玉瓚)】［<'타(隋)'와> 같은 말이다. ≪모시(毛詩)≫.］[96]

【대장찬(大璋瓚)】［큰 산천(山川)에 지내는 강신제(降神祭)이다.］

【중장(中璋)】［중간 크기의 산천(山川)에 지내는 강신제(降神祭)이다.］

【규찬(圭瓚)】［'찬(瓚)'은 종묘(宗廟)에서 쓰는 관기(灌器)인데, 규(圭)로 자루를 만든다.］

【변장(邊璋)】［작은 산천(山川)에 지내는 강신제(降神祭)이다.］

○ **【개(概)】**［≪주례(周禮)≫에 "강신제를 지낼 때는 개(概)를 사용한다.〔祼事用概.〕"라고 하였는데, 주(注)에 "검은 칠을 하여 술동이〔尊〕를 만들고 붉은 실로 각각의 배를 묶는다.〔黑桼爲尊, 以朱絲各腹.〕"라고 하였다.］[97]

---

95 숙(宿) : ≪서경(書經)≫ <주서(周書)·고명(顧命)>에 "왕이 세 번 술잔을 내어와 세 번 술잔을 따르고 세 번 술잔을 드린다.〔王, 三宿三祭三咤.〕"라고 하였다.

96 옥찬(玉瓚) : ≪시경(詩經)≫ <대아(大雅)·한록(旱麓)>에 "아름다운 저 옥찬(玉瓚)이여, 황류(黃流)가 그 속에 있도다.〔瑟彼玉瓚, 黃流在中.〕"라고 하였다.

97 개(概) : ≪주례(周禮)≫ <춘관(春官)·창인(鬯人)>에 "강신제를 지낼 때는 개(概)를 사용하고, 희생을 잡아 제사를 지낼 때는 산(散)을 사용한다.〔凡祼事用概, 凡疈事用散.〕"라고 하였는데, 그 주에 "모두 옻칠을 한 준(尊)이다. 붉은 띠가 달린 것을 '개(概)'라 하고 장식이 없는 것을 '산(散)'이라 한다.〔皆桼尊也. 有朱帶者曰概, 無飾曰散.〕"라고 하였다.

○秬鬯[以秬釀酒, 和以鬱[98]草.] 鬱鬯. ○黃流[仝.] ○彝[宗廟盛鬱[99]鬯之器, 腹大而圓, 有耳提, 上尊也.] 雞彝. ○斝彝. ○虎彝[盛明水.] 烏[100]彝. ○黃彝. ○蜼彝[盛鬱[101]鬯.] 舟[承彝之器.] 畫布巾[冪六彝. <周>.] ○斝[鬱[102]鬯之尊.] 卣[盛鬱[103]鬯者.] 脩[中尊.] 罍[下尊. 盛鬱[104]鬯者.] 壺[下尊.] 黃目[鬱[105]鬯之尊. 以黃金鑄爲目也. <禮>.] ○尊[形似彝.] 獻[音些.]尊. ○象樽. ○著樽. ○壺樽. ○泰樽. ○山尊[六尊.] 疏布巾[冪六尊. <周>.] 泰山[有虞氏尊.] 山罍[夏后氏尊.] 著[商尊, 無足而著于地者. 商紂爲象著者, 樽也, 非箸也.] 犧象[周尊.] ○瓦甒[祭天用之.] 瓢齎[以甘瓠爲樽, 禜門用之.] 蜃[以蜃飾樽, 祭四方山川用之.] 大罍[瓦樽, 祭社用之.] ○站[音儳, 形似豆而卑, 以致爵承尊.] ○宿[進爵而宿. <顧命>: "三宿三祭."] 祼[灌祭也. 灌以鬱[106]鬯, 始獻尸求神也.] ○茅[植茅, 所以縮酒.] ○隋[音墮, 沃灌器名.] 玉瓚[仝. <毛>.] 大璋瓚[祼大山川.] 中璋[祼中山川.] 圭瓚[瓚, 宗廟灌器, 以圭爲柄.] 邊璋[祼小山川.] ○概[<周禮>: "祼[107]事用概." 注曰: "黑桼爲尊, 以朱絲各腹."]

○ **【규(圭)】**[위가 뾰족하며 봄을 상징한다. 동방(東方)에서 사용한다.]

【장(璋)】[네모지고 크며 여름을 상징한다. 남방(南方)에서 사용한다.]

【호(琥)】[호랑이의 모양을 상징한다. 서방(西方)에서 사용한다.]

【황(璜)】[반벽(半璧)으로, 하늘이 절반만 보이는 것을 상징한다. 북방(北方)에서 사용한다.]

【벽(璧)】[둥글고 구멍이 나있다. 천제(天祭)에서 사용한다.]

---

98 鬱 : '鬱'의 속자(俗字)로, 국역에서는 '鬱'로 바꾸어 옮긴다.
99 鬱 : '鬱'의 속자(俗字)로, 국역에서는 '鬱'로 바꾸어 옮긴다.
100 烏 : '鳥'의 잘못으로, 국역에서는 '鳥'로 바꾸어 옮긴다.
101 鬱 : '鬱'의 속자(俗字)로, 국역에서는 '鬱'로 바꾸어 옮긴다.
102 鬱 : '鬱'의 속자(俗字)로, 국역에서는 '鬱'로 바꾸어 옮긴다.
103 鬱 : '鬱'의 속자(俗字)로, 국역에서는 '鬱'로 바꾸어 옮긴다.
104 鬱 : '鬱'의 속자(俗字)로, 국역에서는 '鬱'로 바꾸어 옮긴다.
105 鬱 : '鬱'의 속자(俗字)로, 국역에서는 '鬱'로 바꾸어 옮긴다.
106 鬱 : '鬱'의 속자(俗字)로, 국역에서는 '鬱'로 바꾸어 옮긴다.
107 祼 : '祼'의 잘못으로, 국역에서는 '祼'로 바로잡아 옮긴다.

【종(琮)】[육각으로 모가 지고〔六稜〕 구멍이 나있는데, 육합(六合)을 상징한다. 지제(地祭)〔地〕에서 사용한다.]

【육(肉)】[벽(璧)의 테두리이다.]

【호(好)】[벽(璧)의 구멍이다.]

【원(瑗)】[큰 구멍이 난 벽(璧)이다.]

【소(繅)】[옥(玉)의 끈〔紐〕이다.]

【적(藉)】[옥(玉)의 받침〔承〕이다.]

【방명(方明)】[여섯 면(面)이 있는데, 옥(玉)을 담아 옮겨서 제사에서 사용한다.]

【진규(鎭圭)】[<길이가> 한 자 두 치로, 천자(天子)가 손에 드는 것이다.]

【환규(桓圭)】[<길이가> 아홉 치로, 공(公)이 손에 드는 것이다.]

【신규(信圭)】[<길이가> 일곱 치로, 후(侯)가 손에 드는 것이다.]

【궁규(躬圭)】[<길이가> 일곱 치로, 백(伯)이 손에 드는 것이다.]

【곡벽(穀璧)】[<길이가> 다섯 치로, 자(子)가 손에 드는 것이다.]

【포벽(蒲璧)】[<길이가> 다섯 치로, 남(男)이 손에 드는 것이다.]

【대규(大圭)】[<길이가> 세 자로, 옥(玉)으로 장식한 띠〔玉搢〕이다.]

【정(珽)】[<'대규(大圭)'와> 같은 말이다.]

【상홀(象笏)】[제후(諸侯)가 <띠에> 꽂는 것이다.]

【어수문죽홀(魚須文竹笏)】[대부(大夫)가 <띠에> 꽂는 것이다.]

【죽홀(竹笏)】[사(士)가 <띠에> 꽂는 것이다.]

【도(荼)】[홀(笏)을 다르게 부르는 이름이다. 홀(笏)은 길이가 모두 두 자 여섯 치이다.]

【사규저(四圭邸)】[<길이가> 한 자 두 치로, 하늘에 제사를 지낼 때에 사용하는 것이다.]

【양규저(兩圭邸)】[<길이가> 다섯 치로, 땅에 제사를 지낼 때에 사용하는 것이다.]

【장저사(璋邸射)】[산천에 제사를 지낼 때에 사용하는 것이다.]

【규벽(圭璧)】[<길이가> 다섯 치로, 일월성신(日月星辰)에 제사를 지낼 때

에 사용하는 것이다.]

【곡규(穀圭)】[<길이가> 일곱 치로, 천자(天子)가 여인을 맞아들일 때에 사용하는 것이다.]

【대장(大璋)】[<길이가> 아홉 치로, 제후(諸侯)가 여인을 맞아들일 때에 사용하는 것이다.]

【중장(中璋)】[<길이가> 아홉 치로, 천자(天子)가 순수(巡狩)할 때에 사용하는 것이다.]

【변장(邊璋)】[<길이가> 일곱 치로, <'중장(中璋)'과> 같은 말이다.]

【아장(牙璋)】[<길이가> 일곱 치로, 군사를 훈련시킬 때에 사용하는 것이다.]

【관규(祼圭)】[<길이가> 한 자 두 치로, 찬(瓚 제사 때에 사용하던 옥으로 만든 국자.)이 달려 있으며, 사당에서 제사를 드릴 때에 사용하는 것이다.]

【토규(土圭)】[<길이가> 한 자 다섯 치로, 해의 그림자를 측정할 때에 사용하는 것이다.]

【완규(琬圭)】[<길이가> 아홉 치로, 우호를 맺을 때에 사용하는 것이다.]

【염규(琰圭)】[<길이가> 아홉 치로, 사악한 자와 반역한 자를 토벌할 때에 사용하는 것이다.]

【진규(珍圭)】[<제후(諸侯)를> 징집할 때에 사용하는 것이다.]

【전규(瑑圭)】[<길이가> 여덟 치로, <제후(諸侯)를> 조정으로 불러들일 때에 사용하는 것이다.]

【모(瑁)】[<길이가> 네 치로, 제후(諸侯)들을 조회할 때에 사용하는 것이다.]

【벽종(璧琮)】[<길이가> 아홉 치로, 제후(諸侯)가 천자(天子)를 조회할 때에 사용하는 것이다.]

【전종(瑑琮)】[<길이가> 여덟 치로, 제후(諸侯)가 부인(夫人)을 맞아들일 때에 사용하는 것이다.]

【벽선(璧羨)】[<길이가> 한 자이고 구멍〔好〕은 세 치로, 천자(天子)가 척도〔度〕로 삼는 것이다.]

【장종(駔琮)】[<길이가> 일곱 치이고 코〔鼻〕가 있으며, 천자(天子)가 저울〔權〕로 삼는 것이다.]

【장종(駔琮)】[<길이가> 다섯 치로, 종후(宗后 종자(宗子).)가 저울〔權〕로 삼는 것이다.]

【대종(大琮)】[<길이가> 한 자 두 치이고 사(射)가 있으며, 종후(宗后 종자(宗子).)가 진압하는 물건〔鎭〕으로 삼는 것이다.]

【안(案)】[<길이가> 열두 치로, 대인(大人)이 제후(諸侯)를 수고롭게 하는 것이다.]

○圭[尖上, 象春. 用於東方.] 璋[方大, 象夏. 用於南方.] 琥[象虎形. 用於西方.] 璜[半璧, 象天之半見. 用於北方.] 璧[圓而有孔. 用於天祭.] 琮[爲六稜而有孔, 象六合. 用於地.] 肉[璧之邊.] 好[璧之孔.] 瑗[大孔之璧.] 繅[玉之紐.] 籍[玉之承.] 方明[有六面, 所以載玉, 用於祭祀.] 鎭圭[尺二寸, 天子執.] 桓圭[九寸, 公執.] 信圭[七寸, 侯執.] 躬圭[七寸, 侯[108]執.] 穀璧[五寸, 子執.] 蒲璧[五寸, 男執.] 大圭[三尺, 玉搢.] 珽[仝.] 象笏[諸侯搢.] 魚須文竹笏[大夫搢.] 竹笏[士搢.] 荼[笏之別名. 笏長皆二尺六寸.] 四圭邸[尺二寸, 祀天.] 兩圭邸[五寸, 祀地.] 璋邸射[祀山川.] 圭璧[五寸, 祀日月星辰.] 穀圭[七寸, 天子聘女.] 大璋[九寸, 諸侯聘女.] 中璋[九寸, 天子巡守.] 邊璋[七寸, 仝.] 牙璋[七寸, 治兵.] 祼圭[尺二寸, 有瓚, 祀廟.] 土圭[尺五寸, 致日.] 琬圭[九寸. 結好.] 琰圭[九寸, 除慝.] 珍圭[徵守.] 瑑圭[八寸, 覜聘.] 瑁[四寸. 朝諸侯.] 璧琮[九寸, 諸侯朝天子.] 瑑琮[八寸, 諸侯享大夫[109].] 璧羨[一尺, 好五[110]寸. 天子度.] 駔琮[七寸, 有鼻, 天子權.] 駔琮[五寸, 宗后權.] 大琮[尺二寸, 有射, 宗后鎭.] 案[十二寸, 大人勞諸侯.]

○ **【변(籩)】**[대나무로 만든 제기(祭器)이다. 대추·밤·찢은 포〔脯脃〕를 담는

108 侯 : '伯'의 잘못으로, 국역에서는 '伯'으로 바로잡아 옮긴다.
109 大夫 : '夫人'의 잘못으로, 국역에서는 '夫人'으로 바로잡아 옮긴다.
110 五 : '三'의 잘못으로, 국역에서는 '三'으로 바로잡아 옮긴다.

다.]

【두(豆)】[나무로 만든 제기(祭器)이다. 젓갈과 절인 채소〔葅〕를 담는다.]

【풍(豐)】[제기의 부류이다.]

【포(鋪)】[제기의 부류로, 소반을 받치는 것이다.]

【등(登)】[흙을 구워 만든 제기(祭器)로, 대갱(大羹간을 하지 않는 고깃국.)을 올리는 데에 사용하는 것이다.]

【갈두(楬豆)】[하후씨(夏后氏) 때의 제기(祭器)로, 나무로 손잡이를 만든 것이다.]

【옥두(玉豆)】[상(商)나라 때의 제기(祭器)로, 갈두(楬豆)의 위에 옥(玉)으로 장식한 것이다.]

【사두〔헌두〕(獻豆)】[주(周)나라 때의 제기(祭器)이다. '사(獻)'는 독음이 '사(莎)'이다.][111]

【경(檠)】[조선인(朝鮮人)은 음식을 들이면서 반드시 변두(籩豆)를 사용하는데, 그것을 '경(檠)'이라고 부른다. ≪한서(漢書)≫.]

【옹(饔)】[젓갈〔醓醢〕을 담는 것이다.]

○籩[竹豆也. 盛棗・栗・脯脡.] 豆[木豆. 盛醢・葅.] 豐[豆類.] 鋪[豆類, 承槃.] 登[瓦豆, 以薦大羹.] 楬豆[夏后氏之豆, 以木爲柄.] 玉豆[商豆, 楬上飾以玉.] 獻豆[周豆. 獻音莎.] 檠[朝鮮人, 飮食必以籩豆, 謂之檠. <漢>.] 饔[實醓醢.]

○ **【치제(致祭)】**[임금이 <제물과 제문을 보내어 죽은 신하를> 제사 지내게 하던 일〔賜祭〕이다.]

【유제(諭祭)】[<'치제(致祭)'>와 같은 말이다.]

○ **【제책(祭冊)】**〔<대신에게 사제(賜祭)할 때> 제문(祭文)을 내리는 것이다.]

---

111 사두〔헌두〕(獻豆) : '獻豆'는 '헌두'로도 읽고 '사두'로도 읽는데, ≪예기(禮記)≫ <명당위(明堂位)>의 공영달(孔穎達) 소(疏)에는 "'獻'은 독음이 '사(娑)'인데, '사(娑)'는 희소(希疏)의 뜻이다.〔獻音娑, 娑是希疏之義.〕"라고 하였다.

致祭[君賜祭也.] 諭祭[仝.] ㅇ祭冊[賜祭文.]

○ **【배향(配享)】**['배(配)'는 '짝하다〔匹〕'라는 말이다. 함께 향사(享祀)하는 것을 '배향(配享)'이라 한다. 신하를 임금에게 배향하고, 후학(後學)을 선사(先師)에게 배향한다.]

【철향(腏享)】['철(腏)'은 '하나로 잇다〔綴〕'는 말이다. 연속하여 제사지내는 것이다.]

【혈식(血食)】[배향(配享)이 끊어지지 않는 것〔不祧〕이다.]

配享[配, 匹也. 同享曰配享. 臣配于君, 後學配于先師.] 腏享[腏, 綴也. 連續而祭也.] 血食[配享不祧.]

◑ **【향례(饗禮)】**[대음빈(大飮賓 향음주례(鄕飮酒禮)). 이다.][112]

【연례(燕禮)】[여러 신하와 빈객(賓客)에게 잔치를 베푸는 예(禮)이다.]

【장음(張飮)】[휘장을 둘러치고 잔치를 열어 술을 마시는 것이다.]

○ **【갈잔(喝盞)】**[연향(宴享)에서 악무(樂舞)를 연행하는 것이다.]

【알잔(謁盞)】[<연향(宴享)에서 연주하던 곡을 그치고> 다른 곡을 연주하는 것이다.][113]

【간탈(幹脫)】[연향(宴享)에서 한 사람이 박판(拍板)을 잡고 칭송하는 것을 '간탈(幹脫)'이라 한다.]

【타필(打弼)】[연향(宴享)에서 한 사람이 박판(拍板)을 잡고 악무(樂舞)를 연

---

112 향례(饗禮) : ≪시경(詩經)≫ <소아(小雅)·동궁지십(彤弓之什)>의 주에 "대음빈을 '향(饗)'이라 한다.〔大飮賓曰饗.〕"라고 하였다. '향례'는 곧 향음주례(饗飮酒禮)로, 주(周)나라 때에 나라에 훌륭한 인재를 추천할 목적으로 향대부(鄕大夫)가 잔치를 열던 연음(宴飮) 풍속으로, 후대에는 손님을 청하여 융숭하게 대접하는 것을 가리키는 뜻으로 쓰였다.

113 알잔(謁盞) : 연회에서 음악이 연주되면 황제가 먼저 술을 마시고, 그런 뒤에 음악이 멈추고 다른 곳이 연주되면 배위(陪位)한 신하들이 술을 마시던 중국 궁중의 음주 풍속이다.

행하면 술잔을 든 사람들이 화답하는 것을 '타필(打弼)'이라 한다.]

[오두(遨頭)] [잔치를 열어서 즐기는 일을 주관하는 사람이다. ≪황정견시집(黃庭堅詩集)≫.]

○ **[탐락(耽樂)]** [정도가 지나치게 즐기는 것이다.]

[일예(逸豫)] [잔치를 열어 즐기느라 <하여야 할 일에> 소홀한 것이다.]

[유련(流連)] [잔치를 열어 즐기느라 집에 돌아가는 것을 잊는 것이다. ≪맹자(孟子)≫.][114]

◑饗禮[大飮賓也.] 燕禮[燕群臣賓客之禮.] 張飮[設帷帳宴飮.] ○喝盞[宴享樂作.] 謁盞[別奏曲.] 斡脫[宴享, 一人執拍板讚, 曰斡脫.] 打弼[宴享, 一人執柏[115]板作樂, 執觴和之, 曰打弼.] 遨頭[主宴樂者. <谷>.] ○耽樂[過樂.] 逸豫[宴樂怠玩.] 流連[宴樂忘返. <孟>.]

○ **[향음주례(鄕飮酒禮)]** [향인(鄕人)의 음주(飮酒)로, 윗사람과 아랫사람 사이에는 엄격한 질서가 있고, 부모에 대한 효도와 형제에 대한 우애를 권장한다.]

[계빈(戒賓)] · **[배지(拜至)]** · **[배세(拜洗)]** · **[양치(揚觶)]** · **[승가(升歌)]** · **[헌초(獻酢)]** · **[졸작(卒爵)]** · **[배기(拜旣)]** [향음주례(鄕飮酒禮)의 여러 가지 의례(儀禮)이다.]

○鄕飮酒禮[鄕人飮酒, 序長幼, 勸孝悌.] 戒賓. ○拜至. ○拜洗. ○揚觶. ○升歌. ○獻酢 · 卒爵 · 拜旣.[飮禮諸儀.]

---

114 유련(流連) : ≪맹자(孟子)≫ <양혜왕 하(梁惠王下>에 "배를 띄우고 물을 따라 내려가서 돌아오기를 잊는 것을 유(流)라 하고, 물을 따라 거슬러 올라가서 돌아오기를 잊는 것을 연(連)이라 하며, 짐승을 좇아 사냥하기를 무한정 하는 것을 황(荒)이라 하고, 술을 즐겨 마시기를 싫증 내지 않고 무한정 하는 것을 망(亡)이라 한다.〔從流下而忘反, 謂之流; 從流上而忘反, 謂之連; 從獸無厭, 謂之荒;, 樂酒無厭, 謂之亡.〕"라고 하였다.

115 柏 : '拍'의 잘못으로, 국역에서는 '拍'으로 바로잡아 옮긴다.

○ 【향사례(鄕射禮)】[덕(德)을 살펴보는 방법이다.]

【설위(設位)】·【장후(張侯)】·【속빈(速賓)】·【헌빈(獻賓)】·【유사(誘射)】·【비우(比耦)】·【악절(樂節)】·【시산(視算)】·【헌획(獻獲)】·【헌공(獻工)】·【여수(旅酬)】·【철조(徹俎)】·【배사(拜賜)】[향사례(鄕射禮)의 여러 가지 의례(儀禮)이다.]

○鄕射禮[所以觀德也.] 設位. ○張侯. ○速賓. ○獻賓. ○誘射. ○比耦. ○樂節. ○視算. ○獻獲. ○獻工. ○旅酬. ○徹俎. ○拜賜.[射禮諸儀.]

□ 【악(樂)】[오성(五聲)과 팔음(八音)이다.]

○ 【오음(五音)】[아래의 항목을 보라.]

【궁(宮)】[토음(土音)이다.]

【상(商)】[금음(金音)이다.]

【각(角)】[목음(木音)이다.]

【치(徵)】[화음(火音)이다.]

【우(羽)】[수음(水音)이다.]

【이변(二變)】[오음(五音)은 쓰임에 있어서 두루 미치지 못하기 때문에 별도로 변궁(變宮)과 변치(變徵)를 두니 합쳐서 칠음(七音)이 된다.]

○ 【중(重)】[궁(宮)<을 다르게 이르는 말>이다.][116]

【민(敏)】[상(商)<을 다르게 이르는 말>이다.]

【경(經)】[각(角)<을 다르게 이르는 말>이다.]

【질(迭)】[치(徵)<를 다르게 이르는 말>이다.]

【유(柳)】[우(羽)<를 다르게 이르는 말>이다.]

○ 【육률(六律)】['육분(六分)'이라고도 한다. <십이율 가운데> 양(陽)의 성률

---

116 궁(宮) : ≪이아(爾雅)≫ <석악(釋樂)>에 "'궁(宮)'을 '중(重)'이라 하고, '상(商)'을 '민(敏)'이라 하고, '각(角)'을 '경(經)'이라 하고, '치(徵)'를 '질(迭)'이라 하고, '우(羽)'를 '류(柳)'라 한다.[宮謂之重, 商謂之敏, 角謂之經, 徵謂之迭, 羽謂之柳.]"라고 하였다.

(聲律)과 조화를 이루며, 대나무로 만든 악기를 사용한다. 아래의 항목을 보라.]

【황종(黃鍾)】

○ **【태주(太簇)】**

○ **【고선(姑洗)】**

○ **【유빈(蕤賓)】**

○ **【이칙(夷則)】**

○ **【무역(無射)】**

○ **【육려(六呂)】**['육동(六同)'이라고도 한다. <십이율 가운데> 음(陰)의 성률(聲律)과 조화를 이루며, 구리로 만든 악기를 사용한다. 아래의 항목을 보라. <대려, 응종, 남려, 임종, 중려, 협종>]

○ **【대려(大呂)】**

○ **【응종(應鍾)】**

○ **【남려(南呂)】**

○ **【임종(林鍾)】**

○ **【중려(中呂)】**

○ **【협종(夾鍾)】**

○ **【팔음(八音)】**[아래의 항목을 보라.]

【금(金)】

【석(石)】

【사(絲)】

【죽(竹)】

【포(匏)】

【토(土)】

【혁(革)】

【목(木)】

○ **【반성(半聲)】**[율(律)은 장율(長律)과 단율(長短)이 있는데, 만약 단율의 경우가 임금이 되고 장율의 경우가 신하가 된다면, 이런 경우는 신하가 자신의 임금

을 능멸하고 순종하지 않는 것이므로, 그 반율(半律)을 잘라내고 사용한다.]

[변성(變聲)] [황종(黃鍾)부터 중려(中呂)까지는 모두 삼분(三分)을 줄이거나 늘려서 수치를 취한다. 중려부터 다시 황종까지는 그 수치가 삼분을 줄이거나 늘리기에 맞지 않으므로, 다시 황종 이하의 변율(變律)을 만들어 유빈(蕤賓) 이하에 더하여 임금으로 삼고, 황종 이하를 신하로 삼아서 사용한다.]

[사청(四淸)] [반성(半聲)과 변성(變聲)의 방법으로 <남송(南宋)의> 채 서산(蔡西山 채원정(蔡元定)의 별호.)이 고안한 것이다. 왕박(王朴) 이래로는 그 방법을 사용하지 않고, 황종(黃鍾)의 변성 두 개와 임종(林鍾)과 태주(太簇)의 변성 하나씩만 만들었기 때문에 지금 세상의 율관(律管)과 종경(鍾磬)의 부류는 모두 16율(律) 뿐인 것이다.]

□樂[五聲八音.] ○五音[見下.] 宮[土音.] 商[金音.] 角[木音.] 徵[火音.] 羽[水音.] 二變[五音不周於用, 故又有變宮・變徵, 合爲七音.] ○重[宮.] 敏[商.] 經[角.] 迭[徵.] 柳[羽.] ○六律[亦曰六分. 合陽聲律, 以竹. 見下.] 黃鍾. ○大[117]簇. ○姑洗. ○蕤賓. ○夷則. ○無射. ○六呂[一曰六同. 合陰聲同, 以銅. 見下.] 大呂. ○應鍾. ○南呂. ○林鍾. ○中呂. ○夾鍾. ○八音[見下.] 金. 石. 絲. 竹. 匏. 土. 革. 木. ○半聲[律有長短, 若短者爲君而長者爲臣, 則是臣凌其君而不順, 故截用其半律.] 變聲[自黃鍾至中呂, 而皆三分損益, 以取數也. 自中呂復至黃鍾, 則其數不合於三分損益, 故更制黃鍾以下之變律, 而備蕤賓以下爲君, 而黃鍾以下爲臣之用.] 四淸[半聲・變聲之法, 卽蔡西山意也. 自王朴以來, 不用此法, 只造黃鍾之二變, 林鍾・大簇之各一變, 故今世之律管・鍾磬之屬, 皆十六而已.]

◑ **[장(章)]** [음악을 마치는 것이 하나의 장(章)이 된다. ≪모시(毛詩)≫.]

[성(成)] [음악 하나가 끝나는 것이다. ≪서경(書經)≫.][118]

---

117 大 : '大'로 쓰고 '태'로 읽기도 하나 대개 '太'로 쓰므로, 국역에서는 '太'로 바꾸어 옮긴다.

118 성(成) : ≪서경(書經)≫ <익직(益稷)>에 "소소를 아홉 번 연주하니 봉황이 날아와 춤을 추었다〔簫韶九成, 鳳凰來儀.〕"라고 하였다.

【결(闋)】[곡(曲) 하나가 끝나는 것이다.]

【주(奏)】[음악 하나를 다시 시작하는 것이다.]

【철장(徹章)】[음악의 마지막 장(章)이다.]

【채(采)】[악장(樂章)이다.]

【농(弄)】[곡(曲)의 이름이다.]

【염(艶)】[악곡(樂曲)에는 염(艶)이 있는데, 염(艶)은 곡(曲)의 앞에 둔다. 장(章) 다스림(조음(調音).).]

【추(趨)】[음악의 마지막 장(章)으로, 곡(曲)의 뒤에 둔다. 여음(餘音).]

【난(亂)】[<'추(趨)'와> 같은 말이다.]

【절주(節奏)】[음악이 느리거나 빠른 정도이다.]

【악부(樂府)】[음악을 <관장하는> 부서이다.]

○ 【주리(侏離)】·【도리(兜離)】[동이(東夷)의 음악이다.]

【임(任)】[남이(南夷)의 음악이다.]

【금(禁)】[서이(西夷)의 음악이다.]

【매(眛昧)】[북이(北夷)의 음악이다.]

○ 우리나라의 악조〔我東樂調〕

【여민락(與民樂)】[여민락.]

【영(令)】[영(令)은 20장(章)이 있다.]

【전인자(前引子)】·【후인자(後引子)】·【보허사(步虛詞)】[<'영(令)'과> 같은 말이다.]

【만(慢)】[역시 여러 장(章)이 있다.]

【아악(雅樂)】[융미(隆美), 현화(顯化), 정명(貞明), 대유(大猷) 등 구변(九變)이 있는데, 각 위(位)의 세실(世室 나라에서 지내는 제사의 위패를 모시던 종묘(宗廟)의 신실(神室).)에서 사용한다.]

【중대엽(中大葉)】[중한닙.][119]

---

119 중대엽(中大葉) : 옛 가곡의 곡조 이름이다. 조선 이휘일(李徽逸)의 ≪존재집(存齋集)≫ 권13 <격물설(格物說)>에, "가창의 경우는 중대엽은 평조(平調)나 계면조(界面調)의 부류여서 듣는 사람이 근심이나 분노를 잊고 화평한 마음을 기르기에 충분하였고, 춤추는 사람도 몸가짐이 느긋하고 화락하며 마음

【후정화(後庭花)】[후정화.]

【우조(羽調)】[우조.]

【계면조(界面調)】[계면조.]

【낙시조(樂時調)】[낙시조.]

【만행(漫行)】[만행.]

【농(弄)】[롱.]

【영산회상(靈山會上)】[영산회상.]

○ 【태사(太師)】[악관(樂官)이다. ≪논어(論語)≫.][120]

【악공(樂工)】[관현으로 만든 악기를 다루는 장인이다.]

【악생(樂生)】[<'악공(樂工)'과> 같은 말이다.]

○ 【전두(纏頭)】[노래하고 춤추는 사람들의 이물(利物 사례비.)이다.]

◑章[樂竟爲一章. <毛>.] 成[樂一終. <書>.] 闋[曲一終.] 奏[樂一更端.] 徹章[樂之卒章.] 采[樂章.] 弄[曲名.] 艶[樂曲有艶, 艶在曲之前. 쟝다스름.] 趨[樂之卒章, 在曲之後. 여음.] 亂[仝.] 節奏[音樂緩急之度.] 樂府[音樂之府.] ○侏離. ○兜離[東夷樂.] 任[南夷樂.] 禁[西夷樂.] 眛[121][北夷樂.] ○[我東樂調]與民樂[여민락.] 令[녕有二十章.] 前引子. ○後引子. ○步虛詞[仝.] 慢[亦有數章.] 雅樂[有隆美顯化貞明大猷等九變, 用於各位世室.] 中大葉[즁한닙.] 後庭花[후졍화.] 羽調[우죠.] 界面調[계면죠.] 樂時調[낙시죠.] 漫行[만힝 .] 弄[롱.] 靈山會上[녕산회샹.] ○太師[樂官. <語>.] 樂工[執管絃之工.] 樂生[仝.] ○纏頭[歌舞者利物.]

○ 【암(韽)】[독음은 '□(□)'이며, 음악이 겨우 들릴 만큼 소리가 작은 것이다.]

이 편안하고 여유로웠다."〔歌唱則中大葉, 平調・界面之類, 聽者足以忘憂憤養和適, 舞者亦容止舒暢, 意態安閑.〕라고 하였다.

120 태사(太師) : ≪논어(論語)≫ <미자(微子)>에 "태사 지는 제나라로 가고, 아반 간은 초나라로 가고, 삼반 요는 채나라로 가고, 사반 결은 진나라로 가고, ….〔大師摯適齊, 亞飯干適楚, 三飯繚適蔡, 四飯缺適秦,….〕"라고 하였다.

121 眛 : '昧'의 잘못으로, 국역에서는 '昧'로 바로잡아 옮긴다.

【탄완(嘽緩)】[음악 소리가 느린 것이다.]

【첨체(沾懘)】[음악이 조화롭지 않은 것이다.]

【초쇄(噍殺)】[<음악이> 조급한 것이다.]

【표창(嘌唱)】[정(鄭)나라와 위(衛)나라에서 바람직하지 못하게 유행하던 음악이다.]

【왜(哇)】[음란한 소리이다.]

【절(節)】[<음악이> 화목하고 즐거운 것이다.]

【음(淫)】[<음악이> 외람스러운 것이다.]

○䶔[音□[122], 樂之微聲.] 嘽緩[樂聲舒緩也.] 沾懘[音不和.] 噍殺[嘶急也.] 嘌唱[鄭・衛汎濫之音.] 哇[淫聲.] 節[和樂也.] 淫[過濫也.]

◑ **【금(琴)】**[복희(伏羲)가 금(琴)을 만들었다. 혹자는 신농(神農)이 만든 것으로, 본래는 5현(五絃)이었으나 문왕(文王)이 소궁(少宮)과 소상(少商)의 2현(二絃)을 더하였다고 말한다.]

【동군(桐君)】[<'금(琴)'>과 같은 말이다. ≪후한서(後漢書)≫.][123]

【이(離)】[대금(大琴)이다. ≪이아(爾雅)≫.][124]

○ **【조(槽)】**[금(琴)의 배 부분<에 현을 올려놓는 움푹 파인 격자(格子)>이다.]

【진(軫)】[조(槽)의 아래쪽 널빤지이다.]

【단(斷)】[금(琴)에 터서 생긴 무늬 같은 금〔斷紋〕으로, 매화단(梅花斷)이니 사복단(蛇腹斷)이니 하는 이름이 있다.]

【지(池)】[금(琴)의 윗부분이다. <□>.]

---

122 □ : 원본에 독음 표기가 누락되었다.

123 동군(桐君) : 송(宋) 진사도(陳師道)의 <소식(蘇軾)의 '서호에서 달맞이하며 거문고 소리를 듣다'에 차운하여〔次韻蘇公西湖觀月聽琴〕>라는 시에 "인생에서 무엇이 더 필요하겠나, 술과 동군이 있거늘.〔人生亦何須, 有酒與桐君.〕"이라 한 용례가 있다. 오동나무로 금(琴)을 만들기 때문에 불린 이름이다.

124 이(離) : ≪이아(爾雅)≫ <석악(釋樂)>에 "대금을 '이(離)'라고 부르고, 소금(小琴)을 '응(應)'이라고 부른다.〔大琴謂之離, 小者謂之應.〕"라고 하였다.

【빈(濱)】[금(琴)의 아랫부분이다.]

【현(絃)】[<금(琴)의> 줄이다.]

【마자(馬子)】[<금(琴)의> 괘(棵 현(絃)을 괴는 작은 받침. 금주(琴柱), 곧 줄받침이다. ㅁ)이다. ≪역어유해(譯語類解)≫.]

【발(撥)】[<금(琴)을> 타는 곳이다.]

【휘(徽)】[금절(琴節)로, 패옥(貝玉)을 손가락에 끼우고 누르는 곳이다. 점을 찍어놓은 것이 마치 별〔星〕과 같기 때문에 본래는 '휘(暉)'자로 썼는데 나중에 와전되어 '휘(徽)'자가 되었다.]

○ **【장(張)】**[금(琴)의 줄을 매는 것이다.]

【고(鼓)】[금(琴)을 타는 것이다.]

【농연(攏撚)】[왼손으로 줄을 눌러서 <소리를> 좋게 하는 것이다.]

【해행(蟹行)】[금(琴)을 타며 손가락을 옮기는 것이다.]

【난명(鸞鳴)】[손가락을 옆으로 기울여 옮기는 것이다.]

【금창(琴暢)】[화목하고 즐거워서 연주하는 것이다〔和樂而作.〕]

【금조(琴操)】[근심걱정에 휩싸여서 연주하는 것으로, 의란조(猗蘭操)나 구산조(龜山操) 같은 부류이다.]

【현금(玄琴)】[우리나라에서는 금(琴)을 이해하지 못하여 6현(絃)으로 개조하였는데, 3현은 줄받침〔柱〕으로 받치고, 3현은 16개의 괘(棵)로 받쳤다. 신라 때에 만들었는데, 검은 학이 날아와 춤을 추었기 때문에 이름을 현학금(玄鶴琴)이라 하였고 나중에 마침내 '현금(玄琴)'이라 부르게 되었다. 거문고.]

◐琴[伏羲作琴. 或云神農所作, 本五絃, 文王加少宮・少商二絃.] 桐君[仝. <后>.] 離[大琴. <爾>.] ○槽[琴腹.] 軫[槽下板.] 斷[琴上斷文, 有梅花斷・蛇腹斷之名.] 池[琴上. <□[125]>.] 濱[琴下.] 絃[줄.] 馬子[괘. <譯>.] 撥[타ᄂᆞᆫ듸.] 徽[琴節, 以貝玉塡之於指按之處. 點點如星, 故本作暉字, 而後誤爲徽字.] ○張[張琴弦.] 鼓[彈琴.] 攏撚[以左手按弦而弄之.] 蟹行[彈琴轉指.] 鸞鳴[側轉指.] 琴暢[和樂而作.] 琴操[憂愁而作, 如猗蘭操・龜山操之類.] 玄琴[我東不

---

125 □ : 원본에 출처 표기가 누락되었다.

能解琴, 改作六絃, 而三絃則以柱承之, 三絃則以十六捰[126]承之. 新羅時刱造, 有玄鶴來舞, 故名爲玄鶴琴, 後遂稱玄琴. 거문고.]

◑ **[해금(奚琴)]** ['해(奚)'는 거란국(契丹國)의 마상금(馬上琴)이다. 해금.]

○ **[가야금(伽倻琴)]** [민간에서는 최 고운(崔孤雲 신라 최치원(崔致遠)의 별호.)이 만든 것이라고 전한다. 개약고(가야금의 옛 말.).]

○ **[완함(阮咸)]** [완함(阮咸 중국 서진(西晉) 때의 문인, 음악가.)이 만든 것으로, 구리로 만들었다.]

[월금(月琴)] [<'완함(阮咸)'과> 같은 말이다.]

○ **[양금(洋琴)]** [서양 국가에서 유래한 것으로, 구리로 만든 줄로 현(絃)을 삼는다.]

◑奚琴[奚, 契丹國馬上琴也. 히금.] ○伽倻琴[俗傳崔孤雲所制也. 개약고.] ○阮咸[阮咸所作, 以銅爲之.] 月琴[仝.] ○洋琴[出西洋國, 以銅絲爲絃.]

◑ **[슬(瑟)]** [복희(伏羲)가 만든 것으로, 본래는 50현(絃)이었으나, 나중에 줄여서〔折〕 25현으로 만들었다.]

[쇄(灑)] [대슬(大瑟)이다. ≪이아(爾雅)≫.][127]

[금슬(錦瑟)] [무늬를 그려 넣은 것이 마치 비단과 같은 것이다.]

○ **[월(越)]** [슬(瑟)의 바닥에 난 구멍이다. ≪예기(禮記)≫ <악기(樂記)>에 "누인 명주실에 바닥이 트였다.〔朱絃疏越.〕"라 하였다.][128]

○ **[보(步)]** [슬(瑟)만 가지고 연주하는 것을 '보(步)'라 한다.]

---

126 捰 : '棵'의 잘못으로, 국역에서는 '棵'로 바로잡아 옮긴다.

127 쇄(灑) : ≪이아(爾雅)≫ <석악(釋樂)>에 "대슬을 '쇄(灑)'라 부른다.〔大瑟謂之灑.〕"라고 하였다.

128 월(越) : ≪예기(禮記)≫ <악기(樂記)>에는 "청묘악(淸廟樂)을 연주할 때 사용하는 슬(瑟)은 주현(朱弦)이고 바닥이 트였다.〔淸廟樂之瑟, 朱弦而疏越.〕"라고 하였는데, 정현(鄭玄)의 주에 "주현은 누인 명주실로 만든 줄이다. 누이면 소리가 탁해진다.〔朱弦, 練朱絃. 練則聲濁.〕"라고 하였다.

◑瑟[伏羲所作, 本五十絃, 後折爲二十五絃.] 灑[大瑟. <爾>.] 錦瑟[繪紋如錦.] ○越[瑟底下孔. <樂記>: "朱絃疏越."] ○步[徒鼓瑟謂之步.]

◑ **[비파(琵琶)]** [옛 사람이 말 위에서 <연주하던> 현악기이다. 손을 앞으로 미는 것을 '비(琵)'라 하고, 손을 뒤로 물리는 것을 '파(琶)'라 한다.]

[비파(鞞婆)] · **[호금(胡琴)]** [<'비파(琵琶)'>와 같은 말이다.]

[현도(絃鞉)] ['도(鞉)'는 '도(鼗 땡땡이.)'와 같은 말이다. 진(秦)나라 말기에 장성(長城)을 쌓는 노역으로 고통을 겪자 백성들이 현도(絃鞉)를 연주하였는데, 이름을 '비파(琵琶)'라 하였다.]

[진한자(秦漢子)] [비파(琵琶)가 몸통이 둥글고 목이 가늘고 작은 것을 '진한자(秦漢子)'라고 부르는데, 현도(絃鞉)에서 내려온 형태이다.]

[요전뢰(遶殿雷)] [비파(琵琶)의 이름이다.]

○ **[열(捩)]** [비파(琵琶)를 뜯는 것이다.]

○ **[알도복(戞圖腹)]** [비파(琵琶)를 타는 것이다. ≪운부군옥(韻府群玉)≫.[129]]

◑琵琶[故人馬上弦索也. 推手前曰琵, 却手後曰琶.] 鞞婆. ○胡琴[仝.] 絃鞉[鞉, 鼗仝. 秦末苦於長城之役, 百姓絃鞉而鼓, 名曰琵琶.] 秦漢子[琵琶圓體脩頸而小, 號秦沃[130]子, 蓋絃鞉之遺制也.] 遶殿雷[琵琶名.] ○捩[琵琶撥也.] ○戞圖腹[彈琵琶也. <玉>.]

◑ **[쟁(箏)]** [13현(絃)이며, 몽염(蒙恬 진(秦)나라 때의 장수.)이 만든 것이다.]

[장리(長離)] [대쟁(大箏)이다. ≪운부군옥(韻府群玉)≫.]

[대쟁(大箏)] [손가락으로 튕겨서〔彈〕 <연주하는 쟁(箏)이다>.]

---

129 ≪운부군옥(韻府群玉)≫ : 송(宋)나라 음유우(陰幼遇)가 <음절(音切)>에서부터 <초목(草木)>, <악명(樂名)>까지 다양한 분야를 부류별로 나누어 편찬한 운서(韻書)이자 유서(類書)이다. 주음(注音)을 먼저 하고 훈석(訓釋)을 붙이는 기술 방법을 취하였다. 청나라 때에 ≪패문운부(佩文韻府)≫를 편찬할 때, 이 책의 내용을 전부 옮겨 실었다.

130 沃 : '漢'의 잘못으로, 국역에서는 '漢'으로 바로잡아 옮긴다.

【아쟁(牙箏)】[싸리나무가지로 두드려서 <연주하는 쟁(箏)이다>.]

【풍쟁(風箏)】[쟁(箏)을 처마에 매달아두고 바람에 움직여서 소리를 내는 것이다.]

【철마(鐵馬)】[<'풍쟁(風箏)'>과 같은 말이다.]

○ 【진(蓁)】[쟁(箏)과 비슷한데 기러기발〔柱〕이 달렸고 7현(絃)이다.]

○ 【공후(箜篌)】[사연(師涓)이 만든 것으로, 미미지악(靡靡之樂)이다.][131]

【감후(坎篌)】[한(漢)나라 무제(武帝)가 후조(侯調)에게 명하여 만든 것이다. 두드려 소리를 내면 그 소리가 절주(節奏)에 감응하기 때문에 붙여진 이름인데, 잘못 전해져 '공후(箜篌)'를 일컫는다.]

【수공후(竪箜篌)】[몸체가 구부정하고 긴 공후(箜篌)이다.]

【벽(㻶)】[<'수공후(竪箜篌)'와> 같은 말이다.]

○ 【축(筑)】[쟁(箏)과 비슷하지만 목이 가는 것이다.]

◑箏[十三絃, 蒙恬所作.] 長離[大箏. <玉>.] 大箏[以手指彈.] 牙箏[以荊條戛之.] 風箏[懸箏詹[132]間, 風動成音.] 鐵馬[仝.] ○蓁[似箏有柱, 七絃.] ○箜篌[師涓所作, 靡靡樂.] 坎篌[漢武帝命侯調所制也. 擊坎, 坎應節, 故名之, 訛稱箜篌.] 竪[133]箜篌[體曲而長.] 㻶[仝.] ○筑[似箏而細項.]

◑ 【종(鐘)】[전욱(顓頊)이 비룡씨(飛龍氏)에게 명하여 홍종(洪鐘)을 만들었다. 일설에는 옛날에 수(垂)가 종(鐘)을 만들었다고 한다.]

【용(鏞)】[대종(大鐘)이다.]

【표(剽)】·【극(劇)】[중종(中鐘)이다.]

【잔(棧)】[소종(小鐘)이다.]

【박(鎛)】[독음은 '박(博)'이며, 소종(小鐘) 가운데 특종(特鐘)이다.]

---

131 공후(箜篌) : '공후'는 고대 현악기의 이름이다. '사연(師涓)'은 은(殷)나라의 악관(樂官)으로, 주왕(紂王)를 위해 미미지악(靡靡之樂)을 만들었다고 전한다.

132 詹 : '檐' 또는 '簷'의 잘못으로, 국역에서는 '처마'의 뜻으로 옮긴다.

133 竪 : '豎'의 俗字로, 국역에서는 '豎'로 바꾸어 옮긴다.

[특(特)] [종(鐘)은 큰 것을 '특(特)'이라 하고, 중간 크기인 것을 '박(鎛)'이라 하고, 작은 것을 '편(編)'이라 한다.]

[편종(編鐘)] [소종(小鐘) 열두 개를 잇달아 걸어놓은 것이다.]

[도(堵)] [열두 개의 종(鐘)이 하나의 틀에 나란히 있는 것이다.]

[도사(堵肆)] [종(鐘)이나 경(磬)을 절반만 매달아둔 것이 '도(堵)'이고, 전체를 매달아둔 것이 '사(肆)'이다.]

[가종(歌鐘)] [편종(編鐘) 가운데 두 틀〔二肆〕로 늘어놓는 것이다.][134]

○ **[난(欒)]** [종(鐘)의 아가리는 요령(鐃鈴)의 아가리와 같은데, 아가리의 양쪽 귀퉁이가 '난(欒)'이다.]

[선(銑)] [<'난(欒)'과> 같은 말이다.]

[우(于)] [선(銑 종 아가리의 양 귀퉁이.)의 사이를 '종순(鐘脣)'이라 부르는데, 위로 올라간다.]

[고(鼓)] [우(于)의 윗부분이다.]

[정(鉦)] [고(鼓)의 윗부분이다.]

[무(舞)] [정(鉦)의 윗부분이다.]

[선(旋)] [종현(鐘懸)이다.]

[선충(旋蟲)] [<'선(旋)'과> 같은 말이다.]

[간(幹)] [선충(旋蟲)<과 같은 말이다.>]

[미(攠)] [종(鐘)을 붙들어 매다는 곳이다.]

[포뢰(蒲牢)] [모습은 용(龍)을 닮았지만 작고 포효하기를 좋아하기 때문에 종(鐘) 위에 세우는데, 종 윗부분의 <매다는> 고리이다.]

[퇴(追)] [종을 매다는 끈이다. ≪맹자(孟子)≫.][135]

---

134 가종(歌鐘) : ≪춘추좌씨전(春秋左氏傳)≫ 양공(襄公) 11년 조에 "가종 두 틀〔歌鐘二肆〕"이라고 하였는데, 두예(杜預)의 주에 "'사(肆)'는 종을 배열해 다는 틀이다. 종 16개를 다는 것이 한 틀이니, 두 틀이면 종이 32개이다.〔肆, 列也. 縣鐘十六爲一肆, 二肆, 三十二枚.〕"라고 하였다.

135 퇴(追) : ≪맹자(孟子)≫ <진심 하(盡心下)>에 "고자가 '우임금의 음악이 문왕의 음악보다 낫습니다.'라 하였는데, 맹자가 '무슨 근거로 그렇게 말하는가?' 라고 되물으니, 고자가 '종을 매단 끈〔追〕이 벌레가 파먹은 듯 닳아서입니다.'

【전(篆)】[종대(鐘帶 종의 몸체에 볼록하게 튀어나온 전각(篆刻)한 무늬.)이다.]

【매(枚)】[전간(篆間)이다.]

【경(景)】[매간(枚間)이다.]

【종유(鐘乳)】[종(鐘)의 네 종대(鐘帶)에는 젖꼭지〔乳〕가 있는데, 그 젖꼭지를 셀 수 있기 때문에 젖꼭지〔乳〕를 '매(枚)'라고 한다.]

○ 【치(侈)】[종(鐘) 아가리의 넓은 곳이다.]

【엄(弇)】[독음은 '엄(掩)'이며, 종(鐘) 한 가운데의 넓은 곳이다.]

【조화(窕摦)】[소종(小鐘)이 <소리가 가는 것을> '조(窕)'라고 하고, 대종(大鐘)이 <소리가> 굵은 것을 '화(摦)'라고 한다. ≪춘추좌씨전(春秋左氏傳)≫.][136]

○ 【낙(落)】[종(鐘)에 희생(犧牲)의 피를 바르는 것이다.]

○ 【거(簴)】[종(鐘)이나 고(鼓)를 매다는 틀이다.]

【순(栒)】['순(簨)'과 같은 말이다. 거(簴) 위의 횡목으로, 종(鐘)이나 경(磬)을 매다는 곳이다.]

【업(業)】[종(鐘)이나 경(磬)<을 매다는> 횡목 위에 덧댄 큰 판자에 들쭉날쭉하게 새기는데 마치 톱니바퀴와 같은 모양이다.]

【숭아(崇牙)】[업(業)의 위에 채색으로 숭아(崇牙)를 만드는데, 우뚝한 모양이다.]

【식우(植羽)】[순거(栒簴)의 위에 깃털을 꽂은 것이다.]

【벽삽(璧翣)】[운삽(雲翣)을 그려 만들어서 벽(璧)을 올리고 오색 깃털을 아래로 늘어뜨려 순(栒)의 모퉁이 위에 꽂은 것이다.]

【갈할(碣磍)】[<'할(磍)'의> 독음은 '할(豁)'이며, 단단히 화가 난 모양이다. 거(簴)에 사나운 짐승을 새기는데 그 모습이 바로 갈할(碣磍)이다.]

【황황(趪趪)】[독음은 '황(黃)'이며, 종고(鐘鼓)를 거는 틀〔簴〕에 <새긴> 짐

라고 하였다.〔高子曰: 禹之聲, 尙文王之聲. 孟子曰: 何以言之. 曰: 以追蠡.〕"는 용례가 있다.

136 조화(窕摦) : ≪춘추좌씨전(春秋左氏傳)≫ 소공(昭公) 21년 조에 "종(鐘)은 작은 것은 소리가 너무 가늘지 않고 큰 것은 소리가 너무 굵지 않으면 여러 악기의 소리와 조화를 이룬다.〔夫鐘, 小者不窕, 大者不槬, 則和於物.〕"라고 하였다.

승의 모습이다.]

○ **【종(樅)】** [종고(鐘鼓)를 두드리는 것이다. 북채.]

【수(脩)】 [종(鐘)만 두드리는 것이다.]

【화경(華鯨)】 [포뢰(蒲牢 고래를 두려워하고 우는 소리가 매우 컸다는 전설상의 짐승.)는 고래를 두려워하므로 종(鐘) 위에 포뢰를 세워놓고 나무에 고래의 모습을 새긴 다음, 두드려서 소리를 내는 것이 '화경'이다.]

【화종(華鐘)】 [<'화경(華鯨)'과> 같은 말이다.]

○ **【측〔착〕(笮)】** [독음은 '측(仄)'이며, 종(鐘)이 아가리가 넓어서 소리가 줄고 좁아지는 것이다.]

【울(鬱)】 [종(鐘)이 아가리가 작아서 소리가 답답한 것이다. ≪주례(周禮)≫.]

【황황(喤喤)】・**【갱장(鏗鏘)】** [종(鐘)의 소리이다.]

【흠흠(欽欽)】 [종소리가 절도가 있는 것이다. ≪모시(毛詩)≫.][137]

【용용(舂容)】 [종소리의 여향(餘響)이다.]

○ **【균(均)】** [길이가 일곱 자인데, 실로 매달아 종(鐘)의 소리를 고르게 하는 것이다.]

◑鐘[顓頊命飛龍氏鑄洪鐘. 一云古者垂作鐘.] 鏞[大鐘.] 剽. ○劇[中鐘.] 棧[小鐘.] 鎛[音博, 小鐘特鐘.] 特[鐘大曰特, 中曰鎛, 小曰編.] 編鐘[小鐘十二編而懸之.] 堵[十二鐘同在一簴者.] 堵肆[凡懸鐘磬之半爲堵, 全爲肆.] 歌鐘[卽編鐘中二律[138].] ○欒[鐘口如鈴口, 口之兩角爲欒.] 銑[仝.] 于[銑間名鐘脣上袪也.] 鼓[于上.] 鉦[鼓上.] 舞[鉦上.] 旋[鐘懸.] 旋蟲[仝.] 幹[旋蟲.] 攠[鐘受係處.] 蒲牢[形似龍而小, 好吼, 故立鐘上, 卽鐘上紐也.] 追[鐘紐也. <孟>.] 篆[鐘帶.] 枚[篆間.] 景[枚間.] 鐘乳[鐘四帶有乳, 以其乳可數, 故乳曰枚.] ○侈[鐘口寬也.] 弇[音掩. 鐘中央寬也.] 窕摦[小鐘□□[139]曰窕, 大鐘橫大口[140]摦.

---

137 흠흠(欽欽) : ≪시경(詩經)≫ <소아(小雅)・고종(鼓鐘)>에 "종을 두드리니 뎅뎅뎅 울리고, 비파를 타고 거문고를 타노라.〔鼓鐘欽欽, 鼓瑟鼓琴.〕"라고 하였는데, 공영달(孔穎達)의 소(疏)에 "여기에서 '흠흠'도 또한 종소리이다.〔此欽欽亦鐘聲也.〕"라고 하였다.

138 律 : '肆'의 잘못으로, 국역에서는 '肆'로 바로잡아 옮긴다.

<左>.] ○落[釁鐘.] ○簴[鐘鼓柎也.] 栒[簨仝. 簴上橫木, 所以懸鐘磬者.] 業[加鐘磬橫木上大板, 刻之捷業, 如鉅齒者.] 崇牙[業上, 以采色爲崇牙, 狀樅樅然也.] 植羽[樹羽栒簴上者.] 璧翣[畫繪爲翣, 載以璧, 垂五采羽於下, 樹於栒之角上.] 碣磍[音豁, 勁怒貌. 簴刻猛獸, 其形卽碣磍也.] 趪趪[音黃. 簴獸猛貌.] ○樅[撞鐘鼓者. 북치.] 脩[徒鼓鐘也.] 華鯨[蒲牢畏鯨, 故立蒲牢於鐘上, 以木刻鯨魚形, 擊之聲華鯨.] 華鐘[仝.] ○窄[音仄. 鐘口寬, 則聲迫窄也.] 鬱[鐘弇則聲盍. <周>.] 喤喤・鏗鏘[鐘聲也.] 欽欽[鐘聲有節. <毛>.] 舂容[鐘聲餘響.] ○均[長七尺, 係之以絲, 以均鐘音.]

◑ **[발(鈸)]** [요발(鐃鈸). 제금(提金).]

[초자(草子)] · **[포발(鋪鈸)]** [<'발(鈸)'과> 같은 말이다.]

○ **[금순(金錞)]** [모양은 종(鐘)과 비슷한데, 윗부분이 크고 배가 홀쭉하다. 아가리에는 엎드려 있는 짐승으로 손잡이〔鼻〕를 만들고, 안쪽에 방울을 매달고 흔들어서 소리를 내어 북소리〔鼓〕에 호응한다.]

[순우(錞于)] · **[망통(芒筒)]** [<'금순(金錞)'과> 같은 말이다. ≪주례(周禮)≫의 주(注).][141]

◑鈸[鐃鈸. 져김.] 草子. ○鋪鈸[仝.] ○金錞[形似鐘, 頂大腹揫, 口弇以伏獸爲鼻, 內懸鈴子, 振鳴和鼓.] 錞于. ○芒筒[仝. <周注>.]

◑ **[고(鼓)]** [혁음(革音 가죽으로 만든 악기의 소리.)의 악기이다. 이기씨(伊耆氏)가 토고(土鼓)를 만들고, 소호씨(少昊氏)가 건고(建鼓)를 만들었다. 북.]

---

139 □□ : 원본에 두 글자가 빠졌다. 국역에서는 ≪춘추좌씨전≫의 기록을 참조하여 의미를 보충하여 옮긴다.

140 口 : '曰'의 잘못으로, 국역에서는 '曰'로 바로잡아 옮긴다.

141 순우(錞于) : ≪주례(周禮)≫ <지관(地官)・고인(鼓人)>에 "금순으로 북에 호응한다.〔以金錞和鼓.〕"라고 하였는데, 정현(鄭玄)의 주에 "순(錞)은 순우이다. 방앗공이처럼 둥글며 위는 크고 아래는 작은데, 이것을 울려서 북과 서로 호응한다.〔錞, 錞于也. 圜如碓頭, 大上小下, 鳴之與鼓相和.〕"라고 하였다.

[분(鼖)] [대고(大鼓)이다.]

[노고(路鼓)] [<'분(鼖)'과> 같은 말이다.]

[응고(應鼓)] [소고(小鼓)이다.]

[족고(足鼓)] [하후씨(夏后氏) 때의 고(鼓)로, 받침대〔柎〕 위에 북을 안치한 것이다.]

[절고(節鼓)] [<'족고(足鼓)'와> 같은 말이다.]

[영고(楹鼓)] [은(殷)나라 때의 고(鼓)로, 기둥 하나를 만들어 사방을 모가 지게 하여 북을 기둥의 끝에 꿰어 넣은 것이다.]

[현고(縣鼓)] [주(周)나라 때의 고(鼓)로, 북틀을 세우고 북을 매달아 놓은 것이다.]

[건고(建鼓)] [형태는 영고(楹鼓)와 같은데, 윗부분에 날개를 펼친 난새를 만들고 사방 모서리에는 용을 새긴 장대를 두어 모두 유소(流蘇)를 달아맨〔御〕 것이다.]

[뇌고(雷鼓)] · **[영고(靈鼓)]** [소고(小鼓) 여덟 개를 함께 하나의 끈에 매단 것으로, 사직(社稷)<에 제사를 지낼 때>에 사용한다.]

[노고(露鼓)] [죽은 사람의 혼백에게 제사를 지낼 때에 사용하는 것이다.]

[토고(土鼓)] [질항아리〔瓦〕로 몸통〔匡〕을 만들고 가죽으로 면(面)을 만드는데, 더위가 처음 드는 것을 맞이하고 추위가 처음 드는 것을 맞이할 때에 사용하는 것이다.]

[진고(晉鼓)] [크고 짧은 것으로, 군대를 정돈할 때에 사용하는 것이다.]

[고(鼛)] [노역을 할 때에 사용하는 북이다.]

[척(鼜)] [살피고 경계할 때에 사용하는 북이다.]

[아고(衙鼓)] [관아(官衙)에서 급한 일이 있을 때 치던 북〔嚴鼓〕이다.]

[인(朄)] [독음은 '인(印)'이며, 소고(小鼓)로, 두드려서 음악 소리를 끌어내는 것이다.]

[도(鼗)] [독음은 '도(逃)'이며, 북〔鼓〕과 비슷하지만 작다. 그 손잡이를 잡고 흔들면 양쪽 귀가 되돌아와 스스로 친다.]

[마(麻)] [큰 도(鼗)이다.]

【요(料)】［작은 도(鼗)이다.］

【제고(提鼓)】［말 위에서 치는 북〔鼓〕이다. 구부정한 손잡이가 달려 있다.］

【갈고(羯鼓)】［옻 통〔漆桶〕을 닮았으며, 양쪽 머리를 함께 두드린다.］

【양장고(兩杖鼓)】［<'갈고(羯鼓)'와> 같은 말이다.］

【수고(手鼓)】［납작하고 작은데, 손잡이가 달려 있다. 노래를 하는 사람이 왼손으로 붙잡고 오른손으로 두드린다. 지금은 동냥을 하는 승려(원주: 동냥거사.)가 두드리는 것이 바로 이것이다. 소고.］

【어고(魚鼓)】［대나무를 잘라서 몸통을 만들고 가죽을 머리에 씌운 것으로, 손가락으로 두드린다. 지금 어린아이들이 하돈(河豚 참복과의 바닷물고기를 통틀어 이르는 말.)의 껍질로 북을 만든 것이 이것이다.］

【죽동고(竹銅鼓)】［서너 자 되는 큰 대나무를 몸통을 깎아내고, 두 개의 현(絃)을 만든 다음에 지주로 현을 지탱시키고 두드려 동고(銅鼓)의 소리를 낸다.］

【부(拊)】［모양은 가죽으로 만든 주머니를 닮았으며, 겨〔糠〕 따위를 채워 넣는데, 두드리는 소리는 온화하고 부드럽다.］

【상(相)】［<'부(拊)'와> 같은 말이다. ≪예기(禮記)≫.］[142]

○ **【상(鑲)】**［독음은 '상(顙)'이며. 북을 담는 통〔鼓匡〕이다. 북통.］

【와(㼘)】［독음은 '와(瓦)'이며, <'상(鑲)'과> 같은 말이다.］

【고도(皐陶)】［<'도(陶)'의> 독음은 '도(挑)'이며, <'상(鑲)'과> 같은 말이다.］

【면(面)】［가죽으로 <만든 면으로> 타격을 받는 곳이다.］

【포(枹)】［'부(桴 북채.)'와 같은 말이다. 고장(鼓杖). 북채.］

【괴부(蕢桴)】［가죽으로 방망이를 만들어 북을 두드리는 것이다. ≪예기(禮記)≫.］[143]

---

142 상(相) : ≪예기(禮記)≫ <악기(樂記)>에 " 현·포·생황 등을 모으고 부고(拊鼓)를 준비하여〔弦匏笙簧, 會守拊鼓.〕"라고 하였는데, 주(注)에 "'부(拊)'라는 것은 갈대로 겉을 만들고 겨를 채워 넣은 것인데, '상(相)'이라고도 부른다. 지금 제나라 사람들은 간혹 겨를 '상'이라고 부르기도 한다.〔拊者, 以韋爲表, 裝之以糠, 一名相. 今齊人或謂糠爲相.〕"라고 하였다.

[고족(鼓足)] [북틀.]

○ **[만(鞔)]** [독음은 '□(□)'이며, 북통에 <가죽을 대고 당겨서> 메우는 것이다.]

[모고(冒鼓)] [북메우다(북통에 가죽을 대고 팽팽하게 당겨서 메우는 일.).]

[운인(韗人)] ['운(韗)'의 독음은 '운(運)'이며, 날가죽을 손질하여 북을 만드는 장인이다.]

[만공(鞔工)] [북을 메우는〔冒鼓〕 장인이다.]

[벌(伐)] [북을 두드리다.]

[격(擊)] · **[타(打)]** · **[고(考)]** · **[알(戞)]** [<'벌(伐)'과> 같은 말이다. ≪서경(書經)≫.]

[악(咢)] [북만 두드리는 것이다. ≪모시(毛詩)≫.][144]

[추고(搥鼓)] [북을 두드리는 것이다.]

[응(應)] [<북을> 살살 두드리는 것이다.]

[첩(疊)] [<'응(應)'과> 같은 말이다.]

[뇌(擂)] [북을 빠르게 두드리는 것이다.]

[해(駭)] [번개처럼 빠르게 북을 두드리는 것이다.]

[찰〔잡〕(鼜)] [독음은 '찰(擦)'이며, 북의 가장자리를 두드리는 것이다.]

○ **[용(龖)]** [독음은 '룡(龍)'이며, 북의 가죽을 씌운 면이 넓은 모양이다.]

○ **[부(鈸)]** [북을 두드리는 소리이다. ≪서경(書經)≫.][145]

[당탑(闛鞳)] · **[동동(鼕鼕)]** · **[등등(鼟鼟)]** · **[융룽(𪔵𪔵)]** · **[당당(鼞鼞)]** · **[감감(坎坎)]** · **[당당(鏜鏜)]** [북을 두드리는 소리이다.]

○ **[면(面)]** [북소리를 헤아려서 대면하는 것이다.]

---

143 괴부(蕢桴) : ≪예기(禮記)≫ <명당위(明堂位)>에 "토고 · 괴부 · 위약은 이기씨가 만든 악기이다.〔土鼓 · 蕢桴 · 葦籥, 伊耆氏之樂也.〕"라고 하였다.

144 악(咢) : ≪시경(詩經)≫ <대아(大雅) · 행위(行葦)>에 "육장을 올리고, 불고기와 산적도 올린다. 좋은 안주로 지라와 주둥이 살에다, 노래하기도 하고 북만 치기도 하노라.〔醓醢以薦, 或燔或炙. 嘉殽脾臄, 或歌或咢.〕"라고 하였다.

145 부(鈸) : ≪주례(周禮)≫ <대사마(大司馬)>의 주에 ≪서경(書經)≫을 인용하여 "앞선 군사들은 북을 두드리며 소란스러웠다.〔前師乃鼓鈸譟.〕"라고 하였다.

○ 【잠모(岑牟)】[북을 맡아보는 관리가 착용하던 모자이다. ≪사기(史記)≫.][146]

◑鼓[革音之器. 伊耆氏造土鼓, 少昊氏作建鼓. 북.] 鼖[大鼓.] 路鼓[仝.] 應鼓[小鼓.] 足鼓[夏后氏之鼓, 置鼓于拊[147]上.] 節鼓[仝.] 楹鼓[殷之鼓, 爲一楹而四稜, 貫鼓於端.] 縣鼓[周之鼓, 植栒簴而縣之也.] 建鼓[制如楹鼓, 上設翔鸞, 四角有龍竿, 皆御流蘇.] 雷鼓. ○靈鼓[八小鼓同縣一紐, 用之社稷.] 露鼓[祭人鬼用之.] 土鼓[以瓦爲匡, 以革爲面, 迎暑迎寒用之.] 晉鼓[大而短, 振旅用之.] 鼛[役事鼓.] 鼜[守戎[148]鼓.] 鞀鼓[官衙嚴鼓.] 鞇[音印, 小鼓, 擊引樂聲者.] 鼗[音逃, 如鼓而小. 持其柄搖之, 兩耳還自擊.] 麻[大鼗.] 料[小鼗.] 提鼓[馬上鼓也. 有曲柄.] 羯鼓[如桼[149]筩, 兩頭俱擊.] 兩杖鼓[仝.] 手鼓[匾而小, 有柄. 歌者左手執而右手擊之. 今抄化乞土(논랑거ᄉ)所鼓者, 卽此也. 쇼고.] 魚鼓[截竹爲筩, 皮冒其首, 以指擊之. 今小兒以河豚皮爲鼓者, 此也.] 竹銅鼓[大竹三四尺, 剜其體, 爲兩絃, 以柱支絃而鼓之, 作銅鼓聲.] 拊[狀如革囊, 實以糠類, 鼓聲則和柔.] 相[仝. <禮>.] ○鼝[音顙, 鼓匡. 북통.] 瓶[音瓦, 仝.] 皐陶[音挑. 仝.] 面[革受擊處.] 枹[桴仝, 鼓杖. 북채.] 蕢桴[以革爲椎而擊鼓也. <禮>.] 鼓足[북틀.] ○鞔[音□[150], 冒鼓.] 冒鼓[북메우다.] 韗人[韗音運, 攻皮治鼓工也.] 鞔工[冒鼓匠.] ○伐[擊鼓.] 擊. ○打. ○考. ○戞[仝. <書>.] 咢[徒擊鼓. <毛>.] 搥鼓[擊鼓.] 應[小擊.] 疊[仝.] 擂[疾擊鼓.] 駭[疾雷擊鼓.] 鼕[音擦, 打鼓邊.] ○鼘[音龍, 鼓皮寬貌.] ○鼖[鼓聲. <書>.] 闐鞈·鼛鼛·鼟鼟·鼞鼞·鼘鼘·坎坎·鏜[鼓聲.] ○面[數鼓聲以面.] ○岑牟[鼓吏之冠. <史>.]

---

146 잠모(岑牟) : 예전에 군대에서 고각(鼓角)을 맡은 관리가 착용하던 모자이다. '모(牟)'는 '무(鍪)'와 통용되는데, 모자가 위쪽이 뾰족하여 붙여진 이름이다. ≪후한서(後漢書)≫ <예형전(禰衡傳)>에 "모두 원래 입고 있던 옷을 벗고 잠모와 단교의 복장으로 갈아입게 하였다.〔皆令脫其故衣, 更著岑牟單絞之服.〕"라고 하였다.

147 拊 : '柎'의 잘못으로, 국역에서는 '柎'로 바꾸어 옮긴다.

148 戎 : '戒'의 잘못으로, 국역에서는 '戒'로 바꾸어 옮긴다.

149 桼 : '漆'의 이체자로, 국역에서는 '漆'로 바꾸어 옮긴다.

150 □ : 원본에 독음 표기가 누락되었다.

◑ **【요고(腰鼓)】**［큰 것은 질항아리〔瓦〕로 몸통을 만들고, 작은 것은 나무를 사용하는데, 머리 쪽은 넓적하고 허리 쪽은 가늘다. 장고.］

【모원고(毛員鼓)】·**【계루고(鷄婁鼓)】**［<'요고(腰鼓)'와> 같은 말이다.］

◑腰鼓[大者以瓦爲匡, 小者以木, 廣首纖腰. 쟝고.] 毛員鼓. ○鷄婁鼓[仝.]

◑ **【경(磬)】**［팔음(八音 금(金)·석(石)·사(絲)·죽(竹)·포(匏)·토(土)·혁(革)·목(木).) 가운데 돌〔石〕<로 만든 악기>이다. 무구씨(無句氏)가 경(磬)을 만들었다. 일설에는 백기(伯夔)가 경(磬)을 만들었다고 한다.］

【사빈우(泗濱友)】［<'경(磬)'과> 같은 말이다.］

【특경(特磬)】［하나의 경(磬)을 하나의 틀〔簴〕에 매단 것이다.］

【편경(編磬)】［16개의 경(磬)을 하나의 틀〔簴〕에 매단 것이다.］

【생경(笙磬)】［생(笙)에 호응하는 경(磬)이다.］

【송경(頌磬)】［노래〔歌〕에 호응하는 경(磬)이다.］

【부경(浮磬)】［물속에 있는 돌이 마치 물위에 떠있는 것 같다.］[151]

【효(囂)】［독음은 '효(鴞)'이며, 큰 경(磬)이다.］

【천구(天球)】［옥(玉)으로 만든 경(磬)이다.］

【뇌경(雷磬)】·**【호경(琥磬)】**·**【운뢰경(雲雷磬)】**［주(周)나라 때의 경(磬)의 이름이다.］

○ **【건(搴)】**［독음은 '건(蹇)'이며, 경(磬)만 치는 것이다.］

○ **【방향(方響)】**［쇠로 만들며, 그 형태는 작은 패(牌)처럼 장방형인데, 역시 16개를 이어서 매단다.］

○ **【풍경(風磬)】**［옥(玉)으로 만들며, 모양은 방울〔鐸〕을 닮았는데, 처마에 매달아 바람이 불어 혀〔舌〕를 움직이면 소리가 나는데 경(磬)<의 소리와> 비슷하다.］

---

151 부경(浮磬) : ≪서경(書經)≫ <우공(禹貢)>에 "사수(泗水) 물가에 떠있는 경쇠로다.〔泗濱浮磬.〕"라고 하였는데, 공영달(孔穎達)의 소(疏)에 "돌이 물가에 있는데 물속에서 돌을 보면 마치 물속에 떠있는 것처럼 보이는데, 이 돌로 경(磬)을 만들 수 있기 때문에 부경이라 부른다.〔石在水旁, 水中見石, 似若水中浮然, 此石可以爲磬, 故謂之浮磬也.〕"라고 하였다.

◑磬[八音之石. 無句氏作磬. 一云伯夔作磬.] 泗濱友[仝.] 特磬[一磬縣一簴.] 編磬[十六磬縣一簴.] 笙磬[應笙之磬.] 頌磬[應歌之磬.] 浮磬[水中石若水上浮然.] 鑋[音鴞, 大磬.] 天球[玉磬.] 雷磬. ○琥磬. ○雲雷磬[周磬名.] ○寋[音蹇, 徒擊磬.] ○方響[以鐵爲之, 其形長方如小牌, 亦編十六縣之.] ○風磬[以玉爲之, 狀如鐸, 縣於簷間, 風動舌有聲, 若磬.]

◑ **[생(笙)]** [박〔匏〕의 속에 피리〔管〕를 늘어놓고 피리〔管〕의 끝부분에 혀〔簧〕(리드(reed).)를 붙인 것이다. 큰 것은 혀〔簧〕가 19개이다. 여와씨(女媧氏)가 만들었다.]

[황(簧)] [생(笙)의 피리〔管〕 속에 있는 설금엽(舌金葉)이다.]

[소(巢)] [본래는 '소(簝)'라고 쓰는데, 큰 생(笙)이다. ≪이아(爾雅)≫.][152]

[화(和)] [작은 생(笙)이다. ≪이아(爾雅)≫. 생(笙)만 부는 것을 역시 '화(和)'라고 한다.][153]

[월당(月堂)] [박〔匏〕의 표면의 율관(律管)을 늘어놓은 곳이다.]

○ **[융예(融裔)]** [생(笙)의 소리가 느긋한 것이다.]

○ **[간(竿)]** [36관(管)이고 길이는 네 자 한 치로, 생(笙)과는 다른 악기이나 어울려 조화를 이룬다.]

◑笙[列管匏中, 貼簧管端. 大者十九簧. 女媧氏作.] 簧[笙竽管中舌金葉也.] 巢[本作簝, 大笙. <爾>.] 和[小笙. <爾>. 徒吹, 亦謂之和.〕 月堂[匏面列管處.] ○融裔[笙聲悠長也.] ○竿[三十六管, 長四尺一寸, 與笙異器而同和.]

◑ **[소(簫)]** [작은 대나무 율관(律管)을 잇대어서 만드는데, 들쭉날쭉하며 가지런하지 않다. 봉황의 꼬리깃털을 닮은 것을 '봉소(鳳簫)'라 한다.]

---

152 소(巢) : ≪이아(爾雅)≫ <석천(釋天)>에 "큰 생(笙)을 '소(巢)'라 한다.〔大笙謂之巢.〕라고 하였다.

153 화(和) : ≪이아(爾雅)≫ <석천(釋天)>에 "작은 생(笙)을 '소(和)'라 한다.〔小笙謂之和.〕라고 하였다.

【언(言)】['언(管)'이라고도 쓰는데, 큰 소(簫)이다. ≪이아(爾雅)≫.][154]

【효(筊)】[작은 소(簫)이다. ≪이아(爾雅)≫.][155]

【소소(韶簫)】[10개의 율관(律管)을 잇대어 엮은 것이다.]

【퉁소〔통소〕(洞簫)】[소(簫)가 밑〔底〕이 없는 것이다. 밑〔底〕이 없기 때문에 '통(洞)'이라 한다. 지금의 특관(特管)이 아니며, 피리〔笛〕와 비슷한 것이다.]

【참치(參差)】[퉁소(洞簫)의 이름이다.]

【뇌(籟)】[소(簫)를 다르게 부르는 이름이다.]

○【도(跳)】[소(簫)의 소리가 마치 끊어진 것 같다가 다시 커지는 것이다.]

◑簫[編小竹管爲之, 參羌[156]不齊. 象鳳尾曰鳳簫.] 言[一作管, 大簫. <爾>.] 筊[小簫. <爾>.] 韶簫[編十管.] 洞簫[簫之無底者. 無底故曰洞. 非今之特管, 似笛者也.] 參差[洞簫名.] 籟[簫別名.] ○跳[簫聲似滅復振也.]

◑【적(笛)】[구멍이 일곱 개인 소(簫)이다. 저(젓대).]

【아적(雅笛)】[구멍이 일곱 개인 것이다.]

【강적(羌笛)】[구멍이 세 개인 것이다. ≪주례(周禮)≫.]

【횡취(橫吹)】[적(笛)은 뉘어서 불기 때문에 붙여진 이름이다.]

○【후출(後出)】[적(笛)은 본래 구멍이 네 개였는데, 경방(京房 전한(前漢)의 금문경학가(今文經學家).)이 아래에 구멍을 하나 늘려서 상성(商聲)을 삼았기 때문에 아래의 구멍을 '후출(後出)'이라고 부른다.]

【총동(鏓硐)】[칼로 대나무의 마디를 뚫어서 적(笛)을 만든다.]

【전련〔전난〕(寶赧)】['난(赧)'는 독음이 '련(輦)'이다. 피리〔笛〕 소리가 느린 것이다.]

【우알〔유압〕(窳圔)】[독음은 '우알(宇遏)'이며, 피리〔笛〕 소리가 낮아지는 것

154 언(言) : ≪이아(爾雅)≫ <석악(釋樂)>에 "큰 소(簫)를 '언(言)'이라 한다. 〔大簫謂之言.〕"라고 하였다.

155 효(筊) : ≪이아(爾雅)≫ <석악(釋樂)>에 "작은 것〔簫〕을 '효(筊)'라 한다. 〔小者謂之筊.〕"라고 하였다.

156 羌 : '差'의 잘못으로, 국역에서는 '差'로 바로잡아 옮긴다.

이다.]

○ 【의취(義觜)】[초래(취구(吹口)에 꽂는, 갈대로 만든 주둥이.).]

【필률(觱篥)】[피리.]

【약(籥)】[옛날에 필률(觱篥)의 부류였다.]

○ 【척팔(尺八)】[지금 퉁소(洞簫)라고 하는 것이다. ≪당서(唐書)≫.][157]

◑笛[七孔簫也. 저.] 雅笛[七孔.] 羌笛[三孔. <周>.] 橫吹[笛橫而吹之, 故名.] ○後出[笛本四孔, 京房加一孔于下, 爲商聲, 故下孔名後出也.] 鏓硐[以刀通竹節爲笛也.] 窴𧹞[158][音輦. 笛聲緩也.] 窊圔[音宇遏. 笛聲低下也.] ○義觜[초래.] 篳[159]篥[필이.] 籥[古篳[160]篥屬.] ○尺八[今所稱洞簫也. <唐>.]

◑ 【관(管)】[적(笛)과 비슷하나 작은데, 두 개를 나란하게 하여 분다.]

【교(篙)】[대관(大管)이다.]

【열(篞)】[중관(中管)이다.]

【묘(篎)】[소관(小管)이다.]

◑管[似笛而小, 併兩而吹.] 篙[大管.] 篞[中管.] 篎[小管.]

◑ 【약(籥)】[대나무로 만든 율관(律管)으로 적(笛)과 비슷한데, 많은 소리를 조화시켜 그것에 맞추어 춤을 춘다.]

【산(産)】[대약(大籥)이다. ≪이아(爾雅)≫.][161]

---

157 척팔(尺八) : ≪신당서(新唐書)≫ <여재전(呂才傳)>에 "태종이 시신들에게 조서를 내려 음악에 뛰어난 자를 천거하게 하였다.…시중 왕리와 위징은 여재가 척팔을 만든 것을 한껏 칭찬하였는데, 모두 열두 매로 길이가 같지 않았지만 음률과 조화롭게 맞았다.〔太宗詔侍臣擧善音者.…侍中王理・魏徵盛稱才制尺八, 凡十二枚, 長短不同, 與律諧契.〕"라고 하였다.

158 𧹞 : '赧'과 같은 글자로, 국역에서는 '赧'으로 바꾸어 옮긴다.

159 篳 : '觱'과 같은 글자로, 국역에서는 '觱'로 바꾸어 옮긴다.

160 篳 : '觱'과 같은 글자로, 국역에서는 '觱'로 바꾸어 옮긴다.

【중(仲)】[중약(中籥)이다. ≪이아(爾雅)≫.][162]

【약(箹)】[소약(小籥)이다. ≪이아(爾雅)≫.][163]

【뇌(籟)】[구멍이 세 개인 약(籥)이다.]

◑籥[竹管似笛, 以和衆聲, 執之以舞.] 産[大籥. <爾>.] 仲[中籥. <爾>.] 箹[小籥. <爾>.] 籟[三孔籥.]

◑ 【지(篪)】[포신공(暴辛公)이 지(篪)를 만들었다. 대나무의 길이는 한 자 네 치이고 둘레는 세 치이다. 구멍은 모두 여덟 개인데, 구멍 하나는 위로 나와 있다. 눕혀서 분다.]

【기(沂)】[대지(大篪)이다. ≪이아(爾雅)≫.][164]

【교(翹)】[위로 구멍이 난 것을 '교(翹)'라 부른다.]

◑篪[暴辛公作篪. 竹長尺四寸, 圍三寸. 凡八孔, 一孔上出. 橫吹之.] 沂[大篪. <爾>.] 翹[上出孔謂之翹.]

◑ 【훈(塤)】[독음은 '훈(薰)'이며, '훈(壎)'과 같은 글자이다. 흙을 구워서 만드는데, 위쪽은 뾰족하고 바닥은 평평하여 모양이 저울추를 닮았다.]

【㖅〔교〕(嘂)】[독음은 '㖅(叫)'이며, 대훈(大塤)이다.]

---

161 산(産) : ≪이아(爾雅)≫ <석악(釋樂)>에 "큰 약(籥)을 '산(産)'이라 부르고, 그 중간을 '중(仲)'이라 부르고, 작은 것을 '약(箹)'이라 부른다.〔大籥謂之産, 其中謂之仲, 小者謂之箹.〕"라고 하였다.

162 중(仲) : ≪이아(爾雅)≫ <석악(釋樂)>에 "큰 약(籥)을 '산(産)'이라 부르고, 그 중간을 '중(仲)'이라 부르고, 작은 것을 '약(箹)'이라 부른다.〔大籥謂之産, 其中謂之仲, 小者謂之箹.〕"라고 하였다.

163 약(箹) : ≪이아(爾雅)≫ <석악(釋樂)>에 "큰 약(籥)을 '산(産)'이라 부르고, 그 중간을 '중(仲)'이라 부르고, 작은 것을 '약(箹)'이라 부른다.〔大籥謂之産, 其中謂之仲, 小者謂之箹.〕"라고 하였다.

164 기(沂) : ≪이아(爾雅)≫ <석악(釋樂)>에 "큰 지(篪)를 '기(沂)'라고 부른다.〔大篪謂之沂.〕"라고 하였다.

◑塤[音薰. 壎仝. 燒土爲之, 銳上平底, 形似稱錘.] 䳼[音叫, 大塤.]

◑ **[촉〔축〕(柷)]** [독음은 '촉(觸)'이다. 모양은 옻 통〔漆筩〕을 닮았는데, 사방으로 두 자 네 치이고 깊이는 한 자 여덟 치이며, 가운데에는 방망이가 바닥까지 이어져 있는데, 두드려서 음악의 시작을 알리는 것이다.]

[지(止)] [촉〔축〕(柷)을 두드리는 나무이다.]

○ **[응(應)]** [길이는 여섯 자 다섯 치이고, 몽치가 있으며, 축(柷)을 닮았다.]

◑柷[音觸. 狀似桼[165]筩, 方二尺四寸, 深一尺八寸, 中有椎柄連底, 撞之, 所以起樂者.] 止[所以鼓柷之木也.] ○應[長六尺五寸, 有椎, 象柷.]

◑ **[어(敔)]** [독음은 '어(語)'이다. 엎드린 호랑이를 닮은 모습이고, 등에는 27개의 톱니를 새겼는데, 음악을 그치게 하는 것이다.]

[갈(楬)] [<'어(敔)'와> 같은 말이다.]

○ **[진(籈)]** [독음은 '진(眞)'이다. 나무로 만드는데, 한 자 길이이며, '어(敔)'를 치는 것이다.]

◑敔[音語. 狀似伏虎, 背鏤二十七鉏鋙, 所以止樂者.] 楬[仝.] ○籈[音眞. 以木, 長尺. 擊敔者.]

◑ **[아(雅)]** [모양이 옻 통〔漆筩〕과 같은데 작은 입이 있고, 크기는 두 아름이고, 길이는 다섯 자 여섯 치인데, 양가죽을 씌웠다. 손님이 술에 취해서 떠날 때에, <아(雅)로> 땅바닥을 찧어서 소리를 내어 길을 가는 절도(節度)로 삼는다. ≪주례(周禮)≫.][166]

---

165 桼 : '漆'의 이체자로, 국역에서는 '漆'로 바꾸어 옮긴다.

166 아(雅) : ≪주례(周禮)≫ <춘관(春官)・생사(笙師)>에 생사는 "독(牘)과 응(應)과 아(雅)를 땅에 찧어 음악에 박자에 맞추는 것을 관장한다.〔掌舂牘・應・雅.〕"라고 하였는데, 그 주에 "아(雅)는 모양이 옻 통〔漆筩〕과 같은데 작은 입이 있고, 크기는 두 아름이고, 길이는 다섯 자 여섯 치인데, 양가죽을 씌우

◑雅[狀如桼[167]篇, 而弇口, 大三[168]圍, 長五尺六寸, 以羊韋鞔之. 賓醉以出, 築地取聲, 以爲行節. <周>.]

◑ **[독(牘)]** [대나무로 만들며, 크기는 대여섯 치이고 길이는 일곱 자인데, 비어 있는 가운데의 통은 바닥이 없고, 그 끝에는 두 구멍이 있는데, 땅바닥을 찧어서 소리를 내어 손님이 술에 취해서 떠날 때에 길을 가는 절도(節度)로 삼는다.]

◑牘[竹, 大五六寸, 長七尺, 虛中篇無底, 其端兩孔, 築地取聲. 賓醉而出, 以爲行節.]

◑ **[운라(雲鑼)]** [구리로 소라(小鑼) 열세 개를 만들어 하나의 나무 시렁에 똑같이 놓고, 아래에 손잡이가 있어서 왼손으로 붙잡고 오른손에 작은 망치를 잡아 친다.]

◑雲鑼[以銅爲小鑼十三, 同一木加[169], 下有柄, 左手持而右手以小搥擊之.]

◑ **[금정(金鉦)]** [동반(銅盤)처럼 안에 매달고 두드려 음악에 박자를 맞춘다.]

○ **[영(鈴)]** [방울.]

[탁(鐸)] [요령. 금탁(金鐸)과 목탁(木鐸)은 똑같은 금구(金口)이지만 그 혀〔舌〕는 쇠이거나 나무인 차이가 있다.]

[금뇨(金鐃)] [솟다리미를 닮았고 손잡이가 달려 있다. 구리로 몸체를 만드는데 방울을 닮았고 속에는 구슬〔丸〕이 들어있다. 그 자루를 잡고 흔든다.]

고 두 끈이 있고 그림을 새겼다.〔雅, 狀如漆篇而弇口, 大二圍, 長五尺六寸, 以羊韋鞔之, 有兩組, 疏畫.〕"라고 하였다.

167 桼 : '漆''의 이체자로, 국역에서는 '漆'로 바꾸어 옮긴다.

168 三 : '二'의 잘못으로, 국역에서는 '二'로 바로잡아 옮긴다.

169 加 : '架'의 잘못으로, 국역에서는 '架'로 바로잡아 옮긴다.

◑金鉦[如銅盤, 縣內擊之, 以節樂.] ○鈴[방울.] 鐸[요령. 金鐸·木鐸仝爲金口, 而其舌有金·木之別.] 金鐃[如火斗, 有柄, 以銅爲匡, 如鈴, 中有丸. 執其柄而搖之.]

◑ **【부(缶)】**[질그릇으로 술과 음료를 담던 것인데, 진(秦)나라 사람들이 이것을 두드려서 노래에 박자를 맞추었다.]

○ **【격구(擊甌)】**[부(缶)를 두드리던 옛날 일이다. 월구(越甌)와 형구(邢甌) 열두 개에 물을 많거나 적게 붓고 쇠막대기로 두드린다.][170]

【수잔(水盞)】[명(明)나라 말기에 고통(高通)의 첩(妾)인 주자(住子)가 자기(磁器) 여덟 개로 <소리의> 맑고 탁함, 높고 낮음을 구분하여 노랫소리에 호응할 수 있었는데, 그것을 '수잔자(水盞子)'라고 불렀다.]

◑缶[瓦器, 所以盛酒漿, 秦人擊之以節歌.] ○擊甌[擊缶遺事也. 越甌·邢甌十二, 施加減水, 以鐵筋[171]擊之.] 水盞[明末, 高通妾住子能以磁器八箇, 分淸濁高下, 以諧歌聲, 謂之水盞子.]

◑ **【박판(拍板)】**[음악에 박자를 맞추는 것이다. 위진(魏晉) 시대에 송섬(宋纖)은 박자를 맞추는 데에 뛰어났는데 박판(拍板)을 사용하여 대신하였으니, 이것이 박판의 시초이다. 옛날에는 구판(九板)을 사용하였으나, 지금 교방(敎坊)에서는 육판(六板)을 잇대어 <쓴다>.]

【악구(樂句)】[<'박판(拍板)'과> 같은 말이다. ≪한창려집(韓昌黎集)≫.][172]

---

170 격구(擊甌) : '구(甌)'는 원래 물이나 술을 담는 질그릇인데, 옛 사람들은 여기에 물을 담고 두드려 음악에 박자를 맞추는 악기의 용도로 사용하였다. '월구(越甌)'와 '형구(邢甌)'는 월요(越窯)와 형요(邢窯)에서 생산한 구(甌)를 가리키는 뜻으로 보인다. 당(唐) 단안절(段安節)의 ≪악부잡록(樂府雜錄)≫에, 당나라 대중(大中) 연간에 곽도원(郭道源)이 "격구에 뛰어났는데 월구와 형구 열두 개를 가져다 그 속에 물을 돌아가며 많거나 적게 붓고 젓가락으로 그것을 두드렸는데, 그 소리가 방향(方響)보다 절묘하였다.〔善擊甌, 率以越甌·邢甌共十二隻, 旋加減水於其中, 以箸擊之, 其音妙於方響.〕"라고 하였다.

171 筋 : '筯'의 잘못으로, 국역에서는 '筯'로 바로잡아 옮긴다.

【단판(檀板)】[<'박판(拍板)'과> 같은 말이다.]

◑拍板[所以節樂. 晉魏[173]之代, 有宋纖, 善擊節, 以拍板代之, 此其始也. 古用九板, 今教坊連六板.] 樂句[仝. <昌>.] 檀板[仝.]

◑ **【가(歌)】**[길게 끌면서 하는 말〔永言〕이다.]

【육언(肉言)】[<'가(歌)'와> 같은 말이다. ≪설령(說鈴)≫.[174]]

【요(䍃)】['요(謠)'와 같다. 장(章)이 없는 것이다.]

【구(謳)】[제(齊) 지방의 노래이다.]

【유(歈)】[오(吳) 지방의 노래이다.]

【염(艶)】[초(楚) 지방의 노래이다.]

【이(俚)】[야인(野人)의 노래이다.]

○ **【조(操)】**·**【강(腔)】**[가곡(歌曲)이다.]

【염(鹽)】[가시(歌詩)로, 석석염(昔昔鹽), 신작염(神雀鹽), 돌궐염(突厥鹽) 등의 이름이 있다.]

【만(慢)】[부드럽고 느린 노래이다. 목란화만(木蘭花慢), 석여춘만(惜餘春慢)이 그런 것이다.]

【해(解)】[한 장(章)을 노래하는 것이다.]

【곡(曲)】[한 절(節)을 노래하는 것이다.]

【행(行)】[가행(歌行)이다.]

---

172 악구(樂句) : 조선 이규경(李圭景)의 ≪오주연문장전산고(五洲衍文長箋散稿)≫ <만물편(萬物篇)>의 <만물잡설(萬物雜說)>에 악구(樂句)를 설명하여, "박판이다. 한유가 우승유에게 '박판이라 부르는 것은 지나치다.'라 하자, 우승유가 '악구입니다.'라고 하니, 한유가 크게 칭찬하였다.〔拍板也. 韓愈問牛僧孺: '拍板喚作甚.' 牛曰: '樂句.' 韓大加稱賞也.〕"라고 하였다.

173 晉魏 : '魏晉'의 잘못으로, 국역에서는 '魏晉'으로 바로잡아 옮긴다.

174 ≪설령(說鈴)≫ : 청나라의 왕완(汪琬)이 유명 인사의 일화를 모아서 엮은 ≪설령(說鈴)≫(1권)과 오진방(吳震方)이 청나라 초기의 소설과 필기(筆記) 47종을 모아서 편찬한 책이 있다. 여기에 인용한 것은 어느 것인지 알 수 없다. '설령'은 본래 '성도(聖道)에 맞지 않는 소설(小說)'이라는 뜻이다.

【조(調)】[곡조(曲調)이다.]

【곡파(曲破)】[<당(唐)나라> 천보(天寶 현종(玄宗) 때의 연호.) 말년에는 변방의 지역으로 곡(曲)에 이름을 붙인 것이 많았는데, 이주(伊州)와 양주(梁州) 같은 부류로 곡이 다양하고 소리가 복잡하였는데, 이름을 '입파(入破)'라 하였다.]

【자야(子夜)】[<위진남북조(魏晉南北朝) 시대에> 진(晉)나라의 여자 이름으로, 자야곡(子夜曲)을 만들었다.]

【독곡(讀曲)】·**【정도호(丁都護)】**·**【백구불무(白鳩拂舞)】**·**【자류마(紫騮馬)】**·**【군마황(君馬黃)】**·**【보살만(菩薩蠻)】**·**【서강월(西江月)】**·**【자고천(鷓鴣天)】**·**【낭도사(浪陶沙)】**[모두 곡(曲)의 이름이다.]

【성상(成相)】[훈계하는 노래의 이름이다. ≪순자(荀子)≫.]

【창(唱)】[노래를 부르다.]

【담(蹋)】[독음은 '담(毯)'이며, 발로 땅바닥을 구르며 노래를 부르는 것이다.]

【답태(踏跆)】[손을 마주 잡고 노래를 부르는 것이다.]

【답가(踏歌)】[<'답태(踏跆)'와> 같은 말이다. ≪이백시집(李白詩集)≫.][175]

○ **【오오(烏烏)】**[진(秦)나라의 노래 소리이다. ≪한서(漢書)≫.][176]

【뇌뢰〔누루〕(纍纍)】[독음은 '뢰(雷)'이며, 노래 부르는 소리가 구슬을 꿴 것 같은 것이다.]

【양오이(羊吾夷)】·**【이나하(伊那何)】**[노래 소리이다.]

○ **【가판(歌板)】**[장단을 맞추어 두드리는 딱따기이다.]

【격절(擊節)】[장단을 치다.]

【간자(簡子)】[대나무 조각 두 개를 모아서 두드려 노래에 호응하는 것이다.]

---

175 답가(踏歌) : 당(唐)나라 이백(李白)의 <왕륜에게 주다〔贈汪倫〕>라는 시에 "이백이 배를 타고 출발하려 하는데, 홀연히 언덕 위에서 답가 소리 들린다. 도화담 물은 깊기가 천 길이지만, 왕륜이 나를 보내는 마음엔 못 미치리.〔李白乘舟將欲行, 忽聞岸上踏歌聲. 桃花潭水深千尺, 不及汪倫送我情.〕"라고 한 용례가 있다.

176 오오(烏烏) : ≪한서(漢書)≫ <양운전(楊惲傳)>에 "술을 마시고 귀가 달아오르면 하늘을 우러러 장군〔缶〕을 두드리며 '오오'하고 노래를 불렀다.〔酒後耳熱, 仰天拊缶, 而呼烏烏.〕"라고 하였다.

◑歌[永言.] 內言[仝. <鈐>.] 䍃[謠仝. 無章者.] 謳[齊歌.] 歈[吳謌.] 豔[楚歌.] 俚[野人歌.] ○操. 腔[歌曲.] 鹽[歌詩, 有昔昔鹽·神雀鹽·突厥鹽等名.] 慢[緩歌也. 木蘭花慢·惜餘春慢, 是也.] 解[歌一章.] 曲[歌一節.] 行[歌行.] 調[曲調.] 曲破[天寶末, 多以邊地名曲, 如伊州·梁州之類, 曲遍聲繁, 名爲入破也.] 子夜[晉女子名, 造此曲.] 讀曲. ○丁都護. ○白鳩拂舞. ○紫騮馬. ○君馬黃. ○菩薩巒[177]. ○西江月. ○鷓鴣天. ○浪陶沙.[皆曲名.] 成相[訨謠名. <荀>.] 唱[發歌. 노릐부르다.] 蹰[音毯. 以足踏地而歌.] 踏跆[連手唱歌.] 踏歌[仝. <李>.] ○烏烏[秦歌聲. <漢>.] 纍纍[音雷. 歌聲如貫珠.] 羊吾夷·伊那何[歌聲.] ○歌板[擊節之板.] 擊節[장단치다.] 簡子[以竹二片, 合擊之, 以和歌.]

◑ **[무(舞)]** [춤이다.]

[불무(帗舞)] [사직(社稷)에 제사를 지낼 때 사용하던 춤이다.]

[우무(羽舞)] [종묘(宗廟)에 제사를 지낼 때 사용하던 춤이다.]

[황무(皇舞)] [가뭄이 들었을 때 <비를 기원하는> 일에 사용하던 춤이다.]

[모무(旄舞)] [세 사람이 야크소의 꼬리를 들고 추는데, 벽옹(辟雍)에서 사용하였다.]

[피(翿)] [깃대의 장식을 '피(翿)'라 한다.]

[간무(干舞)] [산천(山川)에 제사를 지낼 때 사용하던 춤이다.]

[팔무(八舞)] [춤이 끝나면 소매로 거동을 한다. 성신(祭星)에 제사를 지낼 때 사용하던 춤이다.]

○ **[척(戚)]** ['도끼〔斧〕'이다. 옥(玉)으로 손잡이를 장식하며, 무무(武舞)를 출 때 손에 든다.]

[약(籥)] [제사를 지낼 때 사용하는 무구(舞具)이다.]

[도(翿)] [무자(舞者)가 세워서 얼굴로 삼는 것이다.][178]

[예(翳)] [화개(華蓋 아름답게 장식한 큰 일산(日傘).)이다. 곧 우보(羽葆 새의 깃털로 장식한, 둑과 같은 모양의 의장(儀仗).)로, 무자(舞者)가 손에 드는 깃털이다.]

---

177 巒 : '蠻'의 잘못으로, 국역에서는 '蠻'으로 바로잡아 옮긴다.

178 도(翿) : 예전에 우무(羽舞)를 출 때 사용하던 깃발이다. 우보당(羽葆幢).

【소(箾)】[무자(舞者)가 손에 드는 <장대 모양의> 무구(舞具)이다.]

○ **【철조(綴兆)】**[춤을 추는 행렬(行列)이다.]

【일(佾)】[춤을 추는 행렬(行列)이다. 천자(天子)는 팔일(八佾)이고, 제후(諸侯)는 육일(六佾)이고, 대부(大夫)는 사일(四佾)이고, 사(士)는 이일(二佾)이다.]

【선무(選舞)】[환무(環舞)이다.][179]

○ **【육요(六么)】**[무곡(舞曲)의 이름이다.]

【대수수(大垂手)】·**【소수수(小垂手)】**[춤의 이름이다.]

○ **【준준(蹲蹲)】**[춤을 추는 모양이다. ≪모시(毛詩)≫.][180]

【편편(翩翩)】[춤을 추는 모양이다.]

【선선(僊僊)】[춤을 추는 자태가 풍채가 늠름한 모양이다.]

【기기(僛僛)】·**【사사(傞傞)】**[술에 취하여 춤을 추고 비틀거리며 노래하는 모양이다. ≪모시(毛詩)≫.][181]

【파사(婆娑)】[춤을 추는 자태이다.]

【혁(奕)】[춤이 우아하고 난숙한 것이다. ≪모시(毛詩)≫.][182]

【요뇨(偠優)】[무자(舞者)가 몸을 마치 고리처럼 배배꼬는 것이다.]

【연연(連娟)】[춤을 추는 자태가 가냘프고 연약한 모양이다.]

【자치〔차치〕(跐豸)】[독음은 '자치(紫侈)'이며, 궁녀(宮女)가 노래를 부르고

---

179 선무(選舞) : ≪시경(詩經)≫ <제풍(齊風)·의차(猗嗟)>에는 "춤추는 것은 가지런하고, 활 쏘는 것은 적중한다.〔舞則選兮, 射則貫兮.〕"라고 하였는데, <모전(毛傳)>에 "'선(選)'은 '가지런함〔齊〕'이다.〔選, 齊也.〕"라 하여, 무열(舞列)과 자리를 정확하게 지켜 춤을 춘다는 의미로 쓰였다.

180 준준(蹲蹲) : ≪시경(詩經)≫ <위풍(魏風)·벌목(伐木)>에 "둥둥 내 북을 울리고, 덩실덩실 내 춤을 춘다.〔坎坎鼓我, 蹲蹲舞我.〕"라고 하였다.

181 ≪시경(詩經)≫ <소아(小雅)·빈지초연(賓之初筵)>에 "손님은 이미 취하여 고함치며 떠든다. 나의 변두(籩豆)를 어지럽혀 놓고, 자꾸만 춤추며 비틀거린다.…관은 삐딱하게 기울어졌는데, 자꾸만 춤추며 건들거린다.〔賓既醉止, 載號載呶. 亂我籩豆, 屢舞僛僛.…側弁之俄, 屢舞傞傞.〕"라고 하였다.

182 혁(奕) : ≪시경(詩經)≫ <상송(商頌)·나(那)>에 "종과 북은 지겨우나, 춤들은 우아하고 난숙하다.〔庸鼓有斁, 萬舞有奕.〕"라고 하였다.

춤을 추는 것이 요염하고 고운 모양이다.]

【삽리(颯纚)】[미인이 춤을 추며 옷소매가 가볍게 날리는 모양이다.]

【질(疾)】[춤이 알맞은 박자를 놓친 것이다. <□>.][183]

◑舞[춤.] 帗舞[祭社稷用之.] 羽舞[宗廟用之.] 皇舞[用旱熯之事.] 旄舞[三人操氂牛尾而舞, 用辟雍.] 麾[旄謂之麾.] 于[184]舞[祭山川用之.] 八舞[舞之終以手袖爲儀. 祭星辰用之.] ㅇ戚[斧也. 以玉餙其柄, 文[185]舞所執.] 籥[祭祀用之.] 翿[舞者所建以爲容也.] 翳[華蓋也. 卽羽葆也, 舞者所持羽也.] 箾[舞者所執.] ㅇ綴兆[舞列.] 佾[舞列. 天子八佾, 諸侯六, 大夫四, 士二.] 選舞[環舞.] ㅇ六么[舞曲名.] 大垂手·小垂手[舞名.] ㅇ蹲蹲[舞貌. <毛>.] 翩翩[舞貌.] 僊僊[舞容軒擧貌.] 僛僛·傞傞[醉舞傾歌貌. <毛>.] 婆娑[舞容.] 奕[舞閑習也. <毛>.] 僄儴[舞者褭身若環也.] 連娟[舞容纖弱貌.] 跐豸[音紫侈. 宮女歌舞妖麗貌.] 颯纚[美人舞袖輕颺貌.] 疾[舞失節. <□[186]>.]

□ **【병(兵)】**[순경(荀卿)이 말하기를, "포악한 것을 금하고 해로운 것을 없애는 것을 '병(兵)'이라 한다.〔禁暴除害曰兵.〕"라고 하였다.][187]

【대형(大刑)】[도리에 어긋나는 것을 없애기 때문에 일컫는 말이다. <□>.][188]

---

183 질(疾) : ≪예기(禮記)≫ <악기(樂記)>에 "흥분하여 빨라져도 지나치게 빠르지는 않고, 몹시 그윽하지만 감추어지지는 않는다.〔奮疾而不拔, 極幽而不隱.〕"라고 하였는데, 공영달(孔穎達)의 소(疏)에 "발(拔)'은 빠름〔疾〕이다. 춤추는 사람이 흥분하여 빨라지기는 하지만 지나치게 빠른 정도에 이르지는 아니함을 말한다.〔拔, 疾也. 謂舞者奮迅疾速, 而不至大疾也.〕"라고 한 용례가 있다.

184 于 : '干'의 잘못으로, 국역에서는 '干'으로 바로잡아 옮긴다.

185 文 : '武'의 잘못으로, 국역에서는 '武'로 바로잡아 옮긴다.

186 □ : 원본에 출처 표기가 누락되었다.

187 병(兵) : ≪순자(荀子)≫ <의병(議兵)>에 "전쟁〔兵〕이라는 것은 포악한 것을 금하고 해로운 것을 없애는 것이지 서로 다투어 빼앗는 것이 아니다.〔彼兵者, 所以禁暴除害也, 非爭奪也.〕"라고 하였다.

188 대형(大刑) : 원본에는 출처를 빠뜨렸는데, ≪춘추좌씨전(春秋左氏傳)≫ 소공(昭公) 2년 조에, "죽을죄가 세 가지가 있는데 무슨 수로 감당하겠는가? 속히 죽지 않는다면 대형이 장차 닥칠 것이다.〔有死罪三, 何以堪之? 不速死, 大刑將

【흉기(凶器)】[전쟁이라는 것은 흉기이다. ≪이백시집(李白詩集)≫.][189]

□兵[荀卿曰: "禁暴除害曰兵."] 大刑[討不道, 故云. <□[190]>.] 凶器[兵者凶器. <李>.]

◑【장(將)】[군졸(軍卒)을 통할하여 거느리는 사람이다.]

【수(帥)】·【장군(將軍)】[<'장(將)'과> 같은 말이다.]

【대장(大將)】·【원융(元戎)】·【괴수(魁帥)】[장수 가운데 우두머리이다.]

○【휘하(麾下)】·【절하(節下)】·【영하(鈴下)】[장수를 부르는 호칭이다.]

○【비장(裨將)】[작은 것을 가지고 큰 것에 도움을 주는 것을 '비(裨)'라 한다. 장수의 보좌〔副〕이다. ≪한서(漢書)≫.]

【편장(偏將)】[<'비장(裨將)'과> 같은 말이다.]

【하장(下將)】[장수들 가운데서 지위가 낮은 사람이다.]

○【호신(虎臣)】[빼어나게 용맹하여 마치 호랑이와도 같은 사람이다.]

【호부(虎夫)】[용맹스러운 전사(戰士)이다.]

【탁갈(拓羯)】[호인(胡人)이 용감하고 건실한 전사(戰士)를 일컫는 말이다. ≪자치통감강목(資治通鑑綱目)≫.][191]

【예락하(曳落河)】['예(曳)'는 독음이 □(□)이며, 호인(胡人)이 '장사(壯士)'를 일컫는 말이다. ≪자치통감강목(資治通鑑綱目)≫.][192]

至.〕"라고 한 용례가 있다.

189 흉기(凶器) : 당(唐)나라 이백(李白)의 <전성남(戰城南)>에 "비로소 알겠노라, 전쟁이라는 것은 흉기여서 성인께서는 부득이하여 그것을 사용하였음을!〔乃知兵者是凶器, 聖人不得已而用之.〕"라고 하였다.

190 □ : 원본에 출처 표기가 누락되었다.

191 탁갈(拓羯) : ≪구당서(舊唐書)≫ <서역전(西域傳)>에 "안서는 강거의 소군장 계왕의 옛 땅으로, 용맹하고 건실한 자를 모집하여 탁갈로 삼았는데 중국에서 말하는 전사와 같은 것이다.〔安西者, 卽康居小君長罽王故地, 募勇健者爲拓羯, 猶中國言戰士也.〕"라고 한 용례가 있다.

192 예락하(曳落河) : 돌궐어(突厥語) elaha를 음역(音譯)한 것으로, '건장한 사나이', 즉 '용사'라는 뜻이다.

【광광(洸洸)】·【교교(蹻蹻)】·【포포(麃麃)】·【교교(矯矯)】[날쌔고 용맹스러운 모양이다.]

【규규(赳赳)】[재주와 용력(勇力)이 있는 모양이다.]

【비비(伾伾)】·【번번(番番)】[힘이 있는 모양이다.]

○ **【현(閍)】**[독음은 '현(泫)'이며, 역사(力士)가 추(錘 나무 자루 끝에 금속의 원구(圓球)가 달린 무기.)를 다루는 것을 시험하는 것이다. ≪자휘(字彙)≫.[193]]

○將[統領軍卒者.] 帥. ○將軍[仝.] 大將. ○元戎. ○魁帥[首將.] ○麾下·節下·鈴下[呼帥之稱.] ○裨將[以小益大曰裨. 將帥之副. <漢>.] 偏將[仝.] 下將[將帥之位下者.] ○虎臣[雄勇如虎者.] 虎夫[武夫.] 拓羯[胡人稱勇健士. <目>.] 曳落河[曳音□[194]. 胡人謂壯士. <目>.] 洸洸·蹻蹻·麃麃·矯矯[武勇貌.] 赳赳[有才力貌.] 伾伾·番番[有力貌.] ○閍[音泫, 試力士錘. <字>.]

◑ **【병(兵)】**[무기를 손에 들고 전쟁에 따라나선 사람이다.]

【군사(軍師)】[<병력이> 많은 것을 '군(軍)'이라 하고, 적은 것을 '사(曰師)'라 한다.]

【사(士)】·【졸(卒)】[병사이다.]

【노부(弩父)】[병졸이다. <□>.][195]

【적로(赤老)】[군졸이다. <□>.][196]

【노혁(老革)】[늙은 병사이다. <□>.][197]

---

193 ≪자휘(字彙)≫ : 명나라의 매응조(梅膺祚)가 편찬한 자전(字典). 후한 허신(許愼)이 편찬한 ≪설문해자(說文解字)≫에서 사용한 540부수 체계를 214부수 체계로 개편하고 모두 33,179자를 수록하였다.

194 □ : 원본에 독음 표기가 누락되었다.

195 노부(弩父) : ≪양자방언(揚子方言)≫에 "동해의 문졸을 노부라고 한다.〔東海之門卒謂之弩父.〕"라고 하였다.

196 적로(赤老) : 송(宋) 강휴복(江休復)의 ≪강린기잡지(江隣幾雜志)≫에 "도성의 천박한 풍속에서는 군인을 지목하여 적로라고 한다.〔都下鄙俗, 目軍人爲赤老.〕"라고 하였다.

197 노혁(老革) : ≪삼국지(三國志)≫ <촉지(蜀志)·팽양전(彭羕傳)>에 "노혁은

【부(賦)】［옛날에는 전부(田賦)를 납부하였기 때문에 일컫는 말이다. ≪춘추좌씨전(春秋左氏傳)≫.］[198]

【누라(嘍囉)】［군졸인데, '누라(樓羅)'가 잘못 전해진 것이다. '누라'는 일을 잘 해내는 것을 일컫는 말이다.］

【단결(團結)】［차점(差點)된 강족(羌族)의 토착민이다. ≪자치통감강목(資治通鑑綱目)≫.］[199]

【관건(官健)】［주병(州兵)으로, 의복과 식량을 공급받는 자이다. ≪자치통감강목(資治通鑑綱目)≫.］[200]

【우림고아(羽林孤兒)】［종군(從軍)하였다 전사한 자의 자손을 우림(羽林)에서 길렀는데, 우림고아(羽林孤兒)라고 불렀다. ≪한서(漢書)≫.］[201]

○ **【오(伍)】**［다섯 사람이다.］

【십(什)】［열 사람이다.］

【양(兩)】［다섯 '오(伍)'이다.］

정신이 희미하니 더 이야기할 수 있겠습니까!〔老革荒悖, 可復道邪!〕"라고 한 말이 나오는데, 배송지(裴松之)의 주에 "예전에는 가죽으로 병장기를 만들었기 때문에 구어에서 병혁이라고 일컬었는데, '혁(革)'은 '병(兵)'과 같은 말이다.〔古者以革爲兵, 故語稱兵革, 革猶兵也.〕"라고 한 용례가 있다.

198 부(賦) : ≪춘추좌씨전(春秋左氏傳)≫ 소공(昭公) 13년 조에, "천자께서는 연로하시니 왕의 군대〔王賦〕를 통솔하실 것을 청합니다.〔天子之老, 請帥王賦.〕"라고 한 용례가 있다.

199 단결(團結) : 당(唐)나라 때의 지방의 자위 조직으로, ≪자치통감(資治通鑑)≫ 권225 당기(唐紀) 대종(代宗) 대력(大曆) 12년 조에, "토착인들을 차점(差點)하여 봄부터 여름까지는 돌아가 농사를 짓게 하고 가을과 겨울에는 소집하여 개인별로 식량, 간장, 채소를 지급하는 것을 '단결'이라고 한다.〔差點土人, 春夏歸農, 秋冬追集, 給身糧醬菜者, 謂之團結.〕"라고 하였다.

200 관건(官健) : ≪자치통감(資治通鑑)≫ 대종(代宗) 대력(大曆) 3년 조의 호삼성(胡三省) 주에 "병사와 농민을 구분하여 현관에서 의복과 식량을 들여 군사를 양성하는 것을 관건이라 하는데 '관청에서 기르는 건아'라는 말과 같다.〔兵農既分, 縣官費衣糧以養軍, 謂之官健, 猶言官所養健兒也.〕"라고 하였다.

201 우림고아(羽林孤兒) : ≪한서(漢書)≫ <백관공경표 상(百官公卿表上)>에 따르면, 한나라 무제(武帝)는 우림기(羽林騎)를 만들어 종군하였다 전사한 자의 자손을 거두어 우림에서 돌보며 오병(五兵)을 가르쳤다고 한다.

【졸(卒)】[네 '양(兩)'이다.]

【여(旅)】[다섯 '졸(卒)'이다.]

【사(師)】[다섯 '여(旅)'이다.]

【군(軍)】[다섯 '사(師)'이다.]

【수(遂)】[1수(遂)는 군사 1만 2천 5백 명을 낸다.]

【단(單)】[대국(大國)은 삼군(三軍)이며, 그 나머지로 선졸(羨卒 정졸(正卒) 이외의 병졸.)을 삼는데, '단(單)'은 선졸에도 들어가지 않는 것이다. ≪모시(毛詩)≫.][202]

○ **【대오(隊伍)】**·**【항오(行伍)】**[십오(什伍)의 대열이다.]

【전과(全夥)】[전군(全軍)이다. <소설(小說)>.][203]

【유궐(游闕)】[유거(游車)로 부족한 곳을 돕는 자이다.]

○ **【오백(伍伯)】**[한 오(伍)의 우두머리이다.]

【호백(戶伯)】·**【대백(大伯)】**[<'오백(伍伯)'과> 같은 말이다.]

【초총(哨摠)】[지금의 천청(千摠)·파총(把摠)과 같은 부류이다.]

【초장(哨長)】[지금의 초관(哨官)과 같다.]

【오부(伍符)】[군대의 대오(隊伍)가 지니는 부신(符信)이다.]

○ **【첨정(簽丁)】**[이름을 군적(軍籍)에 올리는 것을 일컫는 말이다.]

【군액(軍額)】[군사의 수효이다.]

【점병(點兵)】[이름을 불러 명부를 대조해가며 수를 조사하는 것이다. ≪두보시집(杜甫詩集)≫.][204]

【요출(料出)】[호구(戶口)를 헤아려 군실(軍實 군용의 무기와 양식 따위.)을 충당하는 것이다.]

---

202 단(單) : ≪시경(詩經)≫ <대아(大雅)·공유(公劉)>에 "후덕하신 공유께서… 흐르는 샘을 살펴보니 그 군대가 삼단(三單)이었다.〔篤公劉,…觀其流泉, 其軍三單.〕"라고 하였다.

203 전과(全夥) : ≪수호전(水滸傳)≫ 제35회에 "이튿날 진시 무렵에 '전과'가 모두 도착하였다.〔次日辰牌時分,全夥都到.〕"라고 한 용례가 있다.

204 점병(點兵) : 당(唐)나라 두보(杜甫)의 <신안리(新安吏)>에 "나그네로 신안도에 갔더니 떠들썩하게 점병하는 소리가 들렸다.〔客行新安道, 喧呼聞點兵.〕"라고 한 용례가 있다.

【정출(訂出)】 [<'요출(料出)'과> 같은 말이다.]

【한정(閒丁)】 [아직 군대에 충원되지 아니한 장정이다.]

【보병(步兵)】 [탈 것을 타지 않고 걸어 이동하는 병사이다.]

【기병(騎兵)】 [말을 타고 이동하는 병사이다.]

【마병(馬兵)】·**【마군(馬軍)】** [<'기병(騎兵)'과> 같은 말이다.]

◑兵[執兵器從戎者.] 軍師[多曰軍, 少曰師.] 士. ○卒[兵也.] 弩父[卒也. <□[205]>.] 赤老[軍卒. <□[206]>.] 老革[老兵. <□[207]>.] 賦[古以田賦出故云. <左>.] 嘍囉[軍卒, 卽樓羅之訛. 樓羅幹辨集事之稱.] 團結[點羌土人. <目>.] 宮[208]健[州兵給衣粮者. <目>.] 羽林孤兒[從軍死事之子孫養之羽林, 號羽林孤兒. <漢>.] ○伍[五人.] 什[十人.] 兩[五伍.] 卒[四兩.] 旅[五卒.] 師[五旅.] 軍[五師.] 遂[一遂, 出兵一萬二千五百人也.] 單[大國三軍以其餘爲羨卒. 單者, 無羨也. <毛>.] ○隊伍. ○行伍[什伍之列.] 全夥[全軍. <小>.] 游闕[游車補闕者.] ○伍伯[一伍之長.] 戶伯. ○大伯[仝.] 哨摠[若今千摠·把摠之類也.] 哨長[若今哨官.] 伍符[軍伍之符信.] ○簽丁[名署軍籍之稱.] 軍額[軍數.] 點兵[呼名點考也. <杜>.] 料出[隱度戶口, 以充軍實也.] 訂出[仝.] 閒丁[未充軍之丁.] 步兵[徒步之兵.] 騎兵[騎馬之兵.] 馬兵. ○馬軍[仝.]

◑ **【진(陣)】** [군대의 행렬이다.]

【영루(營壘)】·**【벽채(壁寨)】** [군대가 주둔하고 있는 곳이다.]

【채(砦)】 [돌로 울짱을 만든 것이다.]

【책(柵)】 [나무로 만든 울짱이다.]

【저서(儲胥)】 [군대 안<에 설치하여 적을 막는> 울타리이다.]

【초(哨)】 [주둔지에서 도적을 지켜서 막는 곳이다.]

---

205 □ : 원본에 출처 표기가 누락되었다.

206 □ : 원본에 출처 표기가 누락되었다.

207 □ : 원본에 출처 표기가 누락되었다.

208 宮 : '官'의 잘못으로, 국역에서는 '官'으로 바로잡아 옮긴다.

【초보(哨堡)】[<'초(哨)'와> 같은 말이다.]

【둔(屯)】[군대의 대오를 정돈하고 지키는 것이다.]

【국(局)】[군대 안의 한 부분이다.]

【부(部)】[나뉘어서 속한 것이다.]

【부곡(部曲)】[오부(五部)의 아래에 곡(曲)을 둔다.]

【상(廂)】[역시 나뉜 부분〔分部〕을 일컫는 말로, '국(局)'과 같은 말이다.]

○ **【계(啓)】**[군대의 앞쪽이자 또한 좌익(左翼)이다.]

【선구(先驅)】[<군대의> 전봉(前鋒)이다.]

【중구(中驅)】[<전봉(前鋒)> 다음의 앞쪽이다.]

【중견(中堅)】[중군(中軍)이다.]

【거(胠)】[군익(軍翼)이다.]

【양견(兩甄)】[양익(兩翼)이다.]

【거(拒)】[군진(軍陣)의 이름이다. 전거(前拒)·후거(後拒)·좌거(左拒)·우거(右拒)가 있다.]

【전(殿)】[군대의 후미(後尾)이다.]

○ **【원문(轅門)】**[임금이 출행(出行)하여 야외에서 머무르게 되면, 거원(車轅 수레의 양쪽에 대는 긴 채.)을 서로 마주보게 하여 문(門)이라는 것을 나타내 보였다. ≪주례(周禮)≫.][209]

【희하(戲下)】[원문(轅門)의 막부(幕府)이다.]

【화(和)】[군영(軍營)을 드나드는 문이다. ≪주례(周禮)≫ <대사마(大司馬)>에 "<정기(旌旗)를 사용하여> 좌화문(左和門)과 우화문(右和門)을 만든다.〔爲左右和之門也.〕"라고 하였다.][210]

---

209 원문(轅門) : ≪주례(周禮)≫ <천관(天官)·장사(掌舍)>에 "거궁과 원문을 설치한다〔設車宮·轅門.〕"라고 하였는데, 예전에 왕이 사냥을 나가거나 전투에서 진(陣)을 칠 때에 수레로 우리처럼 만들고, 그 드나드는 곳에는 수레를 뒤집어 놓아 수레의 끌채를 서로 마주보게 만들었던 것을 말한다. 나중에는 군영(軍營)이나 진영(陣營)의 입구를 일컫는 말로 쓰였다.

210 화(和) : ≪주례(周禮)≫ <하관(夏官)·대사마(大司馬)>의 정현(鄭玄) 주에 "군영을 드나드는 문을 '화(和)'라고 하는데, 지금 일컫는 '누문'으로, 정기 두

【막부(幕府)】[군대는 이동하며 일정한 거처가 없기 때문에 일컫는 말이다.]

【아(牙)】[군영(軍營) 앞의 지휘소이다.]

【아문(牙門)】[아기(牙旗 대장이 거처하는 곳에 세우던 깃발.)를 세워둔 출입문이다.]

【악(幄)】[군영(軍營)의 휘장이다.]

【아장(牙帳)】[아기(牙旗 대장이 거처하는 곳에 세우던 깃발.)를 출입문에 세워두었기 때문에 일컫는 말이다.]

【벽유(碧油)】[절도사(節度使)의 문기(門旗) 2개, 용호정(龍虎旌) 1개, 절(節) 1개, 휘창(麾槍) 2개, 표미(豹尾) 2개 등 모두 여덟 개로, 깃발은 붉은 비단으로 만들고 절(節)과 휘창(麾槍)은 명주를 사용하고, 청록색 기름칠을 하기 때문에 일컫는 말이다.]

【청유(青油)】[<'벽유(碧油)'와> 같은 말이다.]

【옥장(玉帳)】[대장(大將)이 거처하는 곳이다.]

◑陣[軍之行列.] 營壘・壁寨[軍所屯處.] 砦[以石爲寨.] 柵[木柵.] 儲胥[軍中藩蔽.] 哨[屯戍防盜之處.] 哨堡[仝.] 屯[勒兵而守.] 局[軍中部分.] 部[分屬也.] 部曲[五部下有曲.] 廂[亦分部之稱, 猶局也.] ○啓[軍前, 又左翼.] 先驅[前鋒.] 中驅[次前.] 中堅[中軍.] 胠[軍翼.] 兩甄[兩翼.] 拒[陣名. 有前拒・後拒・左拒・右拒.] 殿[軍後.] ○轅門[王者出行于外次, 以車轅相向表門. <周>.] 戲下[轅門幕府.] 和[軍門也. <周禮・大司馬>: "爲左右和之門也."] 幕府[軍行無常居故云.] 牙[軍前治所.] 牙門[建牙之門.] 幄[軍中帳.] 牙帳[牙立于門故云.] 碧油[節度使門旗二, 龍虎旌一, 節一, 麾槍二, 豹尾二, 凡八物, 旗以紅繒爲之, 節及麾槍則綢以碧油, 故云.] 青油[仝.] 玉帳[大將所居.]

◑ **【군법(軍法)】**[군중(軍中)의 법령 제도이다.]

○ **【군령(軍令)】**[군중(軍中)의 호령(號令)이다.]

○ **【군례(軍禮)】**[군중(軍中)의 예도(禮度)이다.]

개를 세워서 만든다.〔軍門曰和, 今謂之壘門, 立兩旌以爲之.〕"라고 하였다.

◑軍法[軍中法制.] ○軍令[軍中號令.] ○軍禮[軍中禮度.]

◑ **[병서(兵書)]** [군사(軍士)를 부리는 일을 기술한 책이다.]

[군서(軍書)] [<'병서(兵書)'와> 같은 말이다.]

[군참(軍讖)] [먼저 이로운지 해로운지 말하고 나서 증거를 가지고 검증하기 때문에 일컫는 말이다.]

[육도(六韜)] [태공망(太公望)이 지은 병법서(兵法書)이다.]

[삼략(三略)] [황석공(黃石公)이 전한 것이라고 말하기도 하고, ≪소서(素書)≫가 그것이라고도 말하기도 한다.][211]

[손무자(孫武子)] [손무(孫武)가 지은 것이다.]

[오자(吳子)] [오기(吳起)가 지은 것이다.]

[심서(心書)] [제갈량(諸葛亮)이 지은 것이다.]

[손자(孫子)] [손빈(孫臏)이 지은 것이다.]

[위료자(尉繚子)] [미상(未詳).][212]

◑兵書[用兵之書.] 軍書[仝.] 軍讖[先言利害, 而後必符驗, 故云.] 六鞱[213][太公兵書.] 三略[或曰黃石公所授, 或曰素書是.] 孫武子[孫武著.] 吳子[吳起著.] 心書[諸葛亮著.] 孫子[孫臏著.] 尉繚子[未詳.]

◑ **[강무(講武)]** [전투나 무예(武藝)에 관한 일을 배우고 익히도록 지도하는 일이다.]

[열무(閱武)] [하나씩 죽 살펴서 점검하는 것이다.]

---

211 삼략(三略) : 풀이항에서 말한 ≪소서(素書)≫는 병법서로, 한(漢)나라의 황석공(黃石公)이 짓고 송(宋)나라의 장상영(張商英)이 주(注)를 달았다고 되어 있으나 장상영이 위탁한 것으로 의심하기도 한다.

212 위료자(尉繚子) : 중국 고대의 병법서로, 작자와 만들어진 시기에 대해서는 여러 논란이 있다. 위료자는 전국시대 위(魏)나라 혜왕(惠王) 때의 은사(隱士)라고 하기도 하고 진(秦)나라 시황(始皇) 때의 인물이라고도 한다.

213 鞱 : '韜'의 잘못으로, 국역에서는 '韜'로 바꾸어 옮긴다.

【훈련(訓鍊)】[가르쳐서 되풀이하여 익숙하게 하는 것이다.]

【치병(治兵)】[군대를 관리하고 훈련시키는 일이다.]

【선(繕)】[수선(修繕)하는 것이다. ≪춘추좌씨전(春秋左氏傳)≫.][214]

【조련(組練)】[<'선(繕)'과> 같은 말이다.][215]

【요위(耀威)】·【요무(耀武)】[<'조련(組練)'과> 같은 말이다.][216]

◑講武[講習武事也.] 閱武[點閱也.] 訓鍊[教訓鍊習也.] 治兵[治兵事也.] 繕[修治也. <左>.] 組練[仝.] 耀威. ○耀武[仝.]

◑【호(犒)】[군사들에게 군량(軍糧)과 급료를 지급하는 것을 '호(犒)'라 한다.]

【돈(頓)】[술과 음식을 군사들에게 지급하는 것이다.]

【순설(旬設)】[군사들에게 술과 음식을 지급하여 위로하는 것이다.]

【역(醳)】[술과 음식을 지급하여 군사들을 먹이는 것이다. ≪사기(史記)≫.][217]

【군향(軍餉)】[군대의 식량이다.]

【용도(甬道)】[본래는 천자(天子)가 이용하던 치도(馳道 천자나 귀인이 나들이하던 길.)로, 담을 쌓아올려 외부 사람이 보지 못하게 하던 것인데, 군대의 양식을 운반하면서 담을 길의 옆쪽에 쌓아 겁탈의 염려를 방지하며 역시 그 이름을 빌어다 '용도(甬

---

214 선(繕) : ≪춘추좌씨전(春秋左氏傳)≫ 희공(僖公) 15년 조에 "정선하여 유자를 돕는다.〔征繕以輔孺子.〕"라고 하였는데, '정(征)'은 부세(賦稅)를 받아들이는 일이고, '선(繕)'은 무기를 수선하는 일을 말한다.

215 조련(組練) : 원문에서 "<윗 항목의 '선(繕)'과> 같은 말이다."라고 한 설명과는 달리 '조련(組練)'은 ≪춘추좌씨전(春秋左氏傳)≫ 양공(襄公) 3년 조에 "등료에게 조갑 3백 명과 피련 3천 명을 거느리고 오(吳)를 침략하게 하였다.〔使鄧廖帥組甲三百·被練三千以侵吳.〕"라고 한 데서 나온 말로, 갑옷과 투구로 무장한 군대를 뜻한다.

216 요위(耀威)·요무(耀武) : 원문에서 "<위 항목의 '조련(組練)'과> 같은 말이다."라고 한 설명과는 달리 '요위(耀威)'와 '요무(耀武)'는 모두 '무력을 드러내어 과시한다'는 말이다.

217 역(醳) : ≪사기(史記)≫ <회음후열전(淮陰侯列傳)≫에 "1백 리 안에서 소와 술이 날마다 답지하여 사대부에게 잔치를 베풀고 군사들을 먹였다.〔百里之內, 牛酒日至, 以饗士大夫醳兵.〕"라고 한 용례가 있다.

道)'라 하였다.]

◑犒[餉軍曰犒.] 頓[酒食以供軍.] 旬設[燕犒.] 醳[酒食養兵. <史>.] 軍餉[軍食.] 甬道[本是天子馳道, 築墻使外人不見者, 而軍食轉輸, 築墻道旁, 以防劫掠之患, 而亦借名, 爲甬道也.]

◑ 【출사(出師)】[군사를 일으키는 것이다.]
【흥사(興師)】·【동병(動兵)】[<'출사(出師)'와> 같은 말이다.]
○ 【유(類)】[군사를 일으키며 하늘에 제사를 지내는 일이다.]
【사병(祠兵)】[군사를 출동시키는 것이다.]
【치병(治兵)】[<'사병(祠兵)'과> 같은 말이다.]
【마(禡)】[군사가 행군하다 멈춘 곳에서 군법(軍法)을 처음으로 만든 자에게 제사를 지내는 것이다.]
【표맥(表貉)】[<'마(禡)'와> 같은 말이다.]

◑出師[發兵也.] 興師. ○動兵[仝.] ○類[出師祭天.] 祠兵[軍出也.] 治兵[仝.] 禡[師行所止, 祭始造軍法者.] 表貉[仝.]

◑ 【정(征)】['정(征)'은 '바로잡다〔正〕'라는 말이다. 바르지 아니한 것을 정벌하여 바로 잡는 것이다.]
【벌(伐)】[죄(罪)를 소리 높여 규탄하며 토벌하는 것이다.]
【격(擊)】·【응(膺)】[<'벌(伐)'과> 같은 말이다.]
【침(侵)】[비밀리에 군대를 움직여 지경(地境)을 빼앗는 것이다.]
【공(攻)】[성읍(城邑)을 에워싸 곤란하게 만드는 것이다.]
【위(圍)】[그 성읍(城邑)을 에워싸는 것이다.]
【습(襲)】[뜻하지 아니하는 사이에 습격하는 것이다.]
【타(墮)】[성(城)이나 고지(高地)〔城阜〕를 빼앗는 것이다.]
【파(破)】[군대를 격파하고 땅을 빼앗는 것이다.]

【도(屠)】[성읍(城邑)을 격파하고 그곳의 사람을 죽이는 것이다.]

【발(拔)】[성읍(城邑)을 함락하여 차지하는 것이다.]

【입(入)】[그 나라의 도성(都城)에 들어가는 것이다.]

【취(取)】[그 땅을 빼앗는 것이다.]

【거(擧)】[쳐서 빼앗는 것이다.]

【함(陷)】[싸움에 져서 망하는 것이다.]

【멸(滅)】[종사(宗社 종묘와 사직.)를 헐어버리는 것이다.]

【패(敗)】[남을 속이는 방법으로 승리하는 것이다.]

【정(定)】[난리를 평정하는 것이다.]

◑征[征, 正也. 伐不正而正之也.] 伐[聲罪致討.] 擊. ○膺[仝.] 侵[潛師掠境.] 攻[困圍城邑.] 圍[環其城邑也.] 襲[掩襲.] 墮[敗城阜.] 破[敗軍奪地.] 屠[破敗城邑, 誅殺其人.] 拔[拔城邑而取之.] 入[造其國都.] 取[奪其土地.] 擧[拔取.] 陷[敗沒.] 滅[毁宗社.] 敗[詭道勝之.] 定[平亂.]

◑ **【전(戰)】**[군사가 싸우는 것이다.]

【오전(鏖戰)】[격렬하게 싸우는 것이다.]

【단병접(短兵接)】[<칼이나 창 따위의> 짧은 병기를 들고 바짝 맞붙어 싸우는 것이다. ≪초사(楚辭)≫.][218]

【치사(致師)】[장사(壯士)가 적진(敵陣)을 침범하여 적을 끌어낸 뒤에 크게 싸움을 벌이는 것이다.]

【편전(偏戰)】[날짜를 <미리> 약속하여 각기 한 쪽 방면을 차지하고 싸우는 것이다. 적(敵)의 군사와 날짜를 약속하여 정식으로 싸우며 상대를 속이는 방법을 사용하지 아니함을 말한다.]

○ **【고소(鼓噪)】**[북을 울리며 많은 소리를 내는 것이다.]

---

218 단병접(短兵接) : ≪초사(楚辭)≫ <구가(九歌)·국상(國殤)>에 "오 땅에서 만든 창을 들고 무소 가죽으로 만든 갑옷을 입고, 수레바퀴가 부딪히고 짧은 병기로 맞붙는다.〔操吳戈兮被犀甲, 車錯轂兮短兵接.〕"라고 한 용례가 있다.

【눌함(吶喊)】[함성을 지를 때는 모름지기 입술을 오므리고 '무(務)'자를 읽듯이 하며 입을 벌리고 '하(賀)'자를 읽듯이 하지 말아야 하는데, '무(務)'자는 소리가 길고 '하(賀)'자는 소리가 짧기 때문이다.]

◑戰[兵鬪也.] 鏖戰[彊戰也.] 短兵接[以短兵接戰也. <楚>.] 致師[壯士掠陣以致敵, 然後大戰.] 偏戰[結日偏戰. 言與敵兵約日正戰, 不以詐道.] ○鼓槩[鼓而衆聲.] 吶喊[凡吶喊, 須合口念務字, 莫張口念賀字, 務字聲長, 賀字聲短故也.]

◑ 【거(拒)】[병사를 동원하여 적(敵)을 막는 것이다.]

【어(禦)】[<'거(拒)'와> 같은 말이다.]

【여거(旅拒)】[병사를 동원하여 맞서 싸우는 것이다. ≪자치통감강목(資治通鑑綱目)≫.][219]

【의각(犄角)】[<사슴을 잡을 때에> 뒷다리를 붙잡아 매는 것을 '의(犄)'라 하고, 뿔을 붙잡는 것을 '각(角)'이라 한다. 군사를 주둔시켜 적(敵)을 제압하는 것을 말한다.]

◑拒[以兵防敵也.] 禦[仝.] 旅拒[以兵逆戰. <目>.] 犄角[絏其後曰犄, 絓其前曰角. 言駐兵制敵也.]

◑ 【극(克)】[이기다.]

【첩(捷)】[싸움에서 이기다.]

○ 【개가(凱歌)】[싸움에서 크게 이기면 승리의 노래〔凱歌〕를 부른다. ≪주례(周禮)≫.][220]

---

219 여거(旅拒) : ≪후한서(後漢書)≫ <마원전(馬援傳)>에 "만약 대성이 소민을 침략한다면 교활한 강인(羌人)들이 맞서 저항하려 할 것이다.〔若大姓侵小民, 黠羌欲旅距.〕"라고 한 용례가 있다. '여거(旅距)'는 '여거(旅拒)'와 같은 말이다.

220 개가(凱歌) : ≪주례(周禮)≫ <춘관(春官)·악사(樂師)>에 "군대가 대승하였다는 사실을 고할 때에는 승리의 노래〔凱歌〕를 가르쳐 부르게 한다.〔凡軍大

【요가(鐃歌)】[‘요(鐃)’는 독음이 ‘뇨’이다. 전투에서 세운 공로를 노래한 것이다. ≪한서(漢書)≫.][221]

◑克[勝也.] 捷[勝捷.] ○凱歌[大捷則凱歌. <周>.] 鐃歌[鐃音뇨. 歌戰功也. <漢>.]

◑ **【패뉵(敗衄)】**[전투에서 패배한 자가 피를 뒤집어쓰는 것〔被血〕을 ‘패뉵(敗衄)’이라고 한다.]

【패속(敗續)】[전투에서 이기지 못하여 아무런 공로가 없는 것이다.]

【분(奔)】[엎어지거나 패하는 것이다.]

【배(北)】[군대가 달아나는 것이다.]

【농동(籠東)】[‘농종(隴種)’이라고도 한다. 전투에서 패배하여 쓰러지고 흩어진 것을 일컫는 말이다. 역사서에는 “농동한 군사〔籠東軍士〕”라고 기록하였다.][222]

【태자(跆藉)】[병사들이 서로 짓밟는 것이다.]

【붕(崩)】[크게 패한 것이다.]

【궤(潰)】[싸우지도 않고 스스로 무너지는 것이다.]

◑敗衄[兵敗者被血謂之敗衄.] 敗續[戰不勝無功.] 奔[覆敗.] 北[軍走.] 籠東[一作隴種. 兵敗披靡之謂. 史紀‘隴[223]東軍士’.] 跆藉[兵相踐也.] 崩[大敗.] 潰[不戰自潰.]

獻, 敎凱歌, 遂倡之.〕”라고 하였다.

221 요가(鐃歌) : ≪후한서(後漢書)≫ <예의지(禮儀志)>의 주에, “셋째는 황문고취라 하는데, 천자가 신하들에게 잔치를 베풀어 즐기는 것이다.…그 가운데 단소와 요가는 군악이다.〔三曰黃門鼓吹, 天子所以宴樂群臣.…其短簫·鐃歌, 軍樂也.〕”라고 하였다.

222 농동(籠東) : ≪북사(北史)≫ <이목전(李穆傳)>에 망산(芒山) 전투에서 주문(周文)이 달아나다 붙잡혔는데, 이목이 그의 등짝을 채찍질하며 꾸짖기를, “패주하는 군사들이여, 너희들의 주장(主將)은 어디에 있는가?〔籠東軍士, 爾曹主何在?〕”라고 한 기록이 있다.

223 隴 : ‘籠’의 잘못으로, 국역에서는 ‘籠’으로 바로잡아 옮긴다.

◑ **【항복(降服)】**[<자신을> 굽혀 내리고 죄를 순순히 인정하는 것이다.]
【하(下)】[항복하는 것이다.]
【하성(下城)】[성(城)에서 내려와 적(敵)에게 항복하는 것이다.]
【함벽(銜璧)】[죽을죄를 지었다고 하며 스스로 <구슬을 입에> 무는 것이다.]
【여츤(輿櫬)】['함벽(銜璧)'과 같은 뜻이다.]
【면박(面縛)】[두 손을 등 뒤에서 묶어 얼굴을 보이게 하는 것이다.]
【반접(反接)】·**【배전(背剪)】**[<'면박(面縛)'과> 같은 말이다. ≪자치통감강목(資治通鑑綱目)≫.][224]

◑降服[屈降而服罪也.] 下[降也.] 下城[下城降敵也.] 銜璧[稱死罪以自含也.] 輿櫬[亦銜璧之意.] 面縛[縛手於後, 使面呈露也.] 反接. ㅇ背剪[仝. <目>.]

◑ **【구원(救援)】**[군사를 동원하여 난리를 구제하는 것이다.]
【비부(蚍蜉)】[<전투에서 자기편을> 도와주는 군사이다.]
【의자(蟻子)】[<'비부(蚍蜉)'와> 같은 말이다.]

◑救援[以兵救亂也.] 蚍蜉[援兵.] 蟻子[仝.]

◑ **【복병(伏兵)】**[군사를 감추어 두고 적(敵)의 동태를 엿보는 것이다.]
【복(覆)】[<'복병(伏兵)'과> 같은 말이다.]
ㅇ **【수잡(守卡)】**[<'잡(卡)'의> 독음은 '잡(匝)'이다. 지세가 험하여 적을 방어하기에 적합한 곳을 지키는 것이다. ≪원사(元史)≫.]

◑伏兵[隱軍伺敵也.] 覆[仝.] ㅇ守卡[音匝, 守要害處. <元>.]

---

224 배전(背剪) : ≪수호전(水滸傳)≫ 제69회에 "여자 두목 두 사람이 동평을 붙잡아 삼끈으로 팔을 뒤로 동여매었다.〔兩個女頭領, 將董平捉住, 用麻繩背剪綁了.〕"라고 한 용례가 있다.

◑ 【진려(振旅)】[군대가 <승리를 거두고> 돌아오는 것이다. ≪모시(毛詩)≫.][225]

【선사(旋師)】·【반사(班師)】[군대를 돌이켜 돌아오는 것이다.]

【수(綏)】[군대를 퇴각시키는 것이다. <□>.][226]

○ 【두뇨(逗撓)】[에돌아 행군하여 적(敵)을 피하는 것을 '두(逗)'라 하고, 이것저것 생각하고 결정하지 못하는 것을 '뇨(撓)'라 한다.]

◑振旅[軍入也. <毛>.] 旋師. ○班師[回軍.] 綏[軍退. <□[227]>.] ○逗撓[曲行避敵曰逗, 顧望曰撓.]

◑ 【반간(反間)】[계책을 써서 적(敵)을 우롱하는 것이다.]

○ 【간첩(間諜)】[은밀하게 적(敵)의 실정을 염탐하는 것이다.]

【유정(游偵)】·【세작(細作)】[<'간첩(間諜)'과> 같은 말이다.]

【현(俔)】[<'간첩(間諜)'과> 같은 말이다. ≪이아(爾雅)≫.][228]

○ 【방작(邦汋)】[은밀한 사실을 훔쳐 손에 넣는 것이다.]

【탐결(探決)】[<'방작(邦汋)'과> 같은 말이다.]

【척후(斥候)】[<군대가> 나아가는 데 있어서 장애물을 조사하고, 도적(盜賊)이 있는지 정찰하는 것이다.]

【당보(塘報)】[적의 상황이나 지형을 정찰하고 탐색하는 것이다.]

【답(蹹)】['답(蹋)'과 같은 말로, 몸을 엎드려 숨어서 적의 상황이나 지형을 정찰하고 탐색하는 것이다.]

---

225 진려(振旅) : ≪시경(詩經)≫ <소아(小雅)·채기(采芑)>에 "진격의 북소리 둥둥 울리더니, 개선하는 군사들 당당하구나.〔伐鼓淵淵, 振旅闐闐.〕"라고 하였다.

226 수(綏) : ≪춘추좌씨전(春秋左氏傳)≫ 문공(文公) 12년 조에, <조순(趙盾)이> "전군(全軍)을 이끌고 나가 싸우다가 양쪽 군대가 동시에 퇴각하였다.〔乃皆出戰, 交綏.〕"라는 용례가 있다.

227 □ : 원본에 출처 표기가 누락되었다.

228 현(俔) : ≪이아(爾雅)≫ <석언(釋言)>에 "'간(間)'은 '염탐하는 것〔俔〕'이다〔間, 俔也.〕"라고 하고, 그 주에 "≪좌전≫에는 '첩(諜)'이라 하였는데, 곧 지금의 세작이다.〔左傳謂之諜, 卽今之細作也.〕"라고 하였다.

◑反間[以計愚敵也.] ○間諜[陰探敵情.] 游偵・細作[仝.] 俔[仝. <爾>.] ○邦汋[盜取密事.] 探決[仝.] 斥候[撿行險阻, 伺候盜賊也.] 塘報[斥候.] 蹹[蹋仝, 斥候隱伏.]

◑ **[부(俘)]** [군대가 <전투에서> 얻은 것이다.]

[노획(虜獲)] [산 채로 잡는 것을 '노(虜)'라 하고, 목을 베는 것을 '획(獲)'이라 한다.]

[금(擒)] [산 채로 잡는 것을 '금(擒)'이라 한다.]

[수급(首級)] [한 사람의 목을 베면 벼슬을 한 등급 올려주기 때문에 '급(級)'이라 한다.]

[괵(馘)] [적(敵)의 왼쪽 귀를 획득하는 것이 '괵(馘)'이다.]

◑俘[軍所獲也.] 虜獲[生禽曰虜, 斬首曰獲.] 擒[生禽曰擒.] 首級[斬一首, 進爵一級, 故云級也.] 馘[獲賊[229]左耳爲馘[230].]

◑ **[전망(戰亡)]** [전쟁터에서 싸우다 죽는 것이다.]

[입근(立慬)] ['근(慬)'은 '용감하다[勇]'는 말이다. 전쟁터에서 싸우다 죽어서 그 용맹함을 세우는 것이다. ≪회남자(淮南子)≫.][231]

[순절(殉節)] [절개를 지키고자 죽는 것이다.]

[국상(國殤)] [죽은 병사의 귀신이다.]

○ **[혜거(槥車)]** [전사(戰死)한 사람을 싣는 수레이다.]

[애구(哀丘)] [전사(戰死)하여 나뒹구는 해골을 거두어 한 무덤에 매장한 것이다. ≪자치통감강목(資治通鑑綱目)≫.]

[경관(京觀)] [전투에서 승리하여, 베어 죽인 <적의> 시체가 언덕을 이룬 것

---

229 賊 : '敵의 잘못으로, 국역에서는 '敵'으로 바로잡아 옮긴다.

230 䤋 : '馘'의 잘못으로, 국역에서는 '馘'으로 바로잡아 옮긴다.

231 입근(立慬) : ≪회남자(淮南子)≫ <설산훈(說山訓)>에 "용맹함을 세운다는 것은 투쟁하는 것을 배우는 것은 아니다.[立慬者, 非學鬪争也.]"라고 하였다.

이다. ≪춘추좌씨전(春秋左氏傳)≫.][232]

◑戰亡[戰死.] 立慬[慬, 勇也. 死於戰而立其勇也. <淮>.] 殉節[死於節也.] 國殤[死兵之鬼.] ○輁車[載戰死者之車.] 哀丘[收戰死露胔, 合一丘埋之者. <目>.] 京觀[戰勝而積斬獲成丘者. <左>.]

◑ **[약(掠)]** [식량·무기·치중(輜重)을 억지로 빼앗는 것이다.]

[겁략(刦略)]·**[초략(鈔略)]** [제멋대로 빼앗는 것이다.]

[사(肆)] [군사를 제멋대로 내버려두는 것이다.]

[도로(淘虜)] [사람을 사로 잡아가고 재물을 억지로 빼앗는 것이다. ≪자치통감강목(資治通鑑綱目)≫.]

[타초곡(打草穀)] [거란(契丹)에서 '남을 협박하여 빼앗는 것'을 일컫는 말이다. ≪자치통감강목(資治通鑑綱目)≫.][233]

◑掠[掠奪粮·械·輜重也.] 刦略. ○鈔略[肆掠也.] 肆[縱兵也.] 淘虜[俘掠也. <目>.] 打草穀[契丹謂剽掠. <目>.]

◑ **[구(寇)]** [도적질하는 병사이다.]

[적(賊)] [나를 침략하는 자이다.]

[폭객(暴客)] [외부로부터 쳐들어오는 적(敵)이다. ≪주역(周易)≫.][234]

---

232 경관(京觀) : ≪춘추좌씨전(春秋左氏傳)≫ 선공(宣公) 12년 조에, "임금께서는 어찌하여 무군(武軍)을 쌓고 진(晉)나라 군사의 시체를 거두어 경관(京觀)을 만들지 않으십니까?〔君盍築武軍, 而收晉尸以爲京觀.〕"라고 한 기록이 있다.

233 타초곡(打草穀) : ≪자치통감(資治通鑑)≫ 후한(後漢) 고조(高祖) 천복(天福) 12년 조에, "오랑캐의 기병을 사방으로 제멋대로 풀어 말을 먹인다는 구실로 조를 나누어 약탈하였는데, 이를 '타초곡'이라고 한다.〔縱胡騎四出, 以牧馬爲名, 分番剽掠, 謂之打草穀.〕"라는 기록이 있다.

234 폭객(暴客) : ≪주역(周易)≫ <계사전 하(繫辭傳下)>에 "문을 겹겹이 하고 딱따기를 두드려서 폭객에 대비한다.〔重門擊柝, 以待暴客.〕"라고 하였다.

[적(敵)] [원수이다. 서로 맞서 싸우는 자이다.]

◑寇[賊兵.] 賊[侵我者.] 暴客[外寇. <易>.] 敵[仇也. 相對戰鬪者.]

◑ **[병난(兵難)]** [전쟁으로 말미암은 재화(災禍)이다.]
[병화(兵火)] [전쟁에서 불태우고 약탈하는 것이다.]
[겁소(刦燒)] · **[병선(兵燹)]** [<'병화(兵火)'와> 같은 말이다.]
○ **[충척(充斥)]** [침범하여 어지럽히는 것이다.]
[창궐(猖獗)] [적(賊)의 위세가 마치 올빼미가 날개를 펼친 것처럼 방자한 모양이다.]
[창양(搶攘)] [어지러운 모양이다.]
[역소(繹騷)] [잇달아 어지러워지고 동요하는 모양이다. ≪춘추좌씨전(春秋左氏傳)≫.]

◑兵難[兵禍也.] 兵火[兵革燒掠.] 刦燒. 兵燹[仝.] ○充斥[侵撓.] 猖獗[賊勢鴟張貌.] 搶攘[亂貌.] 繹騷[連絡撓動貌. <左>.]

◑ **[병기(兵器)]** [검(劒) · 극(戟) · 궁(弓) · 노(弩) 따위를 일컫는 명칭이다.]
[병(兵)] · **[융(戎)]** [<'병기(兵器)'와> 같은 말이다.]
[장(仗)] [검(劒)과 극(戟)을 두루 일컫는 이름이다.]
○ **[난기(蘭錡)]** [무기를 걸어두는 시렁이다. 지금 기다란 시렁에 구멍을 뚫어 기독〔기둑〕(旗纛 새의 깃털로 장식한 큰 깃발.)을 꽂아두는 것이다.]

◑兵器[劒 · 戟 · 弓 · 弩之稱.] 兵. ○戎[仝.] 仗[劒 · 戟摠名.] ○蘭錡[兵架, 今長架, 鑿孔以植旗纛者.]

◑ **[기(旗)]** [비단 폭을 장대에 매달아 군중(軍中)에 세우는 것이다. ○또 곰이나 호랑이를 그려 넣은 것이 기(旗)이다.]

【상(常)】[해와 달을 그려 넣은 것이 상(常)이다.]

【기(旂)】[교룡(交龍)<을 그려 넣은 깃발이다>.]

【여(旟)】[조준(鳥隼[송골매.])<을 그려 넣은 깃발이다>.]

【조(旐)】[거북이와 뱀<을 그려 넣은 깃발이다>.]

【전(旃)】[순색(純色)의 비단〔帛〕<으로 만든 깃발이다>.]

【물(物)】[잡색(雜色)의 비단〔帛〕<으로 만든 깃발이다>.]

【수(旞)】[전체 깃털<로 만든 깃발이다>.]

【정(旌)】[꺾은 깃털<로 만든 깃발이다>.]

【치(幟)】[비단〔帛〕<으로 만든 깃발이다>.]

【삼(縿)】[정폭(正幅)에 해를 그려 넣어 만든 깃발이다.]

【당(幢)】·**【휘(麾)】**[기(旂)의 부류이다.]

【장(章)】['기(旗)'를 '장(章)'이라고 일컫는다. 일장(日章)·월장(月章)·용장(龍章)·호장(虎章)·조장(鳥章)·사장(蛇章)·작장(鵲章)·낭장(狼章)·도장(韜章)<이 있다>. ≪관자(管子)≫.][235]

【모(旄)】[새의 깃털과 야크소의 꼬리로 만든다.]

【아(牙)】[장군의 기(旂)이다.]

【괴(旝)】[대장의 기(旗)이다.]

【비휴(貔貅)】[병거(兵車)에 꽂는 기(旗)로, 비휴(貔貅)를 그려 넣는다.]

【물(勿)】[주리(州里)에 세워 두는 기(旗)이다.]

【물(㫚)】[독음은 '물(勿)'이며, 대부(大夫)와 사(士)가 세우는 기(旗)이다.]

---

235 장(章) : ≪관자(管子)≫ <병법(兵法)>에, 군사가 행군할 때는 "아홉 가지 깃발을 사용하는데, 첫째 일장(日章)을 들면 낮에 행군하고, 둘째 월장(月章)을 들면 밤에 행군하고, 셋째 용장(龍章)을 들면 물을 건너고, 넷째 호장(虎章)을 들면 숲속을 행군하고, 다섯째 조장(鳥章)을 들면 비탈을 행군하고, 여섯째 사장(蛇章)을 들면 연못을 건너고, 일곱째 작장(鵲章)을 들면 구릉을 행군하고, 여덟째 낭장(狼章)을 들면 산을 행군하고, 아홉째 고장(韟章)을 들면 식량을 싣고 멍에를 씌운다.〔九章; 一曰擧日章, 則晝行; 二曰擧月章, 則夜行; 三曰擧龍章, 則行水; 四曰擧虎章, 則行林; 五曰擧鳥章, 則行陂; 六曰擧蛇章, 則行澤; 七曰擧鵲章, 則行陸; 八曰擧狼章, 則行山; 九曰擧韟章, 則載食而駕.〕"라고 하였다.

○ **【조(旐)】**[기(旗)의 몸체이다.]

【패(旆)】[기(旗)의 꼬리이다.]

【유(斿)】[기(旗)〔旂〕가 아직 늘어뜨려지지 않은 것이다. 깃발.]

【번(旛)】[기폭(旗幅)이 아래로 늘어뜨려진 것이다.]

【소(旓)】[기류(旒旈 기류(旗旒).)이다. 기드림(중요한 기(旗)의 위에 달던 좁고 긴 띠.).]

【경(扃)】[수레의 위에 깃발을 세우는데, 잡아당겨 제어하여 흔들리지 않게 하는 것이다.]

【기간(旗竿)】[깃대이다.]

○ **【점기(颭旗)】**[기(旗)를 위아래로 흔드는 것이다. 깃발을 쓰러뜨려 땅바닥까지 닿게 하고 다시 세우는데, 마치 고개를 끄덕이는 것 같다.]

【폐기(弊旗)】[기(旗)를 내리는 것이다〔사旗〕.][236]

【초동(招動)】[기(旗)를 흔들어 부르는 것이다.]

○ **【기기(旂旂)】**·**【벌벌(茷茷)】**[기(旗)가 바람에 나부끼는 모양이다.]

【의니(旖旎)】[기(旗)가 바람을 따라 늘어진 모양이다.]

【비비(淠淠)】[기(旗)가 움직이는 모양이다.]

【앙앙(央央)】[기(旗)가 산뜻하고 뚜렷한 모양이다.]

【체예(墆翳)】[정기(旌旗)가 어둡고 침침한 모양이다.]

【혈혈(孑孑)】[정기(旌旗)가 특별히 뛰어난 모양이다. ≪모시(毛詩)≫.][237]

◑旗[以帛掛竿, 軍中所建. ○又熊·虎爲旗.] 常[日月爲常.] 旂[交龍.] 旟[鳥隼.] 旐[龜·蛇.] 旃[通帛.] 物[雜帛.] 旞[全羽.] 旌[折羽.] 幟[以帛.] 縿[正幅

---

236 폐기(弊旗) : 원문 풀이항의 '사旗'는 '깃을 내린다'는 의미로 곧 '사기(死旗)'를 가리키는 것으로 보인다. ≪주례(周禮)≫ <하관(夏官)·대사마(大司馬)>에는 "북을 세 번 두드리고 방울을 흔들면 군리(軍吏)들은 깃발을 내리고〔弊旗〕 수레와 보졸(步卒)은 모두 자리에 앉는다.〔三鼓摝鐸, 群吏弊旗, 車徒皆坐.〕"라고 하여, '폐기(弊旗)'를 '깃발을 내리다'는 의미로 쓰고 있다.

237 혈혈(孑孑) : ≪시경(詩經)≫ <용풍(鄘風)·간모(干旄)>에 "혈혈한 간모는 준읍의 교외에 있구나.〔孑孑干旄, 在浚之郊.〕"라고 하였는데, 주희(朱熹)의 주에 "혈혈은 특별히 뛰어난 모양이다.〔孑孑, 特出之貌.〕"라고 하였다.

畫日者.] 幢. ○麾[旂屬.] 章[旗謂之章. 日章・月章・龍章・虎章・鳥章・蛇章・鵲章・狼章・韜章. <管>.] 旄[以鳥羽及旄牛尾爲之.] 牙[將軍之旂.] 旝[大將旗.] 貔貅[兵車旗, 畫貔貅.] 勿[州里所建之旗.] ⿰方勿[音勿. 大夫・士所建.] ○旒[旗身.] 旆[旗尾.] 斿[旂常之末垂者. 긔발.] 旛[旗幅下垂者.] 旓[旂旒. 긔드림.] 扃[建旗車上, 有關制之事, 不得動撓者.] 旗竿[긧ᄃᆡ.] ○颭旗[點旗也. 偃旗及地而復立, 若點頭也.] 弊旗[사旗.] 招動[긔씔러부르다.] ○旂旂・筏筏[旗飛颺貌.] 旖旎[旗從風委靡貌.] 淠淠[旗動貌.] 央央[旗鮮明之貌.] 墆翳[旌旗陰翳貌.] 孑孑[旌旗特出貌. <毛>.]

◑ **【절(節)】**[본래는 '절(卩)'이라고 쓴다. 대나무로 만든 자루는 길이가 세 자이며, 야크소의 꼬리로 모(旄)〔원주: 상모.〕를 세 겹으로 만드는데, 장군이 세우는 것이다.]

◑節[本作卩. 竹柄長三尺, 以旄牛尾爲旄〔샹모.〕三重, 將軍所建.]

◑ **【둑〔독〕(纛)】**[현녀(玄女)가 황제(黃帝)를 위하여 현둑〔현독〕(玄纛) 열두 개를 만들어 그것으로 군사 업무를 맡아보았는데, 치우(蚩尤)의 머리 모양을 닮았다.]

【괘영(掛纓)】・**【괘자(掛子)】**[<'둑〔독〕(纛)'과> 같은 말이다.]

○ **【둑기〔독기〕(纛旗)】**[둑간〔독간〕(纛竿)에 매다는 기(旗)이다.]

◑纛[玄女爲黃帝制玄纛十二, 以主兵, 似蚩尤首.] 掛纓. ○掛子[仝.] ○纛旗[縣旗於纛竿.]

◑ **【극(戟)】**[가지가 <갈라져> 있는 기다란 병기이다. <삼지>창.]

【과(戈)】[가지가 두 개인 것은 '극(戟)'이고, 가지가 하나인 것은 '과(戈)'이다.]

【규(戣)】[모서리가 세 개인 창〔三隅戟〕이다.]

【흡(闟)】[독음은 '흡(洽)'이며, 극(戟)의 부류이다.]

【혈(孑)】[극(戟)에 날이 없는 것이다.]

【호(胡)】[<극(戟)>의 끝이 휘어진 것이다.]

【구병(勾兵)】[극(戟)에 칼이 달린 것이다.]

【자병(刺兵)】[갈고리가 없는 것이다.]

【연(蜎)】[창대가 휘청대는 것이다.]

○ **【비(柲)】**[극(戟)의 자루이다.]

【노〔려〕(廬)】[독음은 '로(盧)'이며, 과(戈)나 극(戟)의 자루이다. ≪주례(周禮)≫.][238]

【준(鐏)】[자루 아래쪽의 구리<로 만든 물미(창의 자루 끝을 싼, 쇠붙이로 만든 원추형의 물건.)>이다.]

【진(晉)】[<'준(鐏)'과> 같은 말이다.]

【비(椑)】[<≪주례(周禮)≫> <고공기(考工記)>에 "구병(勾兵)은 '비(椑)'이다.〔勾兵, 椑.〕"라고 하였는데, '구병'은 과(戈)나 극(戟) 따위이고, '비(椑술통.)'는 타원(橢圓)인데, 과나 극의 자루는 타원이기를 원한다.]

【계(綮)】[극(戟)을 씌워두는 것이다〔戟衣〕.]

【계극(棨戟)】[나무로 만들어 붉은 기름을 바른 것인데, 왕공(王公) 이하가 왕래함에 있어서 선도(先導)로 삼았다.]

【유극(油戟)】[<'계극(棨戟)'과> 같은 말이다.]

○ **【칭(稱)】**[창〔戈〕을 들어 올리는 것이다. ≪서경(書經)≫.][239]

○ **【모(矛)】**[<모양이> 연(鋋작은 창.)과 같지만 날이 세모꼴이다.]

【학슬(鶴膝)】[모(矛)의 이름이다.]

【구모(厹矛)】[모서리가 세 개인 모(矛)이다. ≪모시(毛詩)≫.][240]

【구(戵)】[네 갈래로 나온 모(矛)이다. ≪서전(書傳)≫에는 <필획을> 생략하여 '구(瞿)'라 하였다.]

【삭(矟)】['삭(槊)'과 같은 말로, 모(矛)의 길이가 열여덟 자가 되는 것이다.]

---

238 노〔여〕(廬) : ≪주례(周禮)≫ <동관(冬官)·고공기(考工記)>에 "노인은 노기를 만든다. 과(戈)는 자루가 여섯 자 여섯 치이고,…〔廬人爲廬器. 戈柲六尺有六寸,…〕"라고 하였다.

239 칭(稱) : ≪서경(書經)≫ <목서(牧誓)>에 "너의 창〔戈〕을 들고 너의 방패를 나란히 하고 너의 창〔矛〕을 세워라〔稱爾戈, 比爾干, 立爾矛.〕"라고 하였다.

240 구모(厹矛) : ≪시경(詩經)≫ <진풍(秦風) · 소융(小戎)>에 "철갑을 쓴 네 필 말은 우람도 하고, 백금 칠한 삼지창은 번쩍거린다.〔俴駟孔群, 厹矛鋈錞.〕"라고 하였다.

【맹(鏳)】［던져서 맞히는 창〔飛矛〕이다.］

【창(鎗)】［본래는 '창(槍)'으로 쓴다. 나무를 깎아 도둑을 다치게 하는 것이다.］

【구겸창(鉤鎌槍)】·**【요구창(撓鉤槍)】**·**【필관창(筆管槍)】**·**【죽장창(竹長槍)】**·**【목장창(木長槍)】**·**【아자창(鴉觜槍)】**·**【낭선(狼筅)】**［말〔馬〕을 잡는 것이다.］

【표창(摽槍)】［던져서 사람을 맞히는 것이다.］

【강차(鋼叉)】［끝이 세 갈래로 갈라진 창〔三枝槍〕이다.］

【연(鋋)】［작은 모(矛)이다.］

○ **【긍(矜)】**［모(矛)의 자루이다.］

【영(英)】［새의 깃털로 모(矛)를 장식하는 것이다.］

【교(喬)】［모(矛)의 위쪽 갈고리로, 영(英 장식용인 새의 깃털.)을 걸어두는 곳이다. ≪모시(毛詩)≫.］[241]

【돈〔순〕(錞)】［독음은 '돈(敦)'이며, 모(矛)의 맨 끝의 구리로 만든 물미(창의 자루 끝을 싼, 쇠붙이로 만든 원추형의 물건.)이다.］

◑戟[有枝長兵. 창.] 戈[雙枝爲戟, 單枝爲戈.] 戣[三隅戟.] 鬮[音洽. 戟屬.] 孑[戟無刃.] 胡[鋒之曲.] 勾兵[戟有釤者.] 刺兵[無鉤者.] 蜎[창더회창회창.] ○柲[戟柄.] 廬[音盧. 戈戟柄. <周>.] 鐏[柲下銅.] 晉[仝.] 椑[考工記云: "勾兵椑." 勾兵者, 戈戟之屬也. 椑, 擠[242]圓也, 戈戟之柄欲椑也.] 綮[戟衣.] 棨戟[以木爲之, 赤油韜之, 王公以下, 通以前駈.] 油戟[仝.] ○稱[擧戈. <書>.] ○矛[如鋋而三廉.] 鶴膝[矛名.] 厹矛[三隅矛. <毛>.] 戳[四出矛. ≪書傳≫省作瞿.] 矟[槊仝. 矛長丈八者.] 鏳[飛矛.] 鎗[本作槍. 剡木傷盜者.] 鉤鎌槍. ○撓鉤搶[243]. ○筆管搶. ○竹長搶. ○木長搶. ○鴉觜槍. ○狼筅[所以罔馬.] 摽槍[投以中人.] 鋼叉[三枝槍.] 鋋[小矛.] ○矜[矛柄.] 英[鳥羽飾矛.] 喬[矛之上

---

241 교(喬) : ≪시경(詩經)≫ <정풍(鄭風)·청인(淸人)>에 "두 창에는 겹겹의 교(喬)가 있는데, 강가를 서성거리네.〔二矛重喬, 河上乎逍遙.〕"라고 하였다.

242 擠 : '橢'의 잘못으로, 국역에서는 '橢'로 바로잡아 옮긴다.

243 搶 : '槍'의 잘못으로, 국역에서는 '槍'으로 바로잡아 옮긴다.

勾, 所以縣英者. <毛>.] 錞[音敦. 矛底下銅鐏.]

◑ 【검(劍)】[양쪽으로 칼날이 있는 것을 '검(劍)'이라 하고, 한쪽에만 칼날이 있는 것을 '도(刀)'라 한다. 칼.]

【도(刀)】[<'검(劍)'과> 같은 말이다.]

【맹로(孟勞)】·【청평(靑萍)】·【간장(干將)】·【막야(莫邪)】·【옥구(玉具)】·【뇌구(櫑具)】·【오구(吳鉤)】·【어장(魚腸)】·【추련(秋蓮)】·【청강(靑釭)】·【언월(偃月)】·【부용(芙蓉)】·【담로(湛露)】·【태아(太阿)】·【곤어(錕鋙)】·【용천(龍泉)】[모두 검(劍)의 이름이다.]

○ 【탈광(脫光)】[검(劍)을 주재하는 신(神)의 이름이다.]

○ 【도씨(桃氏)】[쇠를 녹여서 검(劍)을 만드는 관직이다.]

○ 【인(刃)】[칼날.]

【도구(刀口)】[<'인(刃)'과> 같은 말이다.]

【납(臘)】[<검(劍)의> 양쪽 날이다. ≪주례(周禮)≫.][244]

【망(鋩)】[날의 끝부분이다. 병기(兵器)의 날을 모두 '망(鋩)'이라 부른다.]

【봉(鋒)】[칼〔刀〕의 부류이다. 또한 '날의 끝부분〔鋩〕'이다.]

【악(鍔)】[칼끝의 모서리이다. ≪장자(莊子)≫.][245]

【원(援)】[검(劍)이 곧아서 높은 데까지 닿는 것이다. ≪주례(周禮)≫.][246]

【심(鐔)】[독음은 '심(心)'이며, 칼코등이(슴베를 박은 칼자루의 목 쪽에 감은 테.)〔劍鼻〕로, 사람이 움켜 쥐는 곳의 아래이다. 검환(劍環)이라고도 부른다.]

---

244 납(臘) : ≪주례(周禮)≫ <고공기(考工記)>에 "도씨는 검을 만드는데 '양 날〔臘〕'의 너비는 두 치 반이다.〔桃氏爲劍, 臘廣二寸有半寸.〕"라고 하였는데, 주(注)에 "'랍(臘)'은 양 날을 일컫는다.〔臘, 謂兩刃.〕"라고 하였다.

245 악(鍔) : ≪장자(莊子)≫ <설검(說劍)>에 "천자의 검은 연계와 석성을 칼날끝〔鋒〕으로 삼고, 제나라와 대산을 칼끝의 모서리〔鍔〕로 삼는다.〔天子之劍, 以燕谿石城爲鋒, 齊岱爲鍔.〕"라고 하였다.

246 원(援) : ≪주례(周禮)≫ <고공기(考工記)>에 "과(戈)'는 너비가 두 치인데, 원(援)은 그것의 네 배이다.〔戈廣二寸, 援四之.〕"라고 하였는데, 주(注)에 "원(援)은 길이가 여덟 치로, 곧게 뻗은 칼날이다.〔援長八寸, 直刃也.〕"라고 하였다.

【위(衛)】［칼코등이(슴베를 박은 칼자루의 목 쪽에 감은 데.)〔劍鼻〕의 옥(玉)이다. ≪자치통감강목(資治通鑑綱目)≫.］

【구(緱)】［도검(刀劍)의 머리에 감은 실이다.］

【협(鋏)】［칼자루이다.］

【뇌구(櫑具)】［장검(長劍)의 머리에 옥(玉)으로 녹로(鹿盧)를 만들고 그 위에는 산(山)의 모양을 새기는데, 마치 연꽃이 아직 펼쳐지지 않았을 때와 닮은 듯하다.］

【녹로(鹿盧)】［검(劍)의 머리를 녹로(鹿盧)의 모양으로 만든 것이다. ○칼코등이(슴베를 박은 칼자루의 목 쪽에 감은 데.)가 둥글게 돌아가는 것을 통상 '녹로'라고 부르는데, 칼자루에 둘러씌운 것이 마치 촛대 중에서 동하(銅荷 연잎 모양의 구리 촛대.)와 같은 것이다.］

【애자(睚眦)】［용(龍)의 아들(중국 신화에서 용이 낳았다는 아홉 아들 중의 하나.)로, 성질이 죽이는 것을 좋아하기 때문에 칼코등이에 세워놓는다.］

【초(鞘)】［칼집이다.］

【병(鞞)】［독음은 '병(丙)'이며, <'초(鞘)'와> 같은 말이다.］

○ **【섬(銛)】**［칼이 날카로운 것이다.］

【이(利)】［칼끝이 날카로운 것이다.］

【도괴(刀壞)】［칼이 날카롭지 못한 것이다.］

【둔돈(鈍頓)】［칼이 무디어진 것이다.］

○ **【정(鋥)】**［독음은 '정(呈)'이며, 문지르고 갈아서 번쩍번쩍 빛이 나는 것이다.］

【견(鑋)】［독음은 '□(□)'이며, 칼을 담금질하여 칼날을 단단하게 만드는 것이다.］

【취〔쉬〕(焠)】［독음은 '취(翠)'이며, <불에> 달구어 물에 담가서 날을 단단하게 만드는 것이다.］

【형(烱)】［<'취〔쉬〕(焠)'와> 같은 말이다.］

【취〔쉬〕(淬)】［독음은 '취(翠)'이며, 물들이는 것이다. 칼날에 무언가를 바르는 것이다.］

○ **【마도(磨刀)】**［칼을 가는 것이다.］

【약(砉)】［독음은 '략(略)'이며, 칼을 가는 것이다.］

【곽곽(霍霍)】[칼을 가는 모양이다. ≪당서(唐書)≫.]

【여(礪)】[숫돌. <이 책의> <석부(石部)>를 참조하라.]

【형착(硎錯)】[<'여(礪)'와> 같은 말이다.]

○ **【할(割)】**[베다.]

【절(切)】[<'할(割)'과> 같은 말이다.]

【자(刺)】[칼끝〔刀頭〕으로 물건을 찌르다.]

【부(剖)】[쪼개다. 가르다.]

【벽(劈)】[쪼개서 깨뜨리다.]

【고(刳)】[물건을 깎아내어 그 속을 비게 하다. 우벼다(틈이나 구멍 속을 긁어 내거나 도려내다.).]

【완(剜)】·**【삭(削)】**[깎아내다.]

◑釰[247][兩刃曰釰, 一刃曰刀. 칼.] 刀[仝.] 孟勞. ○青萍. ○干將. ○莫邪. ○玉具. ○檑具. ○吳鉤·魚腸. ○秋蓮. ○青釭. ○偃月. ○芙蓉. ○湛露. ○太阿. ○錕鋙. ○龍泉[皆釰名.] ○脫光[釰神名.] ○桃氏[鑄釰之官.] ○刃[칼날.] 刀口[仝.] 臘[兩刃. <周>.] 鋩[刃鋒. 凡兵刃皆曰鋩.] 鋒[刀屬. 又鋩也.] 鍔[鋒稜. <莊>.] 掇[釰之直而上達者. <周>.] 鐔[音心, 釰鼻, 人握處之下也. 一名釰環.] 衛[釰鼻玉也. <目>.] 緱[刀釰頭纏絲.] 鋏[釰把.] 檑具[長釰首以玉作鹿盧, 上刻山形, 似蓮未敷時.] 鹿盧[釰首作鹿盧形者. ○按: 環之圓轉者, 通謂之鹿盧. 環刀柄冒, 如燭臺之銅荷者.] 睚眦[龍子性好殺, 故立于刀環.] 鞘[刀室.] 鞞[音丙, 仝.] ○銛[刀釰利也.] 利[刀釰快也.] 刀壞[刀釰不利也.] 鈍頓[刀壞也.] ○鋥[音呈, 磨鋥出釰光也.] 鋻[音□[248], 淬刀釰, 刃使堅也.] 焠[音翠, 燒以納水中, 使堅刃也.] 烱[仝.] 淬[音翠, 染也. 以物塗刃也.] ○磨刀[칼가다.] 砉[音略. 磨刀.] 霍霍[磨刀貌. <唐>.] ○礪[숫돌. 見石部.] 硎錯[仝.] ○割[버히다.] 切[仝.] 刺[以刀頭揷物也.] 剖[判也. 가르다.] 劈[剖破也.] 刳[剜物虛其中

---

247 釰 : '칼 인'자로, '劍'의 이체자이기도 하다. 국역에서는 '劍'으로 바꾸어 옮긴다. 특별히 구분하여 쓴 경우가 아니면 아래에서도 별도의 설명 없이 '釰'은 모두 '劍'으로 바꾸어 옮긴다.

248 □ : 원본에 독음 표기가 누락되었다.

也. 우뷔다.] 剜. ○削[각다.]

◑ **[궁(弓)]** [황제(黃帝)의 신하인 청양씨(靑陽氏)가 처음 활을 만들었다. 또 공수(工倕 전설 속의 장인(匠人)의 이름.)〔倕〕가 활을 만들었고, 또 소호(少昊)와 생반(生般 소호의 둘째 비(妃).)이 활을 만들었다. 활.]

[거서(巨黍)] · **[민약(繁弱)]** · **[월극(越棘)]** · **[오호(烏號)]** [활의 이름이다.]

[호(弧)] [나무로 만든 활이다.]

[조(敦)] [독음은 '조(雕)'이며, '돈(弴)'과 같은 말로, 화궁(畫弓 조각하여 장식한 활.)이다. <□>.][249]

[간(幹)] [활〔弓〕과 쇠뇌〔弩〕이다. <□>.][250]

[미(弭)] [<활에> 테두리〔緣〕가 있으면 '궁(弓)'이라 하고, 테두리〔緣〕가 없는 것은 '미(弭)'라 한다. 활의 끝부분<을 '미(弭)'라고 하는 것>과는 다른 것이다.]

○ **[곡장(曲張)]** [활을 주재한다는 신(神)의 이름이다.]

○ **[궁인(弓人)]** [활을 만드는 장인(匠人)이다. ≪맹자(孟子)≫.][251]

[고인(槀人)] [활〔弓〕과 화살〔矢〕을 관장한다. ≪주례(周禮)≫.]

○ **[선(銑)]** [활고자(활의 양 끝머리.)를 금으로 장식한 것이다.]

[요(珧)] [<활고자(활의 양 끝머리.)를> 무명조개로 장식한 것이다.]

---

249 조(敦) : ≪시경(詩經)≫ <대아(大雅) · 행위(行葦)>에 "조궁은 굳세고 네 화살은 고르다.〔敦弓既堅, 四鍭既鈞.〕"라고 하였는데, 모전(毛傳)에 "조궁은 화궁으로, 천자의 조궁이다.〔敦弓, 畫弓也. 天子敦弓.〕"라고 하였다.

250 간(幹) : ≪주례(周禮)≫ <동관(冬官) · 고공기(考工記)>에 "가시나무의 줄기〔荊之幹.〕"라는 말의 주에 "산뽕나무이니 궁노의 대〔幹〕를 만들 수 있다.〔柘也, 可以爲弓弩之幹.〕"라고 하였다.。

251 궁인(弓人) : ≪맹자(孟子)≫ <공손추 상(公孫丑上)>에 "남의 역부(役夫)이면서 부림을 받는 것을 수치로 여긴다면 활을 만드는 사람〔弓人〕이 활 만드는 것을 부끄럽게 여기고 화살을 만드는 사람이 화살 만드는 것을 부끄럽게 여기는 것과 같다.〔人役而恥爲役, 由弓人而恥爲弓, 矢人而恥爲矢也.〕"라고 하였다.

【규(珪)】[<활고자(활의 양 끝머리.)를> 옥(玉)으로 장식한 것이다.]

【파중(把中)】[줌통(활의 한가운데 손으로 쥐는 부분.)〔활좀〕이다.]

【파(弝)】·【부(弣】·【폐(敝)】[<'파중(把中)'과> 같은 말이다.]

【찰(紮)】[독음은 '찰(札)'이며, 활의 줌통(활의 한가운데 손으로 쥐는 부분.)〔弓弝〕를 싸매는 것이다. 줌피(활의 줌통을 싼 물건.)를 감다.]

【소(簫)】[활 끝이 가지런하지 않은 것이 마치 통소〔簫〕와 같아서 붙여진 이름이다.]

【미(弭)】[활의 끝부분이다. 골각(骨角)으로 꾸며 매끈하다.]

【소(弰)】[활의 끝부분이다.]

【구(彄)】[활〔弓〕과 쇠뇌〔弩〕의 양쪽 끝에 시위〔弦〕를 잡아매는 곳이다. <활고자.>]

【궁점자(弓蔪子)】[활의 도고지(활에 시위를 맬 때 심고, 즉 소의 심으로 만들어 낸 고가 맞닿는 부분.)이다.]

【연(淵)】['연(弲)'이라고도 쓴다. 줌통(활의 한가운데 손으로 쥐는 부분.)〔簫弣〕의 한 가운데이다. '연(淵)'은 '완(宛)'으로, '완(宛)'은 '휜 것〔曲〕'이다. 활오금.]

【외(隈)】['외(畏)'로도 쓰는데, 줌통(활의 한가운데 손으로 쥐는 부분.)〔弲〕이다.]

【태(胎)】[활의 가운데 본체〔幹〕이다. 활소.]

【간(幹)】[활의 뼈대〔본체〕로, 곧 '태(胎)'이다.]

【여(帤)】[독음은 '여(如)'이며, 활의 한 중간<에 덧대는> 비목(裨木 보조 목재.)이다. 활을 만드는 방법은 본체가 되는 나무는 잘 다듬은 나무를 사용하기는 하지만 본체가 되는 나무에 다시 비목을 얹는다. '여(帤)'는 곧 본체가 되는 나무 위에 덧대는 나무이다.]

【부(柎)】[활의 측면에 <붙이는> 뼛조각이다.]

【연(豫)】[활의 시위이다.]

【비(彇)】[<소의> 힘줄을 활에 붙인 것이다. 활에 힘 넣다.]

【첩궁(貼弓)】[벚나무의 껍질로 활을 싸매는 것이다.]

【현(弦)】[활의 시위이다.]

【구자(彄子)】[시위를 매는 곳이다.]

【창(韔)】[활집이다.]

【건(鞬)】·**【도(弢)】**［독음은 '도(刀)'이다.］·**【고(櫜)】**［독음은 '고(高)'이다.］·**【독(韣)】**［<'창(韔)'과> 같은 말이다.］

【궁경(弓檠)】［느슨해지면 활에 묶어서 싸매 손상되는 것에 대비하는 것이다. <활도지개(틀이 가거나 뒤틀린 활을 바로잡는 틀.)>.］

【필(必)】［본래는 '비(柲)'라고 쓴다. <'궁경(弓檠)'과> 같은 말이다.］

【폐(閉)】［<'필(必)'과> 같은 말이다. ≪모시(毛詩)≫.］[252]

【궁가자(弓架子)】［궁창(활집).］

【궁상(弓牀)】［<'궁가자(弓架子)'와> 같은 말이다.］

【궁나자(弓拿子)】［도지개〔도지게〕.］

○ **【액각(液角)】**［활을 만드는 데 사용할 뿔을 물에 담아두는 것이다. ≪주례(周禮)≫.］[253]

【정〔탱〕(党)】［독음은 '정(棖)'이며, 뿔을 바로잡는 것〔正角〕이다. <□>.］[254]

【첨(燀)】［불로 가열하는 것이다. <≪주례(周禮)≫> <고공기(考工記)·궁인(弓人)>에 "뿔을 들어 불에 쬐는데 너무 무르게 하지 않는다.〔撟角欲孰火而無燀.〕"라고 하였다.］

【구화(九和)】［활의 힘이 세 곳이 균등한 것을 '구화(九和)'라 한다. <□>.］[255]

【항궁(炕弓)】［활을 말리는 것이다〔활에 점화하다〕.］

---

252 폐(閉) : ≪시경(詩經)≫ <진풍(秦風)·소융(小戎)>에 "활집에 활 두 개 꽂아 두고, 대나무 도지개를 끈 묶어서 바룬다.〔交韔二弓, 竹閉緄縢.〕"라고 하였다.

253 액각(液角) : ≪주례(周禮)≫ <고공기(考工記)·궁인(弓人)>에 "활을 만들 적에는 겨울에는 활의 몸통이 될 나무〔幹〕을 자르고 봄에는 뿔을 물에 담가 불리고, 여름에는 힘줄을 가공하고, 가을에는 세 가지 재료를 합성한다.〔凡爲弓, 冬析幹而春液角, 夏治筋, 秋合三材.〕"라고 하였다.

254 정〔탱〕(党) : ≪주례(周禮)≫ <고공기(考工記)·궁인(弓人)>에 "뿔을 바로잡는다.〔維角党之.〕"라고 하였는데, 주에 '탱(党)'은 "'탱거(牚距)'의 '탱'과 같이 읽는다.〔讀如牚距之牚.〕"라고 하고, 소(疏)에 "탱(党)은 바로잡는 것이다〔党, 正也.〕"라고 하였다.

255 구화(九和) : ≪주례(周禮)≫ <고공기(考工記)·궁인(弓人)>에 "그 힘을 헤아려보아 균등한 곳이 셋이 있으면, 균등한 곳이 셋인 것을 구화라 한다.〔量其力, 有三均, 均者三, 謂之九和.〕"라고 하였다.

○ 【노(鐪)】[아교를 끓이는 그릇이다. 부레 도광.]

【표관자(鰾罐子)】[<'노(鐪)'와> 같은 말이다.]

【표첩(鰾帖)】[부레로 부치다.]

【성성(觲觲)】[각궁(角弓)이 잘 어우러진 것이다.]

【장(張)】[활시위를 당기다.]

【벽(擘)】[손으로 활을 당기는 것이다.]

【만(彎)】[활시위를 한껏 당기는 것이다]

【곡(彀)】[활〔弓〕이나 쇠뇌〔弩〕의 시위를 한껏 당기는 것이다.]

【곽〔확〕(彍)】[독음은 '곽(霍)'이며, 활〔弓〕이나 쇠뇌〔弩〕의 시위를 한껏 당기는 것이다.]

【구율(彀率)】[활시위를 한껏 당길 수 있는 한도이다.]

【비내〔피위〕(彼㣘)】[독음은 '비내(備內)'이며, 활의 시위를 당긴 모양이다.]

【방(彷)】[시위를 팽팽하게 당긴 모양이다.]

【붕(弸)】[활을 쏘는 소리이다.]

【발자(撥刺)】[활시위를 당기는 소리이다.]

【이(弛)】[활시위를 벗기는 것이다.]

【초(弨)】[활시위를 당기지 않은 것이다. ≪모시(毛詩)≫.][256]

【별(彆)】[활이 뒤틀린 것이다. 활넘다.]

【첨(襜)】[활의 힘줄〔弓筋〕이 끊어진 것이다.]

【궁반기(弓半欺)】[활이 <한쪽으로> 몰린 것이다.]

【구(句)】[<활이> 너무 휘어진 것이다.]

【폐궁(弊弓)】[활이 쓸모가 있지 아니함이다.]

○ 【사(射)】[궁노(弓弩)를 몸에서 출발시켜 먼 곳에 맞히는 것이다.]

【중(中)】[화살이 과녁에 적중한 것이다.]

【양(揚)】[<화살이 과녁에> 적중하지 않은 것이다.]

【실수방(失手放)】[<화살이> 뒤로 빠진 것이다.]

---

256 초(弨) : ≪시경(詩經)≫ <소아(小雅)·동궁(彤弓)>에 "시위가 느슨한 붉은 색 활을 받아 간직하노라.〔彤弓弨兮, 受言藏之.〕"라고 하였다.

○ 【평사(平射)】 [지금 쏘는 것은 유엽전(柳葉箭)의 부류이다. ≪당서(唐書)≫.][257]
【기추(騎芻)】 [말을 타고 <달리며> 허수아비〔芻人〕를 쏘는 것이다. 기추.]
【장타(長垜)】·【마사(馬射)】 [곧 '기추(騎芻)'이다. ≪당서(唐書)≫.][258]

◑弓[黃帝臣靑陽氏始作弓. 又倕作弓. 又少昊·生般作弓. 활.] 巨黍. ○繁弱. ○越棘. ○烏號[弓名.] 弧[木弓.] 敦[音雕, 弴仝. 畫弓. <□[259]>.] 斡[弓弩. <□[260]>.] 弭[有緣曰弓, 無緣者曰弭. 與稍末不同.] ○曲張[弓神名.] ○弓人[弓匠. <孟>.] 槀人[掌弓矢. <周>.] ○銑[金餙弓頭.] 珧[蜃餙.] 珪[玉餙.] ○把中[활좀.] 弝. ○弣. ○敝[仝.] 紮[音札, 纏弓弝也. 좀피감다.] 簫[弓未[261] 差斜如簫, 故名.] 弭[弓稍末也. 以骨飾之, 滑弭弭也.] 弰[弓末.] 彄[弓弩端弦所居也.] 弓葀子[활도고지.] 淵[亦作弲. 簫弣之中也. 淵, 宛也. 宛, 曲也. 활오곰.] 隈[亦作畏, 弲也.] 胎[弓中幹. 활쇼.] 幹[弓骨, 卽胎也.] 帤[音如. 弓中裨也. 造弓之法, 幹雖用整木, 仍于幹上裨之. 帤卽幹上所襯木.] 柎[弓側骨.] 弮[활뎐.] 弸[以筋貼弓. 활의함놋타.] 貼弓[樺皮裹弓也.] 弦[활시위.] 彄子[시위고.] 韔[弓衣.] 鞬. ○弢[音刀.] 櫜[音高.] 韣[仝.] 弓檠[弛則縛于弓, 裹以備損傷.] 必[本作柲. 同.] 閉[仝. <毛>.] 弓架子[궁창.] 弓牀[仝.] 弓拿子[도지게.] ○液角[浸漬弓角也. <周>.] 党[音棖. 正角也. <□[262]>.] 燀[火熱也. <考工記>·

---

257 평사(平射) : 거의 수평으로 날아가도록 발사하는 것이다. 풀이항에서 말한 유엽전(柳葉箭)은 촉이 가볍고 깃이 작은 전투용 화살로, 활대나 나무 또는 쇠를 반달모양으로 휘어서 두 끝에다 시위를 걸고 화살을 시위에 걸어 당겼다 놓으면 자체 탄력을 받아 발사되었다. 조선시대에 편전(片箭)과 함께 가장 주된 전투용 화살로 사용되었다.

258 장타(長垜)·마사(馬射) : ≪신당서(新唐書)≫ <선거지(選擧志)>에 "장안 2년에 처음으로 무과의 과거를 설치하였다. 그 제도에는 장타·마사·보사·평사·간사…가 있었다.〔長安二年, 始置武擧. 其制, 有長垜·馬射·步射·平射·簡射,…〕"라고 하였다.

259 □ : 원본에 출처 표기가 누락되었다.

260 □ : 원본에 출처 표기가 누락되었다.

261 未 : '末'의 잘못으로, 국역에서는 '末'로 바로잡아 옮긴다.

262 □ : 원본에 출처 표기가 누락되었다.

<弓人>: "撟角欲熟[263]火而無熚.] 九和[弓力三均謂之九和. <□[264]>.] 炕弓[활졉화넛타.] ○鏮[煎膠器. 부레도광.] 鰾罐子[仝.] 鰾帖[부레로부치다.] 觪觪[角弓調和也.] 張[張弓弦也.] 擘[手張弓.] 彎[持弓滿也.] 彀[弓弩持滿也.] 彉[音霍, 弓弩滿也.] 彀率[彎弓之限.] 彼彂[音備內. 張弓貌.] 徬[弦急貌.] 弸[弓聲.] 撥剌[張弓聲.] 弛[弓解去弦也.] 弨[弓不張. <毛>.] 弩[弓戾也. 활넘다.] 幨[弓筋絶.] 弓半欺[활몰이다.] 句[太曲曲.] 弊弓[弓不中用.] ○射[弓弩發于身, 中于遠也.] 中[矢至的也.] 揚[不中.] 失手放[뒤빠지우다.] ○平射[今之射, 以柳葉箭之類. <唐>.] 騎芻[騎射芻人也. 긔추.] 長垜馬射[卽騎芻也. <唐>.]

◑ **[노(弩)]** [황제(黃帝)가 처음으로 쇠뇌[弩]를 만들었다.][265]

[규예(蹞躧)] [독음은 '규예'(원주: 평성(平聲)이다.)이다.]

[대황계자(大黃谿子)] [쇠뇌의 이름이다.]

○ **[원망(遠望)]** [쇠뇌를 주재하는 신(神)의 이름이다.]

○ **[비(臂)]** [쇠뇌의 자루이다.]

[아(牙)] [<활줄을 당길 때 사용하는> 깍지이다.]

[곽(郭)] ['아(牙)'의 바깥이다.]

[현도(懸刀)] ['아(牙)'의 아래이다.]

[기(機)] [쇠뇌의 자루[弩臂], 깍지[牙], 곽(郭), 현도(懸刀)가 합쳐지는 곳이다.]

[쇠(釗)] [노기(弩機)이다.]

○ **[벽장(擘張)]** [손으로 쇠뇌를 당기는 것이다.]

[궐장(蹶張)] [발로 쇠뇌를 당기는 것이다.]

[척(蹠)] [쇠뇌를 발사하려는 자가 발을 들어서 쇠뇌를 당기는 것이다. ≪자치통감강목(資治通鑑綱目)≫.][266]

---

263 熟 : ≪주례(周禮)≫에는 '孰'으로 되어 있는데, 의미는 서로 통하지만, 국역에서는 '孰'으로 바꾸어 옮긴다.

264 □ : 원본에 출처 표기가 누락되었다.

265 노(弩) : 쇠로 된 발사 장치가 달린 활이다. 노기(弩機). 쇠뇌.

【환(弮)】[쇠뇌가 당겨진 것이다.]

◑弩[黃帝始作弩.] 蹞躨[音규예(平聲). 大黃谿子[弩名.] ○遠望[弩神名.] ○臂[弩柄.] 牙[鉤弦.] 郭[牙外.] 懸刀[牙下.] 機[合臂牙郭刀.] 釗[弩機.] ○擘張[手張弩也.] 蹶張[足張弩也.] 蹠[欲放弩者, 擧足張弩. <目>.] 弮[弩曲也.]

◑ **【시(矢)】**[이모(夷牟 전설에서, 황제(黃帝) 때의 인물.)가 처음으로 화살〔矢〕을 만들었다. 일설에는 부유(浮游 전설에서, 공공(共工)의 신하.)가 화살〔矢〕을 만들었다고 말한다. 살.]

【전(箭)】[<'시(矢)'>와 같은 말이다.]

【유의(由意)】·**【망귀(忘歸)】**·**【신왕(信往)】**·**【청후(靑鍭)】**·**【적경(赤莖)】**[화살〔矢〕의 이름이다.]

○ **【속장(續長)】**[화살〔箭〕을 주재하는 신(神)의 이름이다. ≪태공병법(太公兵法)≫.][267]

○ **【시인(矢人)】**[화살〔矢〕을 만드는 장인(匠人)이다. ≪맹자(孟子)≫.][268]

【야씨(冶氏)】[화살〔矢〕을 관장하는 관직이다. ≪주례(周禮)≫.][269]

○ **【왕시(枉矢)】**[두 가지 이름이 있는데, 하나는 ≪주관(周官)≫에서의 여섯 등급의 화살〔矢〕이고, 또 하나는 요성(妖星)인 왕시(枉矢)의 형상을 본뜬 것으로, 악조(惡鳥)를 쏘는 것인 듯하다.][270]

---

266 척(蹠) : ≪사기(史記)≫ <소진전(蘇秦傳)>에 "견고한 갑옷을 입고 강한 쇠뇌를 밟는다.〔被堅甲, 蹠勁弩.〕"라고 하였다.

267 속장(續長) : ≪예문유취(藝文類聚)≫ 권60에 ≪태공병법(太公兵法)≫을 인용하여 "화살〔箭〕의 신은 이름이 속장이다.〔箭之神, 名續長.〕"라고 하였다.

268 시인(矢人) : ≪맹자(孟子)≫ <공손추 상(公孫丑上)>에 "남의 역부(役夫)이면서 부림을 받는 것을 수치로 여긴다면 활을 만드는 사람이 활 만드는 것을 부끄럽게 여기고 화살을 만드는 사람이 화살 만드는 것을 부끄럽게 여기는 것과 같다.〔人役而耻爲役, 由弓人而耻爲弓, 矢人而耻爲矢也.〕"라고 하였다.

269 야씨(冶氏) : ≪주례(周禮)≫ <고공기(考工記)·야씨(冶氏)>에 "야씨는 살시를 만든다.〔冶氏爲殺矢.〕"라고 하였다. '살시(殺矢)'는 수렵용 화살의 일종이다.

270 왕시(枉矢) : ≪주례(周禮)≫ <하관(夏官)·사궁시(司弓矢)>의 정현(鄭玄) 주에 "왕시라는 것은 밝기가 변화하는 별〔變星〕에서 이름을 딴 것으로, 날아

【혈시(絜矢)】[수성(守城)이나 거전(車戰)에서 사용하던 것이다.]

【살시(殺矢)】·【후시(鍭矢)】[촉을 쇠로 만들고 깃털을 잘라 붙인 것으로, '비전(錍箭)'이라고도 한다.]

【증시(矰矢)】·【불시(茀矢)】[주살로 쏠 때에 사용한다.]

【항시(恒矢)】·【비시(庳矢)】[재물을 살포할 때에 사용한다.]

【비자전(鈚子箭)】[화살촉〔셔부ᄌᆞ〕.]

【골비전(骨鈚箭)】[뿔로 만든 고두리살(작은 새를 잡는 데 쓰는, 촉이 뼈로 된 살. 솔살.).]

【지(志)】·【포전(骲箭)】[<'골비전(骨鈚箭)'과> 같은 말이다. ≪자치통감강목(資治通鑑綱目)≫.][271]

【박두(樸頭)】[고두리살(작은 새를 잡는 데 쓰는, 촉이 뼈로 된 살. 솔살.).]

【향박두(響樸頭)】[테고두리.]

【효시(嚆矢)】[향전(響箭 화살 끝에 속이 빈 깍지를 달아 붙여, 쏘면 공기에 부딪혀 소리가 나는 화살.)이다. 쏘는 사람은 먼저 자전(子箭)을 이용하여 거리를 <가늠한다>. <효시(嚆矢).>]

【향전(響箭)】[<'효시(嚆矢)'와> 같은 말이다.]

【효(髇)】[독음은 '□(□)'이며, 명적(鳴鏑 화살의 한 가지. 쏘아 나갈 때에 소리가 나기 때문에 붙여진 이름. 우는 살.)이다. 향전(響箭)을 또한 '효(髇)'라고 일컫는다.]

【유엽전(柳葉箭)】[화살〔箭〕의 발모양이 버들잎을 닮은 것으로, 비자전(鈚子箭)이다. 그런데 민간에서 유엽전(柳葉箭)이라고 하는 것은 발이 가늘고 네모가 졌다.]

【편전(片箭)】[살대가 짧고 살촉이 무거우며, 통아(筒兒 살을 넣어서 시위에 메어 쏘는 나무통.)에 넣어서 발사한다.]

【철전(鐵箭)】[여섯 냥(兩)이다.]

【세전(細箭)】[<살대가> 가는 화살이다.]

가며 빛을 내는데 지금의 비모가 그것이다.〔枉矢者, 取名變星, 飛行有光, 今之飛矛是也.〕"라고 하였다.

271 지(志)·포전(骲箭) : ≪자치통감(資治通鑑)≫ 송(宋) 순제(順帝) 승명(昇明) 원년 조에 "화살 하나로 바로 죽고 나중에 다시 쏘는 일이 없기로는 포전을 사용하여 쏘는 것만 한 것이 없다.〔一箭便死, 後無復射, 不如以骲箭射之.〕"라고 한 용례가 있다.

○ 【노시(砮矢)】 [혈시(絜矢) · 후시(鍭矢) · 불시(茀矢) · 비시(庳矢)이다.]

○ 【전간(箭幹)】 [살대이다.]

【고간(槀笴)】 [<'간(笴)'의> 독음은 '간(稈)'이다. <'전간(箭幹)'과> 같은 말이다.]

【괄(栝)】 [독음은 '괄(栝) · 괄(筈)이며, 괄착(括箸)'과 같은 말인데, 시위를 받쳐주는 곳이다. 오늬(화살의 머리를 시위에 끼도록 에어 낸 부분.).]

【발(拔)】 [<'괄(栝)'과> 같은 말이다. ≪모시(毛詩)≫.][272]

【전구(箭口)】 [<'발(拔)'과> 같은 말이다.]

【차(叉)】 [괄(栝)의 옆을 '차(叉)'라고 하는데, 깍지를 낀 모양과 닮았다.]

【위(衛)】 [제(齊)나라 사람이 깃털을 잘라 붙인 화살〔箭羽〕을 일컫던 말이다.]

【후(鍭)】 [촉을 쇠로 만들고 깃털을 잘라 붙인 화살이다. ≪이아(爾雅)≫.][273]

【적(鏑)】 [화살〔矢〕의 촉끝이다.]

【촉(鏃)】 [살촉이다.]

【정(鋌)】 [화살의 발〔箭足〕로, <살대의> 몸체에 들어가는 것이니, 곧 살촉의 뿌리이다.]

【전족(箭足)】 [살촉이다.]

【발(拔)】 [화살〔矢〕의 끝이다.][274]

【노(砮)】 [돌로 만든 살촉이다.]

○ 【강괘(剛掛)】 [쇠뇌〔弩〕의 살촉이다.]

○ 【추(菆)】 [화살〔矢〕 가운데 좋은 것이다. 또는 화살〔矢〕을 담아두는 용기이다.]

---

272 발(拔) : ≪시경(詩經)≫ <진풍(秦風) · 사철(駟驖)>에 "공은 '돕거라!' 하고 말하더니, 활 끝을 놓아서 잡았다.〔公曰左之, 舍拔則獲.〕"라고 하였는데, 소(疏)에 "화살촉이 머리가 되기 때문에 '발(拔)'은 끝이 된다.〔以鏃爲首, 故拔爲末.〕"라고 하였다.

273 후(鍭) : ≪이아(爾雅)≫ <석기(釋器)>에 "촉을 쇠로 만들고 깃털을 잘라 붙인 것을 '후(鍭)'라 한다〔金鏃翦羽謂之鍭.〕"라고 하였다.

274 발(拔) : ≪시경(詩經)≫ <진풍(秦風) · 사철(駟驖)>에 "공이 <수레를> 왼쪽으로 돌리라더니, 활을 쏘아 어김없이 맞히시네.〔公曰左之, 舍拔則獲.〕"라고 하였는데, 모형(毛亨)의 전(傳)에 "'발(拔)'은 화살의 끝이다.〔拔, 矢末也.〕"라고 하였다.

【전제(箭梯)】[편전(片箭)을 쏘는 통아(筒兒 살을 넣어서 시위에 메어 쏘는 나무통.)이다.]

【탁(橐)】[화살〔箭〕을 담아두는 용기이다.]

【방(房)】·**【호록(鞠䩮)】**[화살〔箭〕을 넣어두는 집이다.]

【전통(箭筒)】[화살〔矢〕을 담는 통이다.]

【전호(箭壺)】[<'전통(箭筒)'과> 같은 말이다.]

【빙(氷)】[화살〔矢〕을 담는 용기이다. ≪모시(毛詩)≫.]

【붕복(掤箙)】[<'빙(氷)'과> 같은 말이다.]

【작(笮)】[독음은 '작(作)'이며, 화살을 담는 통〔矢服〕이다.]

【난(籣)】[노시(弩矢)를 담는 용기로, 사람이 짊어지는 것이다.]

【궁채대(弓靫袋)】[동개(활과 화살을 꽂아 넣어 짊어지게 만든 물건으로, 활은 반만 들어가고 화살은 아랫부분만 들어간다.)이다. ≪역어유해(譯語類解)≫.]

【주수호(走獸壺)】·**【비어대(飛魚袋)】**[<'궁채대(弓靫袋)'와> 같은 말이다.]

○ **【완(垸)】**[독음은 '완(完)'이며, 살시(殺矢)를 만드는 것이다. 옻칠을 하여 말린 뒤에 돌로 문질러 평평하게 만든다. ≪주례(周禮)≫.][275]

【은(檃)】[도지개(틈이 가거나 뒤틀린 활을 바로잡는 틀.)이다.]

【교(矯)】[화살을 휘어서 바로잡는 것이다. 살대를 잡다.]

【협요(夾搖)】[화살〔矢〕을 시험하는 것으로, 손가락으로 화살촉을 비틀어 소리가 나면 그것이 똑바른지 살펴본다. 살타다.]

【무위(儛衛)】[화살이 바른지 살펴보는〔夾搖〕 소리이다.]

○ **【탑전(搭箭)】**[화살을 시위에 거는 것이다. 살메우다.]

【축현(築弦)】[<'탑전(搭箭)'과> 같은 말이다.]

○ **【삼련(參連)】**[먼저 화살〔矢〕 하나를 쏜 다음에 세 개를 잇달아 쏘는 것이다. <기(記)>[276].]

---

275 완(垸) : ≪주례(周禮)≫ <동관(冬官)·고공기(考工記)>에 "야씨는 살시를 만드는데,…무게를 재어 세 번 옻칠하여 다듬는다.〔冶氏爲殺矢,…重三垸.〕"라고 하였다.

276 <기(記)> : '삼련(參連)'부터 아래의 '염주(剡注)'까지의 표제어는 고대의 사

【양척(襄尺)】[임금과 함께 활을 쏠 때에 <신하가 임금에게서> 한 자 뒤로 물러나 있는 것이다. <기(記)>.]

【정의(井儀)】[화살을 걸어 적중시킨 것이 마치 우물 '정(井)'자의 모양과 같은 것이다. <기(記)>.]

【백촉(白鏃)】[화살이 과녁을 꿰뚫어서 그 살촉이 드러나 보이는 것이다. <기(記)>.]

【염주(剡注)】[살깃이 올라가자마자 살촉이 내려가며 날아가 예리하게 <과녁에> 적중하는 것이다. <기(記)>.]

【예풍(羿風)】[화살〔箭〕이 바람을 타고 빠르게 날아가는 것이다.]

【조(趮)】[독음은 '조(操)'이며, 화살이 빠른 것이다. <≪주례(周禮)≫> <고공기(考工記)>에 "살깃이 줄면 빠르다.〔羽殺則趮.〕"라고 하였다.][277]

【살과(撒過)】[화살이 과녁을 뚫고 지나가는 것이다.]

【도축(倒縮)】[퇴촉(退鏃 화살이 힘없이 과녁에 닿았다가 뒤로 튕겨져 나오는 것.)하다.]

【팽락(硼落)】[<'도축(倒縮)'과> 같은 말이다.]

○ 【효(謞)】[독음은 '효(哮)'이며, 화살〔箭〕이 날아가는 소리이다.]

【수(摗)】[독음은 '수(溲)'이며, 화살〔矢〕이 빠르게 날아가는 소리이다.]

【기치규(饑鴟叫)】[화살〔矢〕이 빠르게 날아가는 소리가 마치 굶주린 솔개가 울부짖는 소리와도 같음이다. ≪세설신어(世說新語)≫.]

○ 【사(臬)】[<활을 쏘는> 한계〔限〕로, 과녁을 조준하여 쏜다.]

○ 【주(注)】[활쏘기로 재물을 걸고 도박을 하는 것이다. ≪장자(莊子)≫의 금주(金注)나 와주(瓦注)<같은 것>이다.][278]

례(射禮)의 다섯 가지 전법(箭法)을 차례대로 나열한 것인데, 출처를 <기(記)>라고 한 것은 ≪주례(周禮)≫의 본문이 아닌, 주소(注疏)에 있는 글귀를 근거로 하였다는 뜻이다.

277 조(趮) : ≪주례(周禮)≫ <고공기(考工記)·시인(矢人)>에 "살깃이 많으면 느리고, 살깃이 적으면 빠르다.〔羽豐則遲, 羽殺則趮.〕"라고 하였다.

278 주(注) : ≪장자(莊子)≫ <달생(達生)>에 "기왓장을 건 자는 생각이 묘해지고, 대구(帶鉤)를 건 자는 겁을 내고, 금덩이를 건 자는 정신이 없게 된다.〔以瓦注者巧, 以鉤注者憚, 以黃金注者殙.〕"라고 하였다.

◑矢[夷牟始作矢. 一曰浮游作矢. 살.] 箭[仝.] 由意. ㅇ忘歸. ㅇ信往. ㅇ青鍭. ㅇ赤莖[矢名.] ㅇ續長[箭神名. <太>.] ㅇ矢人[矢工. <孟>.] 冶氏[掌矢之官. <周>.] ㅇ枉矢[有二名, 其一周官六等之矢也, 其一象妖星枉矢之形, 似射惡鳥.] 絜矢[守城車戰用之.] 殺矢・鍭矢[金鏃剪羽, 亦曰錍箭.] 矰矢. ㅇ茀矢[弋射用之.] 恒矢. ㅇ庳矢[散財用之.] 鈚子箭[셔부즈.] 骨鈚箭[셸고도리.] 志. ㅇ骲箭[仝. <目>.] 樸頭[고도리.] 響樸頭[테고도리.] 嗃矢[響箭也. 射者先以子箭也而遠近也.] 響箭[仝.] 髇[音□[279]. 鳴鏑也. 響箭亦謂之髇.] 柳葉箭[箭足形似柳葉者, 鈚子箭也, 而俗稱柳葉箭者, 足細而方.] 片箭[竿短而鏃重, 納筒兒放之.] 鐵箭[六兩.] 細箭[ᄀᆞᄂᆞᆫ디.] ㅇ弩矢[絜矢・鍭矢・茀矢・庳矢也.] ㅇ箭幹[살디.] 櫜笴[音稈. 仝.] 栝[音栝, 括筈仝, 築弦處. 온의.] 拔[仝. <毛>.] 箭口[仝.] 叉[括[280]旁曰叉, 形似叉也.] 衛[齊人謂箭羽.] 鍭[金鏃箭羽. <爾>.] 鏑[矢鋒.] 鏃[살촉.] 鋌[箭足, 入幹者, 卽鏃之根也.] 箭足[簇也.] 拔[矢末.] 砮[石鏃.] ㅇ剛掛[弩鏃也.] ㅇ菔[矢之良者. 或矢器.] 箭梯[片箭筒兒.] 櫜[箭器.] 房. ㅇ鞬鞢[箭室.] 箭筒[盛矢筒.] 箭壺[仝.] 氷[盛矢器. <毛>.] 掤箙[仝.] 笮[音作. 矢服.] 籣[盛弩矢器, 人所負也.] 弓鞁袋[동기. <譯>.] 走獸壺. ㅇ飛魚袋[仝.] ㅇ垸[音完, 爲殺矢. 桼而乾之, 以石磨平之也. <周>.] 檃[딕줍이.] 矯[柔箭括也. 살딕잡다.] 夾搖[試矢者, 以指撚箭鏇[281]去有聲, 以審其直也. 살타다.] 儛衛[夾搖之聲.] ㅇ搭箭[살메우다.] 築弦[仝.] ㅇ參連[先放一矢, 後三矢連續而發也. <記>.] 襄尺[與君射, 讓退一尺. <記>.] 井儀[乘矢幷中, 如井字形. <記>.] 白鏃[矢透於革, 見其鏃白. <記>.] 剡注[羽高鏃低去剡剡然注射也. <記>.] 羿風[箭乘風而疾.] 趮[音操. 矢疾也. 考工記: "羽殺則趮."] 撒過[살젓고가다.] 倒縮[퇴춖ᄒᆞ다.] 磞落[仝.] ㅇ謞[音哮. 箭去聲.] 摻[音溲. 矢疾聲.] 餞鴟叫[矢疾聲, 若餞鴟之叫也. <世>.] ㅇ臬[限也. 射準的也.] ㅇ注[射以賭物. ≪莊子≫金注・丸[282]注.]

---

279 □ : 원본에 독음 표기가 누락되었다.
280 括 : '栝'의 뜻으로, 국역에서는 '栝'로 바꾸어 옮긴다.
281 鏇 : '鏃'의 잘못으로, 국역에서는 '鏃'으로 바로잡아 옮긴다.
282 丸 : '瓦'의 잘못으로, 국역에서는 '瓦'로 바로잡아 옮긴다.

◑ **【구(韝)】**[<활>팔찌(활을 쏠 때에 활 쥔 팔의 소매를 걷어 매어 두는 띠.)이다.]

【습(拾)】[<'구(韝)'와> 같은 말이다. ≪모시(毛詩)≫.][283]

【사도(射韜)】[<'구(韝)'와> 같은 말이다.]

○ **【답(韐)】**[장갑이다.]

【피지(皮指)】[<'답(韐)'과> 같은 말이다.]

◑韝[ᄑᆞᆯ찌.] 拾[仝. <毛>.] 射韜[仝.] ○韐[장갑.] 皮指[仝.]

◑ **【결(決)】**[활시위를 당겨 활의 몸통을 여는 것이다. 각지(角指.]

【섭(韘)】[<'결(決)'과> 같은 말이다. ≪모시(毛詩)≫.][284]

【분지수(扮指手)】·**【전류자(箭流子)】**[<'섭(韘)'과> 같은 말이다. ≪역어유해(譯語類解)≫.]

【주극삼(朱極三)】[삼지(三指 활을 잡은 줌손의 아래 세 손가락. 식지·장지·무명지.)이다. ≪모시(毛詩)≫.][285]

◑決[鉤弦闓體者. 각지.] 韘[仝. <毛>.] 扮指手. ○箭流子[仝. <譯>.] 朱極三[삼지. <毛>.]

◑ **【적(的)】**[사후(射侯 활을 쏠 때에 과녁으로 쓰는 사방 열 자 가량의 베.)의 한가운데이다. 관혁.]

【관혁(貫革)】[<'적(的)'과> 같은 말이다. 과녁의 한가운데에 가죽을 대놓고

---

283 습(拾) : ≪시경(詩經)≫ <소아(小雅)·거공(車攻)>에 " 활깍지와 팔찌를 써서 활과 화살을 고른다.〔決拾旣佽, 弓矢旣調.〕"라고 하였다.

284 섭(韘) : ≪시경(詩經)≫ <위풍(衛風)·환란(芄蘭)>에 "동자가 깍지를 차고 있도다.〔童子佩韘.〕"라고 하였는데, 모형(毛亨)의 전(傳)에 "'섭(韘)'은 깍지〔決〕이다.〔韘, 決也.〕"라고 하였다.

285 주극삼(朱極三) : ≪시경(詩經)≫ <위풍(衛風)·환란(芄蘭)>에 "환란의 이파리여, 동자가 깍지를 찼도다.〔芄蘭之葉, 童子佩韘.〕"라고 하였는데, 정현(鄭玄)의 주(注)에 '섭(韘)'은 "곧 ≪예기≫ <대사>에서 말한 주극삼이 그것이다. 붉은 가죽으로 만드는데, 가락지를 만들어 오른손의 식지, 장지, 무명지에 끼우는 것이다.〔卽大射所謂朱極三, 是也. 以朱韋爲之, 用以彄沓右手食指·長指·無名指也.〕라고 하였다.

활로 쏘아 그것을 꿰뚫는다.]

【전파자(箭把子)】·**【파자홍심(把子紅心)】**·**【정(㡠)】**[<'관혁(貫革)'과> 같은 말이다.]

【정(正)】[본래는 '정(鴊)'으로 쓴다. '정(鴊)'은 '격정(擊征)'이라는 새인데, 재빨라서 적중시키기 어렵기 때문에 그것을 가져다 과녁의 이름으로 삼은 것이다.]

【곡(鵠)】[고니의 모습을 만들어 과녁의 한 가운데 붙여둔 것이다.]

◑的[射侯之中也. 관혁.] 貫革[仝. 捿革於帿中而射貫之.] 箭把子. ㅇ把子紅心. ㅇ㡠[仝.] 正[本作鴊. 鴊, 擊征鳥也, 輕疾難中, 故借爲的名.] 鵠[爲鵠形, 著于帿中.]

◑ **【후(帿)】**[베〔布〕로 만든다.]

【포붕파자(布堋把子)】[솔(삼베로 만든 과녁.).]

【질(質)】[활을 쏘는 과녁이다. ≪순자(荀子)≫.][286]

【후궁(帿躬)】[과녁〔帿〕의 전체이다.]

【개(个)】[과녁〔帿〕의 가장자리의 폭이다.]

【상개(上个)】[<과녁〔帿〕의> 가장 위쪽의 폭이다.]

【사설(射舌)】[후궁(帿躬)의 좌우에 삐져나온 것이다. 솔귀(포목으로 만든 과녁의 솔기.).]

【유(維)】[솔기〔射舌〕의 모서리이다.]

【설의(舌儀)】[과녁을 지탱하는 것이다.]

【운(緷)】[독음은 '운(云)'이며, <과녁을> 벼리<에 연결하여> 지탱하는 줄이다. 벼릿줄.]

【직(植)】[독음은 '직(直)'이며, 과녁을 <받치는> 장대이다. 솔대.]

---

286 질(質) : ≪순자(荀子)≫ <권학(勸學)>에 "과녁을 펼쳐 놓으면 화살이 날아오게 마련이고, 나무숲이 무성하면 도끼를 맞이하게 마련이며, 나무가 그늘을 이루면 새들이 날아와서 쉬게 마련이고, 식초가 시어지면 초파리가 모여들게 마련이다.〔質的張而弓矢至焉, 林木茂而斧斤至焉, 樹成蔭而衆鳥息焉, 醯酸而蜹聚焉.〕"라고 하였다.

【홍두(鴻脰)】[길이가 세 길 되는 장대를 비단수건으로 장대의 머리를 덮어서 마치 기러기의 모가지와 같은 것이다.]

○ **【이보(貍步)】**[발을 한 번 들어 올리는 것이 이보(貍步)인데, <곧 지금의> 반보(半步)이다. 대사(大射)는 이보를 사용하여 삼후(三帿 호후(虎侯), 웅후(熊侯), 표후(豹侯)의 세 과녁.)를 펼쳐놓는다.]

◑帿[以布爲之.] 布堋把子[솔.] 質[射帿. <荀>.] 帿躬[帿之全體.] 个[帿邊幅.] 上个[最上幅.] 射舌[帿躬左右出. 솔귀.] 維[射舌之角.] 舌儀[維持射帿.] 䋎[音云, 持綱紐也. 벼리줄.] 植[音直. 帿竿. 솔ᄃᆡ.] 鴻脰[杠長三仞以帛巾冒杠頭, 如雁頸也.] ○貍步[一擧足爲貍步, 半步也. 大射, 以貍步張三帿.]

◑ **【용(容)】**[침대 머리에 놓인 작은 병풍 모양으로, 활을 쏘는 사람이 자신을 가려서 방어하는 것이다. ≪이아(爾雅)≫.][287]

【방(防)】[<'용(容)'과> 같은 말이다.]

○ **【핍(乏)】**[정기(旌旗)를 들고 고획(告獲)하는 자가 깔고 앉아서 화살을 피하는 것이다. ≪주례(周禮)≫. (원주: 뒤권.)][288]

【핍비(乏扉)】[<'핍(乏)'과> 같은 말이다.]

◑容[形似牀頭小屛, 射者所以自防蔽也. <爾>.] 防[仝.] ○乏[持旌告獲者藉以避矢者. <周>. (뒤권.)] 乏扉[仝.]

---

287 용(容) : ≪이아(爾雅)≫ <석기(釋器)>에 "'용(容)'을 '방(防)'이라 한다.〔容謂之防.〕"라고 하였는데, 곽박(郭璞)의 주에 "모양은 마치 지금의 침대 머리의 작고 구부정한 병풍 모양인데, 활쏘기를 진행하는 사람이 자신을 가려서 방어하는 것으로, 몸을 집어넣어 화살을 방어하는 것이다.〔形如今牀頭小曲屛風, 唱射者所以自防隱也, 所以容身防矢也.〕"라고 하였다.

288 ≪주례(周禮)≫ <춘관(春官)·거복(車僕)>에 "거복은 대사에서 세 번 화살막이〔乏〕를 제공한다.〔車僕大射共三乏.〕"라고 하였는데, 그 주에 "'용(容)'이라고도 하는데, 가죽을 사용하여 만든다.〔一名容, 用皮爲之.〕"라고 하였다.

◑ **【탄자(彈子)】**［활〔弓〕로 탄환을 때려서 물체를 쏘는 것이다. ≪사기(史記)≫.］

【탄환(彈丸)】［탄자(彈子). 철환(鐵丸).］

【탄구(彈彄)】［탄자고.］

【개(絠)】［독음은 '개(改)'이며, <'탄구(彈彄)'와> 같은 말이다.］[289]

【평(抨)】［탄환이다.］

◑彈子[以弓激丸而射物也. <史>.] 彈丸[탄ᄌ쳘환.] 彈彄[탄ᄌ고.] 絠[音改. 仝.] 抨[彈也.]

◑ **【총(銃)】**［총.］

【조총(鳥銃)】［조총.］

【총상(銃牀)】［총바탕.］

【조문(照門)】［총신(銃身)의 한 가운데에 있으면서 조성(照星)과 호응하여 탄환이 날아가는 길을 바로잡아 주는 것이다. 가늠쇠〔가막쇠〕.］

【조성(照星)】［총의 머리에 있다. 말근쇠(총을 조준하는 장치. 총구 가까이, 총신 위쪽에 붙어 있는 작은 쇳조각.)〔물근쇠〕이다.］

【화문(火門)】［불이 나가는 구멍이다.］

【배철(拜鐵)】［방아쇠.］

【삭장(搠杖)】［화약을 재는 막대기이다.］

【동관(銅管)】［화약을 재는 통이다.］

【철환(鐵丸)】［연자(鉛子 탄환).］

【화약(火藥)】［화약.］

【화승(火繩)】［화승.］

【축약(築藥)】［화약을 쟁여 넣다.］

---

289 개(絠) : ≪설문해자(說文解字)≫에 '개(絠)'는 "탄구이다. '탄(彈)'은 활을 쏘는 것이다. '구(彄)'는 궁노의 시위 끝이 앉는 곳이다. 시위와 궁노는 화살을 발사할 때에 서로 떨어지는데, 이것을 '개(絠)'라고 한다.〔彈彄也. 彈者, 開弓也. 彄者, 弓弩耑弦所凥也. 弦與弓弩於發矢時相離, 是名絠.〕라고 하였다.

◑銃[츙.] 鳥銃[죠츙.] 銃牀[츙바탕.] 照門[在銃身中, 與照星相應, 以正丸路者. 가막쇠.] 照星[在銃頭. 물근쇠.] 火門[縱火之穴.] 拜鐵[방하쇠.] 搠杖[築藥之杖.] 銅管[築藥之筒.] 鐵丸[鉛子.] 火藥[화약.] 火繩[화승.] 築藥[장약ᄒᆞ다.]

◑ **【포(礮)】** [독음은 '포(鉋)'이며, 돌을 날리는 기구이다. 범려(范蠡 춘추시대 월(越)나라의 대신.)가 기계를 만들어 돌을 날려 보냈는데, 돌의 무게는 열두 근이었고 3백 보를 날아갔으니, 포(砲)는 여기에서 비롯되었다.]

【포거(拋車)】 [<'포(礮)'와> 같은 말이다.]

○ **【대완구(大碗口)】** [대완구(조선 시대에 만든 대형 화포의 이름.).]

【서양포(西洋砲)】 · **【불랑기(佛郎機)】** · **【홍의포(紅衣砲)】** [<'대완구(大碗口)'와> 같은 말이다.]

【진천뢰(震天雷)】 [대포의 이름이다.]

【목통(木筒)】 · **【증통(甑筒)】** · **【철우전(鐵羽箭)】** · **【자모포(子母砲)】** [모두 화기(火器)의 이름이다.]

○ **【지뢰포(地雷砲)】** [땅속에 묻어두고 적(賊)이 접근하기를 기다렸다가 불을 뿜는다.]

○ **【자포(子砲)】** · **【천추포(天墜砲)】** · **【일와봉(一窩蜂)】** · **【비천분통(飛天噴筒)】** · **【대봉과(大蜂窠)】** [포(砲)의 이름이다.]

○ **【화전(火箭)】** [신기전(神機箭).]

【화료전(火燎箭)】 · **【신기전(神機箭)】** [<'화전(火箭)'과> 같은 말이다.]

◑礮[音鉋. 機石. 范蠡爲機飛石, 石重十二斤, 行三百步, 砲始於此.] 拋車[仝.] ○大碗口[ᄃᆡ안고.] 西洋砲. ○佛郎機. ○紅衣砲[仝.] 震天雷[大砲名.] 木筒. ○甑筒. ○鐵羽箭. ○子母砲[皆火器名.] ○地雷砲[埋地中, 俟賊至, 火起.] ○子砲. ○天墜砲. ○一窩蜂. ○飛天噴筒. ○大蜂窠[砲名.] ○火箭[신긔젼.] 火燎箭. ○神機箭[仝.]

◑ **[낭선(狼筅)]** [모죽(毛竹) 중에서 길고 가지[篁]가 많은 것을 사용하여, 끝을 뾰족하게 만들어서 쇠를 씌운 것으로, 마치 작은 창(槍)과 같다. 양쪽 옆에는 긴 가시를 많이 남겨두는데, 하나는 곧고 하나는 갈고리 같아서 창[戟]과 비슷하기도 하고 갈고리[鉤]와 비슷하기도 하다. 독약을 바르고 끝이 날카로워서 접근하기 어렵다.]

◑狼筅[用毛竹長而多篁者, 末鋭包鐵, 如小槍. 兩旁多留長刺, 一直一鉤, 如戟如鉤. 敷以毒藥, 鋒利難犯.]

◑ **[부(斧)]** [도끼[鉞]의 부류이다. 신농씨(神農氏)가 부(斧)를 만들었다.]
[장(斨)] [모가 지고 구멍이 있는 도끼이다.]
[공(銎)] [도끼[斧]의 구멍이다.]
○ **[월(戉)]** ['월(鉞)'이라고도 쓰며, 도끼[斧]에 긴 자루가 달린 것이다.]
○ **[척(戚)]** [월(戉)의 부류이다.]
○ **[양(揚)]** [월(戉)의 부류이다.]

◑斧[鉞屬. 神農作斧.] 斨[方銎斧.] 銎[斧孔.] ○戉[一作鉞. 斧之長柄者.] ○戚[戉類.] ○揚[戉類.]

◑ **[철질려(鐵蒺藜)]** [땅에 뿌려서 사람과 말의 발을 찌르는 것이다. 마름쇠.]
[귀전(鬼箭)] [<'철질려(鐵蒺藜)'와> 같은 말이다.]
[거답(渠答)] [<'귀전(鬼箭)'과> 같은 말이다.]
[능각(菱角)] · **[지삽(地澁)]** · **[녹각목(鹿角木)]** [질려(蒺藜)의 부류이다.]
[거마목(拒馬木)] [거마목(말이 들어오지 못하게 설치한 목책. 거목(拒木).).]

◑鐵蒺藜[布地以刺人馬足者. 마름쇠.] 鬼箭[仝.] 渠荅[290][仝.] 菱角. ○地澁.

---

290 荅 : '答'의 이체자로, 국역에서는 '答'으로 바꾸어 옮긴다.

○鹿角木[蒺藜之類.] 拒馬木[거머젹.]

◑ **【갑(甲)】**[갑옷.]

【함개(函介)】·**【철의(鐵衣)】**[<'갑(甲)'과> 같은 말이다.]

【서거(犀渠)】[갑옷〔甲〕을 '거(渠)'라고 한다. '서거(犀渠)'는 무소가죽으로 만든 갑옷이다.]

○ **【함인(函人)】**[갑옷을 만드는 장인(匠人)이다. ≪맹자(孟子)≫.][291]

○ **【찰(札)】**[갑옷의 가죽 조각이다. ≪춘추좌씨전(春秋左氏傳)≫.][292]

【갑엽(甲葉)】[<'찰(札)'> 같은 말이다.]

【삼속(三屬)】[상반신이 하나이고, 허벅지가 하나이고, 정강이가 하나이다.][293]

【상려하려(上旅下旅)】[허리의 윗부분을 '상려(上旅)'라 하고, 허리의 아랫부분을 '하려(下旅)'라 한다.]

【갑신(甲身)】[상려(上旅 허리의 윗부분.)이다.]

【갑군(甲裙)】[하려(下旅 허리의 아랫부분.)이다.]

【연전(軟戰)】[가볍고 부드러운 갑옷〔輕甲〕이다.]

【호심경(護心鏡)】[등에 구리거울을 걸어 갑옷으로 삼는 것이다.][294]

【협(韐)】[두꺼운 가죽을 심장 부위에 붙이는 것으로, 곧 심장을 가려주는 갑

---

291 함인(函人) : ≪맹자(孟子)≫ <공손추 상(公孫丑上)>에 "화살을 만드는 사람이 어찌 갑옷을 만드는 사람보다 어질지〔仁〕 못하겠는가마는 화살을 만드는 사람은 오직 사람을 상하게 만들지 못할까를 걱정하고, 갑옷을 만드는 사람은 오직 사람을 상하게 만들까를 걱정한다.〔矢人豈不仁於函人哉, 矢人唯恐不傷人, 函人唯恐傷人.〕"라고 하였다.

292 찰(札) : ≪춘추좌씨전(春秋左氏傳)≫ 성공(成公) 16년 조에 "양유기가 준갑(蹲甲)을 만들어 쏘았는데, 일곱 겹의 갑옷〔七札〕을 꿰뚫었다.〔養由基蹲甲而射之, 徹七札焉.〕"라고 하였다. '준갑'은 물건에 갑옷을 씌워서 활을 쏘는 표적으로 삼던 것이다.

293 삼속(三屬) : 예전에 전사(戰士)의 상반신, 허벅지, 정강이의 갑옷이 서로 이어져 온몸을 엄폐하였던 것을 일컫는다.

294 호심경(護心鏡) : 예전에 화살을 막기 위해 전투복의 가슴과 등 부위에 집어넣던 구리거울이다.

옷이다.]

【염(𩋾)】[독음은 '□(□)'이다.]·【한요(扞腰)】[<'협(韐)'과> 같은 말이다.]

○ 【유(纍)】[갑옷을 넣어두는 것을 '유(纍)'라 한다. ≪국어(國語)≫.][295]

○ 【요(敹)】[독음은 '료(料)'이며, 갑옷을 꿰맨 것이다.]

○ 【환갑(擐甲)】[갑옷을 입은 것이다.]

【충갑(衷甲)】[<속에> 갑옷을 입고 겉에 다른 옷을 입어서 가린 것이다.]

【피견(披堅)】[갑옷을 입은 것을 '피견(披堅)'이라 한다.]

◑甲[갑옷.] 函介·鐵衣[仝.] 犀渠[甲謂之渠. 犀渠者, 以犀革爲甲也.] ○函人[造甲之工. <孟>.] ○札[甲之革片. <左>.] 甲葉[仝.] 三屬[上身一也, 髀褌一也, 脛徼一也.] 上旅下旅[腰以上曰上旅, 腰以下曰下旅.] 甲身[上旅.] 甲裙[下旅.] 軟戰[輕甲.] 護心鏡[背上掛鏡當甲.] 韐[重革當心著之, 卽掩心甲也.] 𩋾[音□[296].]·扞腰[仝.] ○纍[甲藏謂之纍. <國>.] ○敹[音料. 甲縫綴也.] ○擐甲[被甲.] 衷甲[被甲而外掩衣也.] 披堅[被甲曰披堅.]

◑ 【매겹(韎韐)】[군복(軍服)〔戎衣〕이다.]

【흑의(黑衣)】[군복(軍服)〔戎衣〕이다.]

【괘자(褂子)】[안감〔裌〕이 없는 윗도리 옷이다. 쾌자.]

【타라(褡褳)】·【조갑(罩甲)】·【제견(齊肩)】[<'괘자(褂子)'와> 같은 말이다.]

【양당(裲襠)】[한쪽은 가슴 부위에 해당하고 한쪽은 등 부위에 해당한다. 지금의 호의(號衣)의 부류이다.]

【전의(箭衣)】[변경(邊境)의 장수와 사졸들이 <착용하는> 옷자락이 트인 윗

---

295 유(纍) : ≪국어(國語)≫ <제어(齊語)>에 "제후들은 갑옷을 넣어둔 것을 꺼내지 않았다.〔諸侯甲不解纍.〕"라고 하였는데, 위소(韋昭)의 주에 "'류(纍)'는 갑옷을 넣어둔 것이다.〔纍, 所以盛甲也.〕"라고 하였다.

296 □ : 원본에 독음 표기가 누락되었다.

도리 옷이다.]

【계(襏)】[옷자락이 트인 것을 ‘계(襏)’라 한다. 말을 탈 때에 <입는> 윗도리 옷이다.]

【고습〔고첩〕(袴褶)】[말을 탈 때에 <입는> 아랫도리옷이다.]

【편독(偏裻)】[‘독(裻)’은 등의 한가운데를 꿰맨 것이다. ‘독(裻)’은 한 가운데에 있지만 그 왼쪽과 오른쪽은 서로 다르다. 군복〔戎衣〕이다.]

○ **【표(襮)】**[전군(戰裙 허리 아래에 감아서 양쪽 정강이를 보호하던, 가죽으로 만든 군복.)의 배접(褙接)〔絡係〕이다.]

◑韎韐[戎衣.] 黑衣[戎衣.] 褂子[無被衣. 쾌즈.] 褃褋. ○罩甲. ○齊肩[仝.] 裲襠[一當胸, 一當背. 今號衣之屬.] 箭衣[邊將士卒分裾之服.] 襏[分裾曰襏. 上馬衣.] 袴褶[騎服.] 偏裻[裻, 背中縫也. 裻在中而左右異也. 戎衣也.] ○襮[戰裙之絡係.]

◑ **【주(冑)】**[투구.]

【두(兜)】·**【무(鍪)】**·**【개(鎧)】**·**【한제(釬鞮)】**·**【무(鞪)】**·**【회(盔)】**[<‘주(冑)’와> 같은 말이다.]

【두괴(頭魁)】[<‘두(兜)’·‘개(鎧)’ 등과> 같은 말이다. ≪주서(朱書)≫.[297]]

【호모(鈷鉾)】[투구〔盔〕의 부류와 비슷한 것이다.]

○ **【후(鍭)】**[투구〔盔〕에서 뒤로 늘어뜨린 것이다.]

【아하(鐚鍜)】[<‘후(鍭)’와> 같은 말이다.]

【이경(耳鏡)】[투구〔盔〕에서 좌우로 늘어뜨린 것이다.]

【위발철(圍頦鐵)】[목을 감싸는 철갑.]

【돈항(頓項)】[목덜미를 가려주는 철갑이다.]

【이(毦)】[투구〔盔〕 위의 새의 깃털로 만든 장식이다. 상모.]

○ **【갈관(鶡冠)】**[무사(武士)가 착용하는 <모자>로, 그 강인함을 취한 것이다.]

---

297 ≪주서(朱書)≫ : 조선 정조가 주희(朱熹)의 편지에서 가장 요긴한 내용 100편을 가려 뽑아 묶은 ≪주서백선(朱書百選)≫을 가리키는 것으로 보이나 분명하지 않다.

◑胄[투구.] 兜. ○鍪. ○鎧. ○釬鞮. ○鞏. ○盔[仝.] 頭魁[仝. <朱>.] 鉦鉾[似是盔屬.] ○鍕[盔之垂後者.] 鋞鍜[仝.] 耳鏡[盔之垂左右者.] 圍頰鐵[목쓰는갑쇠.] 頓項[掩項甲.] 毦[盔上羽毛飾. 샹모.] ○鶡冠[武士所著, 取其毅也.]

◑ 【간(干)】['간(干)'은 '막다〔扞〕'이다. 방패.]

【순(盾)】·【차전패(遮箭牌)】[<'간(干)'과 같은 말이다.]

【노(櫓)】[큰 방패이다.]

【오괴(吳魁)】[크고 평평한 <방패>이다.]

【수순(須盾)】[크고 불룩한 <방패>이다.]

【함로(陷虜)】[옆구리에 붙이고 뛰는 <방패>이다.]

【노견(露見)】[<'함로(陷虜)'와> 같은 말이다.]

【자순(子盾)】[좁고 짧아서 전거(戰車) 위에서 드는 <방패>이다.]

【목락(木絡)】[널빤지를 두루 붙인 <방패>이다.]

【보순(步盾)】[좁고 길쭉한 <방패>이다.]

【용순(龍盾)】[용(龍)을 그려 넣은 <방패>이다.]

【서순(犀盾)】[무소 가죽으로 싸맨 <방패>이다.]

【학슬(鶴膝)】[방패의 이름이다. <오도부(吳都賦)>.][298]

【벌(伐)】[중간 크기의 방패이다. ≪모시(毛詩)≫.][299]

○ 【규(鮭)】[독음은 '□(□)'이며, 방패의 손잡이이다.]

【양(鍚)】[독음은 '양(陽)'이며, 방패 등에 금장식을 한 것이다.]

○ 【패(牌)】[화살과 돌멩이를 막는 것이다.]

---

298 학슬(鶴膝) : ≪문선(文選)≫에 수록된 좌사(左思)의 <오도부(吳都賦)>에 "집에 학슬이 있고, 집에 서거가 있다.〔家有鶴膝, 戶有犀渠.〕"라고 하였는데, 유규(劉逵)의 주(注)에 "학슬은 창이다. 창의 자루가 학의 다리를 닮아 위는 크고 아래가 작은 것을 학슬이라 한다.〔鶴膝, 矛也. 矛骹如鶴脛, 上大下小, 謂之鶴膝.〕"라고 하였다. '서거(犀渠)'는 무소가죽으로 만든 방패이다. 따라서 '학슬(鶴膝)'은 '서거(犀渠)'의 잘못인 듯하다.

299 벌(伐) : ≪시경(詩經)≫ <진풍(秦風)·소융(小戎)>에 "무늬 그린 방패〔伐〕 멋지고, 호피 활집에 강철 가슴걸이.〔蒙伐有苑, 虎韔鏤膺.〕"라고 하였다.

【등패(藤牌)】[등나무를 엮어서 만든 단패(團牌)로, 보병의 병장기이다.]

【만패(蠻牌)】[남만(南蠻)의 병장기로, 방패의 안쪽에 비창(飛槍)과 비도(飛刀)를 끼운다.]

◑干[干者, 扞也. 방픽.] 盾. ○遮箭牌[仝.] 櫓[大盾.] 吳魁[大而平者.] 須盾[大而隆者.] 陷虜[約脅而趨者.] 露見[仝.] 子盾[狹而短, 車上所持者.] 木絡[以縫偏板者.] 步盾[狹而長.] 龍盾[畫龍.] 犀盾[裹以犀皮.] 鶴膝[盾名. <吳都賦>.] 伐[中干. <毛>.] ○鮭[音□[300]. 盾握.] 錫[音陽. 盾背金餙者.] ○牌[以蔽矢石者.] 藤牌[藤繞作團牌, 步兵器.] 蠻牌[蠻人之器, 牌內揷飛槍・飛刀.]

◑ **【고(鼓)】**['악부(樂府)'를 참조하라.]

【비(鼙)】[기고(騎鼓 전쟁터에서 쓰는 북.)이다.]

【대척(大鼜)】[날이 저물 때에 네 번 북을 치는 것이다.][301]

【신계(晨戒)】[한밤중에 <북을> 세 번 치는 것이다.]

【발홍(發昫)】[날이 밝을 무렵에 <북을> 다섯 번 치는 것이다.]

【삭비(朔鼙)】[중군(中軍)이 잡아서 군사에게 명령하는 <북이다>.]

【응비(應鼙)】[여장(旅長)이 잡아서 <삭비(朔鼙)의 선창에> 응답하는 <북이다>.]

○ **【뇌고(擂鼓)】**[북을 <쉴 새 없이 빨리> 치는 것이다.]

○ **【연연(鼘鼘)】**・**【전전(闐闐)】**・**【전연(塡然)】**[전투할 때에 치는 북소리이다.]

---

300 □ : 원본에 독음 표기가 누락되었다. ≪광운(廣韻)≫에 "규(鮭)는 '고(苦)'와 '규(圭)'의 반절(半切)로, 음은 '규(奎)'이다.〔鮭; 苦圭切, 音奎.〕"라고 하였다. '규'로 음주를 붙여 국역한다.

301 대척(大鼜) : ≪주례(周禮)≫ <지관(地官)・고인(鼓人)>의 정현(鄭玄) 주에 "저녁에 북을 네 번 치는 것이 대척이고, 한밤중에 세 번 치는 것이 신계이고, 날이 밝을 무렵에 다섯 번 치는 것이 발홍이다.〔昏鼓四通爲大鼜, 夜半三通爲晨戒, 旦明五通爲發昫.〕"라고 하였다. 예전에 군중(軍中)에서 시간을 알려주던 북이다.

◑鼓[見樂府.] 鼙[騎鼓.] 大鼛[昏鼓四通.] 晨戎[302][夜半三通.] 發晌[朝明五通.] 朔鼙[中軍執以令衆.] 應鼙[旅長執以應之.] ○搯鼓[擊鼓.] ○鞳鞳・闐闐・塡然[戰鼓聲.]

◑ **【금(金)】**[군대가 나아갈 때 <치는> 징(鉦)을 '금(金)'이라 한다. 징.]
【정뇨(鉦鐃)】・**【탁쟁(鐲錚)】**[<'금(金)'과> 같은 말이다.]
【정녕(丁寧)】[징〔鉦〕이다. ≪춘추좌씨전(春秋左氏傳)≫.][303]
○ **【사라(鈔鑼)】**[말을 타고 치는 <징이다>.]
○ **【도두(刀斗)】**[경계를 알리기 위한 징이다. 맹강(孟康 중국 삼국시대 위(魏)나라의 학자.)은 "구리로 자루가 달린 작은 냄비〔鐎器〕를 만들어서 낮에는 그것으로 밥을 짓고 밤에는 그것을 두드렸다.〔以銅爲鐎, 晝炊夜擊.〕"라고 하였고, 안사고(顔師古 당(唐)나라의 학자.)는 "<'도두(刀斗)'의> '도(刀)'는 '조(刁)'로 써야 한다.〔刀當作刁.〕"라고 하였는데. 선성(宣城) 매씨(梅氏 북송(北宋)의 안휘(安徽) 선성(宣城) 출신의 문인 매요신(梅堯臣)으로 추정되나, 분명하지는 않다.)는 "두 가지 주장은 모두 그르다.〔兩說幷非.〕"라고 하였다.][304]
○ **【발라(哱囉)】**[바라.]

◑金[軍行鉦曰金. 증.] 鉦鐃. ○鐲錚[仝.] 丁寧[鉦也. <左>.] ○鈔鑼[馬上所擊.] ○刀斗[所以警嚴者. 孟康曰: "以銅爲鐎, 晝炊夜擊." 顔師古曰: "刀當作刁." 宣城梅氏曰: "兩說幷非."] ○哱囉[바라.]

◑ **【나팔(喇叭)】**[나발.]

---

302 戎 : '戒'의 잘못으로, 국역에서는 '戒'로 바로잡아 옮긴다.

303 정녕(丁寧) : ≪춘추좌씨전(春秋左氏傳)≫ 선공(宣公) 4년 조에 "백분이 왕에게 활을 쏘았는데, 끌채와 북받침을 지나 징에 맞았다.〔伯棼射王, 汏輈及鼓跗, 著於丁寧.〕"라고 하였다.

304 도두(刀斗) : 대개는 '조두(刁斗)'라고 한다. 풀이항에서 언급한 것은 ≪사기(史記)≫의 <이장군열전(李將軍列傳)>에 "각자 편리한대로 행동하고 도두(刀斗)를 쳐 스스로 방비하지 않았다.〔人人自便, 不擊刀斗以自衛.〕"라고 한 것에 대한 배인(裴駰)의 집해(集解) 등을 인용한 것이다.

【고자(鼓子)】[<'나팔(喇叭)'과> 같은 말이다. ≪본초강목(本草綱目)≫.][305]

【용각(龍角)】[환현(桓玄 동진(東晋)의 관료.)이 만든 것으로, '동각(銅角)'이라고도 부르는데, 곧 나팔(喇叭)이다.]

【쇄나(鎖那)】[쇄나쇄나(鎖那鎖那). 나팔곡(喇叭曲)<의 이름>이다.]

【첩(疊)】[나팔로 호령(號令)하는 몇 번의 소리는 호적(號笛 군호(軍號)로 부는 피리.)의 뒤에 있기 때문에 일컫는 글자〔疊('이어지다'는 뜻.)〕이다.]

○ 【쇄납(𠻳呐)】[나팔(喇叭)과 비슷한 것이다.]

○ 【대각(大角)】[호인(胡人)이 불어서 중국의 말을 놀래게 하던 것이다.]

○ 【호적(號笛)】[민간에서는 '태평소(太平簫)'라고 부른다. 처음에는 갈대 대롱을 사용하였는데, 나중에 구리를 사용하여 만들었다.]

◑喇叭[나발.] 鼓子[仝. <本>.] 龍角[桓玄所作, 一名銅角, 卽喇叭.] 鎖那[鎖那鎖那. 喇叭曲也.] 疊[喇叭發號數聲, 在號笛之次, 故云字.] ○𠻳呐[似喇叭.] ○大角[胡人吹之, 以驚中國馬也.] ○號笛[俗名太平簫也. 始以葭管, 後以銅爲之.]

◑ 【가(笳)】[호인(胡人)이 갈댓잎을 말아서 불던 <것이다>.]

【고(箛)】[<'가(笳)'와> 같은 말이다.]

【명편(鳴鞭)】[<'고(箛)'와> 같은 말이다. ≪설부(說郛)≫[306].]

○ 【마하두륵〔마하도륵〕(摩訶兜勒)】·【출새(出塞)】·【입새(入塞)】·【양류(楊柳)】【곡(曲)의 이름이다.]

◑笳[胡人卷蘆葉吹之.] 箛[仝.] 鳴鞭[仝. <說>.] ○摩訶兜勒. ○出塞. ○

---

305 고자(鼓子) : 명(明) 이시진(李時珍)의 ≪본초강목(本草綱目)≫ <초칠(草七)·선화(旋花)>에 "꽃이 꽃잎의 모양을 이루지 않고 마치 군중에서 부는 고자를 닮았기 때문에 '선화'이니 '고자'이니 하는 이름이 생겼다.〔其花不作瓣狀, 如軍中所吹鼓子, 故有旋花·鼓子之名.〕"라고 하였다.

306 ≪설부(說郛)≫ : 명(明)나라의 도종의(陶宗儀)가 한(漢)나라 이래의 각종 필기(筆記), 시화(詩話), 문론(文論) 등을 모아 집성한 책. 100권.

八[307]塞. ○楊柳[曲名.]

◑ **[필률(觱篥)]** [독음은 ‘필률(必栗)’이다. 대나무로 대롱을 만들고, 갈대로 머리를 만드는데, 호인(胡人)이 불어서 말을 놀래게 하던 것이다.]
[가관(笳管)] · **[비율(悲篥)]** [<‘필률(觱篥)’과> 같은 말이다.]

◑觱篥[音必栗. 以竹爲管, 以蘆爲首, 胡人吹之, 以驚馬者.] 笳管. ○悲篥[仝.]

◑ **[해라(海螺)]** [지금 군중(軍中)에서 소라와 갈대로 불어서 고동〔波囉〕 소리를 내는 것이다. 고동.]

◑海螺[今軍中, 螺·笳吹作波囉之聲者. 고동.]

◑ **[탁(鐸)]** [요령(搖鈴)으로, 군사들 사이를 돌아다니는〔循衆〕 것이다.]
[육〔녹〕탁(摝鐸)] [‘육(摝)’은 독음이 ‘육(六)’으로, 요령〔鐸〕을 흔드는 것이다.]
[태금(兌金)] [요령〔鐸〕의 소리이다. <□>.]
○ **[탁(柝)]** [나무로 만든 딱따기이다.]
○ **[추(棷)]** [밤중에 성(城)을 지키는 자가 두드리는 것이다.]
○ **[방자(梆子)]** [나무를 세 자 남짓하게 자르고 등에 곧은 구멍을 뚫어서 두드리면 소리가 난다(야경(夜警)에 사용하던 딱따기의 일종.).]
○ **[영(鈴)]** [방울.]
○ **[장장(鏘鏘)]** · **[앙앙(鉠鉠)]** · **[상상(鎟鎟)]** [방울소리이다.]

◑鐸[搖鈴, 所以循衆者.] 摝鐸[摝音六, 搖鐸.] 兌金[鐸音. <□[308]>.] ○柝[木柝.] ○棷[夜守城者所擊.] ○梆子[斲木三尺許, 背上穿直孔, 擊之有聲.] ○

---

307 八 : ‘入’의 잘못으로, 국역에서는 ‘入’으로 바로잡아 옮긴다.
308 □ : 원본에 독음 표기가 누락되었다.

鈴[방울.] ○鍙鍙・鉠鉠・鐰鐰[鈴聲.]

◑ **[매(枚)]** [하무를 입에 물려서〔銜枚〕 떠드는 것을 그치게 한다. 매(枚)의 모양은 젓가락을 닮았는데 가로로 입에 물고 목덜미에 둘러 묶는다〔繣挈于項〕. '획(繣)'은 '묶는다〔結〕'는 말이고, '설(挈)'은 '두르다〔繞〕'는 말이다.]

◑枚[銜枚止喧. 枚狀如著[309], 横銜之, 繣挈于項. 繣, 結也. 挈, 繞也.]

◑ **[망루(望樓)]** [다락집〔樓〕의 위에 망자(望子) 한 사람을 세워두는데, 흰색 깃발을 손에 잡고 외적(外賊)이 보이지 않으면 <깃발을> 말고, 외적이 오면 <깃발을> 펼치고, 외적이 가까이 오면 깃대를 눕히고, 외적이 도착하면 <깃대를> 세우고, 외적이 물러가면 <깃대를> 천천히 들어 올린다.]

◑望樓[樓上立望子一人, 手執白旗, 無寇則卷, 寇來則開, 寇近旗幹平, 寇至則垂, 寇退則徐擧之也.]

◑ **[운제(雲梯)]** [성(城) 안을 엿보는 장비이다.]

◑雲梯[所以窺望城中者.]

◑ **[비긍(飛絚)]** [물을 건너는 장비이다.]
○ **[부낭(浮囊)]** [양의 가죽을 고스란히 벗기고 숨을 불어넣어 팽팽하게 만들어 겨드랑이 아래에 묶고 물위에 떠서 건너간다.]
○ **[목앵(木罌)]** [항아리〔甕缶〕가 두 섬〔石〕이 들어간다면, 그 힘은 한 사람을 견뎌낸다. 항아리 사이의 간격은 다섯 치가 허용되는데, 밧줄로 연결하고 그 위에 창(槍)을 얽어 놓으면 모양이 길고 네모지게 된다. 좌우에는 노를 설치한다.][310]

---

309 著 : '箸'의 잘못으로, 국역에서는 '箸'로 바로잡아 옮긴다.
310 목앵(木罌) : 항아리를 잇대고 묶어서 뗏목을 만든 것이다.

◑飛絙[所以渡水者.] ○浮囊[以渾脫羊皮, 吹氣令滿, 束於腋下, 浮之以渡.] ○木罌[甕缶受二石力勝一人. 甕間容五寸, 以繩句聯編槍其上, 形長而方, 左右置棹.]

◑ **[목려(木驢)]** [나무로 틀〔脊〕을 만들어 아래에 다리 여섯 개를 달고 젖은 소가죽을 씌운 다음, 그 속에 여섯 명이 들어가 성(城)을 공격한다. ≪삼재도회(三才圖會)≫.[311]]

[동옥(洞屋)] [나무로 버팀목을 만들고 소가죽을 씌워서 성(城)을 공격한다. ≪자치통감강목(資治通鑑綱目)≫.][312]

[아거(鵝車)] [<'동옥(洞屋)'과> 같은 말이다.]

[한선(旱船)] ['여공거(呂公車)'라고도 부르는데, 수레도 아니고 선박도 아닌데 성(城)을 내려다볼 수 있다.]

○ **[철당목(鐵撞木)]** [목려(木驢)를 쳐서 깨뜨릴 수 있는 것이다.]

[교거(絞車)] [적(敵)의 목려(木驢)를 끌어 올리는 장비이다. <녹로틀. 거중기.>]

◑木驢[以木爲脊, 下安六脚, 蒙濕牛皮, 中容六人, 以攻城. <才>.] 洞屋[以木撑造, 冒以牛皮, 以攻城. <目>] 鵝車[仝.] 旱船[亦名呂公車, 非車非船, 可以瞰城.] ○鐵撞木[所以觸破木驢者.] 絞車[拽上敵人木驢之具.]

◑ **[목뢰(木檑)]** [성(城)을 공격하여 개미떼처럼 기어오르는 자들을 격퇴하는 것이다.]

[야차뢰(夜叉檑)] [<'목뢰(木檑)'와> 같은 말이다.]

○ **[인석(藺石)]** [성(城) 위에 있는 뇌석(礌石 적을 치려고 성벽 위에서 떨어뜨리던 큰 돌.)〔雷石〕이다. ≪한서(漢書)≫.][313]

---

311 ≪삼재도회(三才圖會)≫ : 명(明)나라의 왕기(王圻) 부자가 편찬한 도록(圖錄) 형식의 유서(類書)로, ≪삼재도설(三才圖說)≫이라고도 부른다.

312 동옥(洞屋) : ≪자치통감(資治通鑑)≫ 후량(後梁) 태조(太祖) 개평(開平) 3년조에 "회남의 군사가 소주를 포위하고, 동옥을 밀어붙여 성을 공격하였다.〔淮南兵圍蘇州, 推洞屋攻城.〕"라고 하였다.

【포(礮)】[돌덩이를 날려 보내 사람을 타격하는 무기이다.]
【아란석(鵝卵石)】[둥근 돌멩이로, 사람을 타격한다.]
【회병(灰甁)】[역시 성(城) 위에서 사람을 타격하는 도구이다.]
【금즙(金汁)】[같은 말이다.]

◑木檑[所以擊攻城蟻附者.] 夜叉檑[仝.] ○藺石[城上雷石. <漢>.] 礮[飛石打人之器.] 鵝卵石[圓石, 打人.] 灰甁[亦城上打人之具.] 金汁[仝.]

◑【호교(壕橋)】[나무로 다리를 만들고 바퀴 두 개를 달아서, 해자를 만나면 바퀴를 해자에 밀어 넣어서 건넌다.]
○【승제(繩梯)】[높은 곳에 올라가는 것이다. 동아줄 두 개를 늘어뜨리고 동아줄 사이에 가로로 나무를 걸쳐놓고 한 층씩 딛고 올라간다. <줄사닥다리>.]

◑壕橋[以木爲橋, 施兩輪, 遇壕則推輪入壕而渡.] ○繩梯[所以登高者,. 垂兩絚, 絚間橫架以木, 層層躡登.]

◑【비제(飛梯)】[<성(城)에> 기어오르려고 바퀴를 성에 가져다 붙이고 밀어 대는 것이다.]
【구원(鉤援)】[성(城)에 오르는 사다리이다. ≪시경(詩經)≫에 "너의 구원〔以爾鉤援.〕"이라 하였다.][314]
○【당거(撞車)】[비제(飛梯)가 성(城)에 붙으면 그 비제를 치는 것이다.]

◑飛梯[蟻附以輪著城推進者.] 鉤援[登城梯. 詩云: "以爾鉤援."] ○撞車[飛梯

313 인석(藺石) : ≪한서(漢書)≫ <조착전(晁錯傳)>에 "편의대로 높은 성과 깊은 해자를 만들고 인석을 준비하였다.〔以便爲之高城深塹, 具藺石.〕"라고 하였다.
314 구원(鉤援) : ≪시경(詩經)≫ <대아(大雅)·황의(皇矣)>에 "너의 구원과 너의 임충으로 숭나라의 성을 쳐라.〔以爾鉤援, 與爾臨衝, 以伐崇墉.〕"라고 하였다. '구원'은 갈고리를 걸어서 잡아당겨 성 위로 올라가는 장치이다.

臨城則撞之.]

◑ **【도거(刀車)】**[성문이 부서지면, 도거(刀車)로 성문을 막는다.]

【목녀(木女)】[성가퀴의 모양과 같은데, 적(敵)이 성가퀴를 무너뜨리면 목녀(木女)로 성가퀴를 대신한다.]

◑刀車[城門壞, 以刀車塞之.] 木女[形如女墻, 敵壞女墻, 以木女代之.]

◑ **【원융(元戎)】**[주(周)나라 때의 병거(兵車)이다.]

【소융(小戎)】[진(秦)나라 때의 병거(兵車)이다.]

○ **【좌광(左廣)】**·**【우광(右廣)】**[초(楚)나라 때의 병거(兵車)이다.]

○ **【편거(偏車)】**[25승(乘)이 편거(偏車)가 된다.]

【편상거(偏箱車)】[<'편거(偏車)'와> 같은 말이다.]

◑元戎[周兵車.] 小戎[秦兵車.] ○左廣. ○右廣[楚兵車.] ○偏車[二十五乘爲偏車.] 偏箱車[仝.]

◑ **【격(檄)】**[독음은 '□(□)'이며, 나뭇조각〔木簡〕에 글을 쓴 것인데, 길이는 한 자 두 치로, 호소(號召)하는 것이다. 일설에는 상대의 악행을 자세히 말하고 나의 덕(德)을 널리 알려서 원근(遠近)에 알아듣게 타이르는 글이라고 한다.]

【우격(羽檄)】[위급한 사정이 생겼을 때, <격문(檄文)에> 깃털을 꽂는 것이다.]

◑檄[音□[315]. 木簡爲書, 長尺二寸, 以號召也. 一曰, 陳彼之惡, 布此之德, 曉諭遠近之書.] 羽檄[有急挿羽.]

◑ **【노포(露布)】**[전쟁에서 승리하여 그 사실을 옻칠한 장대의 꼭대기에 적은 것

---

315 □ : 원본에 독음 표기가 누락되었다.

이다.]

【노판(露板)】[<'노포(露布)'와> 같은 말이다.]

【첩서(捷書)】[전투에서 승리한 것을 보고하는 글이다.]

○ 【척서(尺書)】[<전투에서> 베어 죽이거나 사로잡은 공로를 한 자 정도 되는 널빤지에 적은 것이다. ≪자치통감강목(資治通鑑綱目)≫.]

◑露布[戰克, 書之于桼[316]竿上者.] 露板[仝.] 捷書[戰勝之書.] ○尺書[書斬獲之功於一尺之板者. <目>.]

◑ 【수전(水戰)】[배를 타고 물에서 싸우는 것이다.]

○ 【주사(舟師)】·【수군(水軍)】[물에서 싸우는 군사이다.]

【전선(戰船)】[물에서 싸우는 배이다.]

【누선(樓船)】[배 위에 다락집을 짓고 가퀴(낮게 쌓은 엄폐용 담.)〔女墻〕를 늘어놓은 배이다.]

【해골(海鶻)】[누선(樓船)의 이름이다.]

【투함(鬪艦)】[위에 가퀴(낮게 쌓은 엄폐용 담.)〔女墻〕를 설치한 배이다.]

【소선(艄船)】[병졸이 <타고> 돌아다니며 염탐하는 배이다.]

【금시(金翅)】[정탐용 배〔艄船〕가 빠르고 날쌘 것이다.]

【피선(皮船)】[척계광(戚繼光명(明)나라의 장수.)이 물을 건너던 방법이다. 소나 말의 생가죽과 대나무를 사용하며, 테두리를 상자처럼 만들어 불로 말린다. 다시 장대를 걸어 힘을 빌려서 물에 띄운다. 피선은 한 척에 한 명이 탈 수 있지만 피선 두 척을 합쳐 붙이면 세 사람이 탈 수 있다.]

◑水戰[以舟楫戰於水中也.] ○舟師. ○水軍[水戰之軍.] 戰船[水戰之船.] 樓船[船上建樓列女墻者.] 海鶻[樓船名.] 鬪艦[上設女墻者.] 艄船[兵卒偵巡者.] 金翅[艄船迅疾者.] 皮船[戚繼光渡水法. 用生牛馬皮·竹木, 緣邊如箱形, 火乾, 再用竿係助之, 以浮水. 一船可乘一人, 兩皮合縫, 可乘三人.]

---

316 桼 : '漆'의 이체자로, 국역에서는 '漆'로 바꾸어 옮긴다.

◑ **[화공(火攻)]** [불을 질러 영채(營寨)를 태워서 공격하는 것이다.]

◑火攻[縱火焚營寨而攻也.]

□ **[형(刑)]** [죄가 있는 것을 벌하는 것이다.]
[벽(辟)] · **[벌(罰)]** [<'형(刑')과> 같은 말이다.]

□刑[威有罪也.] 辟. ○罰[仝.]

◑ **[고(拷)]** [때리는 것이다.]
[타(打)] · **[과(撾)]** [<'고(拷)'와> 같은 말이다.]
[방격(搒格)] ['방(搒)'은 '방(榜 매질하다.)'과 같은 말이고, '격(格)'은 '격(擊 치다.)'과 같은 말이다.]
[달(撻)] [볼기를 치는 것이다.]
[태(笞)] · **[질(抶)]** · **[방(搒)]** · **[복(扑)]** [<'달(撻)'과> 같은 말이다.]
[항양(桁楊)] [형장(刑杖)의 이름이다.]
○ **[형추(刑推)]** [<죄인의> 정강이나 등을 때리<며 심문하>는 것을 민간에서는 '형추(刑推)'라고 부르는데, 달리 '형문(刑問)'이라고도 부른다. 고문을 하는 형벌이다.]
[난장(亂杖)] [도둑을 다스리는 형벌로, 발바닥을 때린다. <속어(俗語)>.]
[난정(亂梃)] [<'난장(亂杖)'과> 같은 말이다.]
[척장(脊杖)] [당(唐)나라 이전에는 등을 때렸다.]
[협곤(夾棍)] [주리.]
[주뢰(周牢)] [<'협곤(夾棍)'과> 같은 말이다.]
○ **[포(譽)]** [독음은 '포(庖)'이며, 고통을 호소하는 소리이다. ≪한서(漢書)≫.][317]

---

317 포(譽) : ≪한서(漢書)≫ <동방삭전(東方朔傳)>에 "황상이 창감에게 사인을 매질하게 하였는데, 사인은 고통을 이겨내지 못하고 비명을 질렀다.〔上令倡監榜舍人, 舍人不勝痛, 呼譽.〕"라고 하였다.

【여(𧖴)】[죄인이 피를 보이는 것이다.]

【인(䏰)】[매질한 자리가 부어오르는 것이다.]

【지(疻)】[독음은 ‘지(只)’이며, 구타하여 다친 것(멍든 것.)이다. ≪한서(漢書)≫.][318]

【오백(五百)】[‘오맥(伍陌)’이라고도 하며, 장형(杖刑)을 집행하는 것이다.]

◑拷[擊也.] 打. ㅇ撾[仝.] 笶格[笶, 榜仝. 格, 擊仝.] 撻[笞擊.] 笞. ㅇ抶. ㅇ搒. ㅇ扑[仝.] 桁楊[刑杖名.] ㅇ刑推[撾脛·脊, 俗名刑推, 又名刑問. 蓋拷訊之刑也.] 亂杖[治盜之刑, 打脚掌也. <俗>.] 亂梃[仝.] 脊杖[唐以前打脊背.] 夾棍[쥬뢰.] 周牢[仝.] ㅇ謈[音庖. 呼痛聲. <漢>.] 𧖴[罪人見血也.] 䏰[杖痕腫起.] 疻[音只. 毆傷也. <漢>.] 五百[一作伍陌, 行杖也.]

◑ **【졸(捽)】**[틀어쥐는 것이다.]

【졸호(捽胡)】[‘졸(捽)’은 ‘목덜미〔頸〕’라는 말이다. 멱살을 잡다. ≪한서(漢書)≫.][319]

【졸면(捽面)】[끌어 잡고 휘두르다. ≪역어유해(譯語類解)≫.]

◑捽[拏也.] 捽胡[捽, 頸也. 멱살잡다. <漢>.] 捽面[ᄭᅳᆺ어두루다. <譯>.]

◑ **【곤(髡)】**[머리털을 자르는 것으로, 곧 삭발하는 형벌이다.]

【겸〔감〕(髻)】[독음은 ‘겸(箝)’이며, <‘곤(髡)’과> 같은 말이다.]

---

318 지(疻) : ≪한서(漢書)≫ <설선전(薛宣傳)>의 안사고(顔師古) 주(注)에 “곤장을 든 손으로 다른 사람을 때려 그 피부가 벗겨져 검푸르게 부풀어 오르지만 터진 자국은 없는 것을 법률에서는 ‘지유(疻痏)’라고 한다.〔以杖手擊人, 剝其皮膚, 腫起青黑而無創瘢者, 律謂疻痏.〕”라고 하였다. 전한(前漢) 사유(史遊)의 ≪급취편(急就篇)≫에는 구타로 “부어오른 것을 ‘지(疻)’라 하고, 때려서 상처가 난 것을 ‘유(痏)’라 한다.〔膚腫起曰疻, 毆傷曰痏.〕”라고 하였다.

319 졸호(捽胡) : ≪한서(漢書)≫ <김일제전(金日磾傳)>에 “김일제가 멱살을 잡아 하라전 아래로 던지니 사로잡아 포박하였다.〔日磾捽胡投何羅殿下, 得禽縛之.〕”라고 하였다.

【내(耏)】[가벼운 죄는 삭발까지는 가지 않고 그 수염을 모두 깎는 것이다.]
○ 【천(天)】[착두형(鑿頭刑)이다. ≪주역(周易)≫.][320]

◑髡[鬍髮, 卽去髮之刑.] 髩[音鬂. 仝.] 耏[輕罪不至于髡, 完其耏鬚也.] ○天[鑿頭刑. <易>.]

◑ 【의(劓)】[독음은 '의(意)'이며, 코를 베어내는 형벌이다.]
○ 【이(刵)】[독음은 '이(二)'이며, 귀를 잘라내는 형벌이다..]

◑劓[音意. 截鼻之刑.] ○刵[音二. 斷耳之刑.]

◑ 【경(黥)】[먹물을 얼굴에 물들이는 것이다. 칼로 찢은 뒤에 먹물을 넣는다. 주 자자(刺字).]
【묵(墨)】·【담면(黵面)】[<'경(黥)'과> 같은 말이다.]
【알〔갈〕(剨)】[독음은 '알(謁)'이며, 낯가죽을 벗기는 것이다.]
【이면(剺面)】[<'알〔갈〕(剨)'과> 같은 말이다. ≪자치통감강목(資治通鑑綱目)≫.][321]

◑黥[以黑[322]涅面也. 刀破之而後加墨. 즈즈.] 墨·黵面[仝.] 剨[音謁. 剝面.] 剺[323]面[仝. <目>.]

---

320 천(天) : ≪주역(周易)≫ <규괘(睽卦)>의 육삼(六三) 효사(爻辭)에 "수레가 끌려가고 소가 끌려가는 것을 보니, 그 사람이 이마에 자자(刺字)〔天〕하고 코가 베였으나 초는 없어도 종은 있으리라.〔見輿曳, 其牛掣, 其人天且劓, 无初有終.〕"라 하였다. '착두'는 죄인을 결박하고 둔기로 머리를 쳐서 뇌수가 뿜어져 나오게 하는 형벌이라고 하는데, ≪주역≫에서 말한 '천(天)'은 묵형(墨刑)을 뜻하여 차이가 있다.

321 이면(剺面) : ≪위서(魏書)≫ <청하왕역전(淸河王懌傳)>에 "이인들은…역이 죽었다는 소식을 듣더니 그를 위하여 이면한 자가 수백 명이나 되었다.〔夷人…聞懌之喪, 爲之剺面者數百人,〕"라고 한 용례가 있다.

322 黑 : '墨'의 잘못으로, 국역에서는 '墨'으로 바로잡아 옮긴다.

◑ 【궁(宮)】[부형(腐刑 죄인의 생식기를 없애는 형벌.)이다.]
【음형(淫刑)】·【저(椓)】·【은궁(隱宮)】·【서미(胥靡)】[<'궁(宮)'과> 같은 말이다.]
○ 【잠실(蠶室)】[궁형을 시행하는 자는 잠실(蠶室)에 가두어둔다.]

◑宮[腐刑.] 淫刑. ○椓. ○隱宮. ○胥靡[仝.] ○蠶室[施宮刑者, 囚之蠶室.]

◑ 【월(刖)】[발에 가하는 형벌이다. 발 뒤쪽 베다.]
【비(剕)】[<'월(刖)'과> 같은 말이다.]
【올자(兀者)】[월형(刖刑)을 받은 사람이다.]
○ 【용(踊)】[월형(刖刑)을 받은 사람이 신는 신발이다. ≪춘추좌씨전(春秋左氏傳)≫.][324]

◑刖[足刑. 발뒤측버히다.] 剕[仝.] 兀者[刖者.] ○踊[刖者之屨. <左>.]

◑ 【아용(雅舂)】[죄를 지어 <형벌로> 방아를 찧는 것이다.]
【보용(步舂)】[<'아용(雅舂)'과> 같은 말이다.]
○ 【성조(城朝)】[<형벌로> 아침에는 도적을 찾고 저녁에는 성을 쌓는 것이다. 일설에는 아침에 일어나면 성을 쌓는 것이라고 한다.]
○ 【귀신(鬼薪)】[<형벌로> 땔감을 하여 종묘(宗廟)에 공급하는 것이다.]

◑雅舂[有罪, 身舂之者也.] 步舂[仝.] ○城朝[朝伺寇, 暮築城也. 一曰朝起築城也.] ○鬼薪[取薪以給宗廟也.]

---

323 務 : '務'의 이체자로, 국역에서는 '務'로 바꾸어 옮긴다.

324 용(踊) : ≪춘추좌씨전(春秋左氏傳)≫ 소공(昭公) 3년 조에, 안자(晏子)가 숙향(叔向)에게 제(齊)나라의 형편을 말하여 "국도의 여러 시장에서 <보통의> 신발은 싸지만 '용(踊)'은 비싸다.〔國之諸市, 屨賤踊貴.〕"라고 하였는데, 주(注)에 "'용(踊)'은 월형을 당한 사람에게 발이 되는 것〔목발〕이다.〔踊, 刖足者.〕"라고 하고, 소(疏)에 "월형을 당한 사람의 신이다.〔刖足者之屨也.〕"라고 하였다.

◑ 【살(殺)】[죽이다.]

【주(誅)】·【육(戮)】·【극(殛)】[<'살(殺)'과> 같은 말이다.]

【대벽(大辟)】[사형에 처해야 할 범죄이다.]

【참(斬)】[목을 베는 <형벌이다>.]

【요참(腰斬)】[허리를 베는 <형벌이다>.]

【환(轘)】[거열형(車裂刑)이다.]

【척사〔책사〕(矺死)】[독음은 '척(尺)'이며, '책(磔)'과 같은 말이다. 지체(支體)를 찢는 <형벌이다>.]

【능지(凌遲)】·【지해(支解)】[<'척사〔책사〕(矺死)'와> 같은 말이다.]

【사(肆)】[시체를 진열하는 것이다. ≪논어(論語)≫.][325]

【복(踣)】[독음은 '복(卜)'이며, 그 시체를 저잣거리에 엎어두는 형벌이다.]

【교(県)】[독음은 '교(喬)'이며, 머리를 베어 거꾸로 매다는 형벌이다.]

【효수(梟首)】[머리를 나무 위에 매다는 형벌이다.]

【철(聅)】[독음은 '철(徹)'이며, 사형을 당한 사람을 화살에로 귀를 꿰는 것이다.]

○ 【법장(法場)】[사형을 집행하는 장소이다.]

【고가(藁街)】[진탕(陳湯)이 질지(郅支)의 머리를 베어 고가(藁街)에 대달았다.][326]

○ 【교(絞)】[목을 졸라 죽이는 형벌이다〔縊刑〕.]

【액(縊)】[<'교(絞)'와> 같은 말이다.]

【경(磬)】[목을 졸라 죽이는 것〔縊殺〕으로, <목을> '매단다〔懸〕'는 의미를 취

---

325 사(肆) : ≪논어(論語)≫ <헌문(憲問)>에 "제 힘이 그래도 <공백료(公伯寮)의 시신을> 시장에 늘어놓을 수는 있습니다.〔吾力, 猶能肆諸市朝.〕"라고 하였는데, 주(注)에 "'사(肆)'는 시체를 진열하는 것이다.〔肆, 陳尸也.〕"라고 하였다.

326 고가(藁街) : 전한(前漢) 원제(元帝) 때에 진탕(陳湯)이 서역(西域)에서 흉노(匈奴)를 습격하여 질지 선우(郅支單于)의 목을 베어 도성으로 보낸 일이 있었다. '고가(藁街)'는 한나라 도성인 장안(長安)의 남문 안에 있던 거리 이름으로, 죄인을 참수하면 그 머리를 매달아 사람들에게 보였다고 한다. ≪한서(漢書)≫ <진탕전(陳湯傳)> 참조.

하였다. ≪예기(禮記)≫.][327]

○ 【사사(賜死)】[대신(大臣)은 죄를 지으면 검을 내리거나 사약을 내려 스스로 목숨을 끊게 하였다.]

【사검(賜劍)】·【사약(賜藥)】[위의 '<사사(賜死)>'를 참조하라.]

【후명(後命)】[사사(賜死)하는 명령이다.]

○ 【족(族)】[삼족(三族)을 죽이는 것이다. <삼족은> 부족(父族)·모족(母族)·처족(妻族)이다.]

【이(夷)】[죄인을 죽여 없애는 것이다.]

【이단(夷丹)】·【적족(赤族)】[<'이(夷)'와> 같은 말이다.]

○ 【적몰(籍沒)】[재물과 노비를 장부에 기록하고 몰수하여 잡아들이는 것이다.]

【초가(抄家)】[적몰(籍沒).]

◑殺[죽이다.] 誅·戮·殛[仝.] 大辟[死罪.] 斬[斷首.] 腰斬[斷腰.] 轘[車裂.] 矺死[音尺. 磔仝. 裂支體也.] 凌遲. ○支解[仝.] 肆[陳其尸也. <語>.] 踣[音卜. 仆其尸于市也.] 県[音喬. 斷首倒懸.] 梟首[懸首木上.] 聅[音徹. 死刑者以矢貫耳也.] ○法場[刑殺之所.] 藁街[陳湯斬郅支首, 縣藁街.] ○絞[縊刑.] 縊[仝.] 磬[縊殺取懸義. <禮>.] ○賜死[大臣有罪, 賜劍賜藥, 使自殺也.] 賜劍. ○賜藥[見上.] 後命[賜死之命.] ○族[誅三族也. 父族·母族·妻族也.] 夷[誅滅.] 夷丹·赤族[仝.] ○籍沒[籍記財孥而沒入也.] 抄家[적몰.]

◑ 【체계(逮繫)】[<논죄(論罪)하는> 말이 미치는 자는 쫓아가 붙잡는 것이다.]

【포(捕)】[산 채로 붙잡는 것이다.]

【근포(跟捕)】[그 뒤를 쫓아가서 붙잡는 것이다.]

【구(拘)】·【집(執)】[<죄인을> 잡아서 가두는 것이다.]

---

327 경(磬) : ≪예기(禮記)≫ <문왕세자(文王世子)>에 "공족에게 <죽을> 죄가 있으면 전인에게 넘겨 목을 매달아 죽인다.〔公族有罪, 磬于甸人.〕"라고 하였는데, 주(注)에 "목을 매다는 것이 악기 가운데 편경을 매단 것과 같음이다.〔縊之如縣樂器之磬也.〕"라고 하였다.

○ **【함거(檻車)】**[죄수를 가두어 호송하는 수레이다.]

【갑상(匣牀)】[죄수를 호송하는 수레의 종류이다.]

◑逮繫[辭之所及, 則追捕之者.] 捕[擒捉也.] 跟捕[追其踵而捕也.] 拘. ○執[捉囚也.] ○檻車[拘送罪囚之車.] 匣牀[囚車之類.]

◑ **【수닉(首匿)】**[모의에 앞장을 서고, 죄인을 숨겨주는 자이다..]

【복닉(僕匿)】[도망치는 사람을 숨겨주는 것이다. <□>.]

○ **【수색(搜索)】**[뒤져서 찾는 것이다.]

【등방자(膯房子)】[집을 뒤지다. ≪역어유해(譯語類解)≫.]

◑首匿[爲謀首·藏匿罪人也.] 僕匿[隱匿亡人. <□[328]>.] ○搜索[뒤여찻다.] 膯房子[집뒤다. <譯>.]

◑ **【수(囚)】**[붙잡아 매어두는 것이다.]

【유(幽)】[<'수(囚)'와> 같은 말이다.]

【대리(對理)】[대질 심문하는 것이다.]

【취리(就吏)】[옥에 갇히는 것이다.]

【감착(監着)】[가두다.]

【고(嫴)】[독음은 '고(孤)'이며, '보증하는 것〔保任〕'이다. 부인은 죄가 가벼우면 감옥에 들어가지 않으므로 보석(保釋)하여 처벌을 기다린다. 보방(保放)하다.]

○ **【수장(囚帳)】**[죄수의 성명을 기록한 것이다. ≪자치통감강목(資治通鑑綱目)≫. 지금은 '수도안(囚徒案)'이라 부른다.][329]

---

328 □ : 원본에 출처 표기가 누락되었다.

329 수장(囚帳) : ≪송사(宋史)≫ <형법지(刑法志)>에 "옹희 원년에 여러 주(州)에 명하여 열흘에 한 번씩 수장을 비롯하여 죄명, 구금일수를 갖추어 보고하게 하였다.〔雍熙元年, 令諸州十日一具囚帳及所犯罪名·繫禁日數以聞.〕"라는 용례가 있다.

○ **[**자의(赭衣)**]** [죄수의 옷이다.]

○ **[**온(昷)**]** [독음은 '온(溫)'이며, '명(皿)'의 뜻을 따른다. 죄수에게 음식을 제공하는 사람이다.]

○ **[**수(瘦)**]** [죄수가 굶주림이나 추위 때문에 죽는 것이다.]

○ **[**절옥(折獄)**]** [옥사(獄事)를 처리하는 것이다.]

[신(訊)**]** [죄수를 국문(鞫問)하는 것이다.]

[문(問)**]** [죄수를 신문(訊問)하는 것이다.]

[토(討)**]** [<충분히 알 때까지> 캐묻는 것이다.]

[국(簐)**]** ['국(鞫)'과 같으며, 죄인에게 끝까지 따져가며 묻는 것이다.]

[추(推)**]** [<죄를> 끝까지 캐어묻는 것이다.]

[힐(詰)**]** [죄를 묻는 것이다.]

[감(勘)**]** [죄수를 국문(鞫問)하는 것이다.]

[고신(拷訊)**]** [때리며 캐묻는 것이다.〔치면서 묻다.〕]

[견하(譴何)**]** ['견(譴)'은 '꾸짖는 것〔責〕'이고, '하(何)'는 '따져 묻는 것〔詰問〕이다.]

[논수(論囚)**]** [죄를 결정하는 것이다.]

[보(報)**]** [논수(論囚).]

[연〔언/얼〕(讞)**]** [독음은 '련(練)'이며, 옥사(獄事)를 논의하는 것이다.]

[여수(錄囚)**]** ['려(錄)'는 독음이 '려(慮)'이다. '여수(錄囚)'는 단지 억울한 것이 있는지 그 여부만 아는 것이다.]

[여수(慮囚)**]** [<'여수(錄囚)'와> 같은 말이다.]

[사사(査査)**]** [사핵(査劾)하다(실정을 조사하다.).]

◑囚[拘係也.] 幽[仝.] 對理[對獄.] 就吏[就囚也.] 監着[가도다.] 嫴[音孤. 保任也. 婦人罪輕, 不入獄, 故保外而待罰. 보방ᄒᆞ다.] ○囚帳[籍囚人姓名者. <目>. 今稱囚徒案.] ○赭衣[罪人衣.] ○昷[音溫. 以[330]皿. 食囚者.] ○瘦[囚以

---

330 以 : '종(从)'의 잘못으로, 국역에서는 '종(从)'으로 바로잡아 옮긴다.

飢寒死者也.] ○折獄[凌獄.] 訊[鞠囚.] 問[訊罪.] 討[究問.] 籥[鞠仝, 窮理罪人.] 推[窮詰.] 詰[問罪.] 勘[鞠囚.] 拷訊[치며져두다.] 譴何[譴, 責也. 何, 詰問也.] 論囚[定罪也.] 報[論囚.] 讞[音練. 議獄.] 錄囚[錄音慮. 錄囚徒知其寃滯與否.] 慮囚[仝.] 査査[사힉ᄒ다.]

◑ **【옥(獄)】**[죄수를 붙들어 매어두는 곳이다.]

【뇌폐(牢陛)】·**【복당(福堂)】**·**【환토(圜土)】**·**【뇌안(牢犴)】**·**【실(室)】**[<'옥(獄)'과> 같은 말이다.]

【안(岸)】[향정(鄕亭)의 감옥이다. ≪시전(詩傳)≫에 "안(岸)과 옥(獄)에 마땅하구나〔宜岸宜獄.〕"라고 하였다.][331]

【환비(圜扉)】[옥문(獄門)이다.]

【폐(狴)】[도마뱀의 모습인데, 호랑이처럼 위력(威力)이 있어서 옥문(獄門)에 세워둔다.]

○ **【하대(夏臺)】**·**【염실(念室)】**[하(夏)나라 때의 감옥 이름이다.]

【유리(羑里)】·**【동지(動止)】**[은(殷)나라 때의 감옥 이름이다.]

【영어(囹圄)】·**【계류(稽留)】**[주(周)나라 때의 감옥 이름이다.]

【약로(若盧)】[한(漢)나라 때의 감옥 이름이다.]

【남리(南里)】·**【인제(因諸)】**[제(齊)나라 때의 감옥 이름이다. ≪춘추공양전(春秋公羊傳)≫.][332]

【도선(都船)】·**【황사(黃沙)】**·**【북사(北寺)】**[감옥의 이름이다.]

【엄극(嚴棘)】[감옥의 안이다.]

○ **【사(士)】**·**【장류(長流)】**·**【이관(李官)】**·**【약로(若盧)】**[감옥을 맡아보는

---

331 안(岸) : ≪시경(詩經)≫ <소아(小雅)·소완(小宛)>에 "가엾은 우리 병약한 자들이야, 안(岸)과 옥(獄)에 마땅하겠지.〔哀我塡寡, 宜岸宜獄.〕"라고 하였는데, 그 주에 "향정의 감옥을 안(岸)이라 하고 조정<의 감옥>을 옥(獄)이라 한다.〔鄕亭之繫曰岸, 朝廷曰獄.〕"라고 하였다.

332 인제(因諸) : ≪춘추공양전(春秋公羊傳)≫ 소공(昭公) 21년 조의 하휴(何休) 주(注)에 "인제라는 것은 제나라에서 예전에 형벌을 받는 사람들이 있던 지역이다.〔因諸者, 齊故刑人之地.〕"라고 하였다.

관리이다.]

【정위(廷尉)】[한(漢)나라 <때에 감옥을 맡아보던 관리이다>.]

【대리(大理)】[당(唐)나라와 송(宋)나라 <때에 감옥을 맡아보던 관리이다>.]

【동창(東廠)】·**【금의위(錦衣衛)】**[명(明)나라 이후<에 감옥을 맡아보던 관리이다>. 이와 별개로 서창(西廠)이 있다.]

○ **【청실(請室)】**[죄를 청하는 방이다.][333]

○ **【주후관(柱後冠)】**·**【혜문관(惠文冠)】**[옥리(獄吏)가 쓰는 관(冠)의 이름이다.]

◑獄[所以係囚.] 牢陛. ○福堂. ○圜土. ○牢犴. ○室[仝.] 岸[鄉亭之係. 詩傳: "宜岸宜獄."] 圜扉[獄門.] 狴[龍子形, 似虎有威力, 立于獄門.] ○夏臺. ○念室[夏獄名.] 羑里. ○動止[殷獄名.] 囹圄. ○稽留[周獄名.] 若盧[漢獄名.] 南里·因諸[齊獄名. <羊>.] 都船. ○黃沙. ○北寺[獄名.] 嚴棘[獄中.] ○士. ○長流. ○李官. ○若盧[獄官.] 廷尉[漢.] 大理[唐·宋.] 東廠·錦衣衛[皇明後. 又有西廠.] ○請室[請罪之室.] ○柱後寇[334]. ○惠文冠.[獄吏冠名.]

◑ **【쇄장(鎖匠)】**[옥사쟁이. ≪고려사(高麗史)≫에 나오는데, '장(匠)'은 '장(掌)'으로 써야 마땅하다.]

◑鎖匠[옥사장이. 出麗史. 匠當作掌.]

◑ **【적(謫)】**[죄를 지어 변방으로 유배되는 것이다.]

【천(遷)】·**【유(流)】**·**【찬(竄)】**·**【배(配)】**·**【사(徙)】**·**【방(放)】**[집안 전체가 변방으로 이주하는 것을 '천(遷)'이라 하고, 멀리 유배시키고 돌려보내주

---

333 청실(請室) : '청(請)'은 '청(淸)'과 의미가 통한다고 보아 '죄를 씻어내는 방'이라는 의미로 보기도 한다.

334 寇 : '冠'의 잘못으로, 국역에서는 '冠'으로 바로잡아 옮긴다.

지 않는 것을 '유(流)'라 하고, 신분을 낮추어 멀리 떠나보내는 것을 '찬(竄)'이라 하고, 군대에 충원하여 배속시키는 것을 '배(配)'라 하고, 족쇄를 채우고 일을 시키는 것을 '사(徙)'라 하고, 3년 동안 기다려 놓아주는 것을 '방(放)'이라 한다.]

【살(蔡)】[독음은 '살(殺)'이다.][335]

○ 【행견(行遣)】·【안치(安置)】[<'살(蔡)'과> 같은 말이다.]

【살(𣝈)】[추방하여 유배시키는 것을 '살(𣝈)'이라 한다. ≪춘추좌씨전(春秋左氏傳)≫.][336]

【부처(付處)】[유배지에 도착하기 전에 임시로 중도에 머물러 있게 하는 것이다.]

【천극(栫棘)】[가시나무로 울타리를 쳐서 <드나들지 못하게 하던> 것이다.]

○ 【누인(纍人)】·【축신(逐臣)】·【적객(謫客)】[유배된 사람이다.]

【파참거(擺站去)】[귀양을 가다.]

○ 【하과(何戈)】[죄를 지어 변방 멀리 가서 수자리 서는 것이다.]

◑謫[有罪徙邊也.] 遷. ○流. ○竄. ○配. ○徙. ○放[全家徙邊曰遷, 長流不返曰流, 投卑遠去曰竄, 充配軍伍曰配, 帶鐐工作曰徙, 待放三年曰放.] 蔡[音殺.] ○行遣. ○安置[仝.] 𣝈[流放曰𣝈. <左>.] 付處[未到配而姑付中途所止也.] 栫棘[圍以棘也.] ○纍人. ○逐臣. ○謫客[被謫之人.] 擺站去[귀향가다.] ○何戈[罪戍邊遠者.]

◑ 【순(徇)】[돌아다니는 것이다. 조리돌리다.]

【회시(回示)】[죄를 지은 자를 한 바퀴 돌며 사람들에게 보여주어 사람들로 하여금 경계하여 죄를 저지르지 않게 하려는 것이다.]

---

335 살(蔡) : 죄인을 추방하는 것이다. 원(元)나라 황공소(黃公紹)의 ≪고금운회(古今韻會)≫에는 '살(蔡)'은 "본래 '살(𣝈)'이라고 쓰는데, 마치 쌀알을 흩트리듯 추방한다는 말로, 지금은 '살(蔡)'이라고 쓴다.〔本作𣝈, 言放之若散米. 今作蔡.〕"라고 하였다.

336 살(𣝈) : ≪춘추좌씨전(春秋左氏傳)≫ 소공(昭公) 원년 조에 "주공은 관숙을 유배하고 채숙을 추방하였다.〔周公𣝈管叔而蔡蔡叔.〕"라고 하였다.

◑徇[巡也. 죠릐도로다.] 回示[有罪者回匝示人, 欲使人戒而不犯也.]

◑ **【죄(罪)】**[사람이 잘못한 것이 있는 것이다.]

【고(辜)】·**【흔(釁)】**·**【누(累)】**[<'죄(罪)'와> 같은 말이다.]

【생(眚)】[잘못이다.]

○ **【좌죄(坐罪)】**[죄를 저지르다.]

【부범(負犯)】[죄를 지어 법을 어긴 것이다.]

【고범(故犯)】[알면서도 죄를 저지른 것이다.]

【육인(僇人)】[죄를 지은 사람이다.]

○ **【연좌(連坐)】**[처벌이 다른 사람에게 미치는 것이다.]

【간련(干連)】[남의 죄에 관련된 범죄를 저지른 사람이다.]

【반좌(反坐)】[남을 모함하려다 도리어 <그만큼의 처벌을> 받는 것이다.]

○ **【발각(發覺)】**[죄를 지은 사실이 환히 드러나는 것이다.]

○ **【매얼(媒孽)】**[죄가 될 만한 허물을 조금씩 지어내는 것이다.]

【실입(失入)】[다른 사람의 범죄에 잘못하여 말려드는 것이다.]

○ **【승(繩)】**['승(繩)'은 '곧은 것〔直〕'이다. 법으로 굽은 것을 곧게 하는 것이다.]

【당(當)】[죄인을 벌주는데, 죄와 법이 서로 걸맞음을 말한다.]

【저죄(抵罪)】[저지른 죄에 알맞은 것이다.]

【말감(末減)】[처벌을 가볍게 하는 것이다.]

○ **【문법(文法)】**[법을 집행함이 심중한 것이다.]

【무문(舞文)】['무(舞)'는 '희롱함〔弄〕'이다. 심중한 법집행을 희롱하는 것이다.]

○ **【승복(承服)】**[죄를 인정하는 것이다.]

【자수(自首)】[스스로 자신의 죄를 이야기하는 것이다.]

【수실(首實)】[<'자수(自首)'와> 같은 말이다. ≪자치통감강목(資治通鑑綱目)≫.]

【승관(承款)】[죽을죄를 지었다며 죄를 인정하는 것이다.]

【굴인(屈認)】[애매하게 승복하다. ≪역어유해(譯語類解)≫.]

【무복(誣服)**】**[고문을 견디지 못하여 거짓으로 자백하다.]

【저뢰(抵賴)**】**[핑계를 대며 죄를 인정하지 않는 것이다.]

◑罪[人有過也.] 辠. ○釁. ○累[仝.] 眚[過眚.] ○坐罪[죄저즈다.] 負犯[負罪犯法也.] 故犯[知而犯罪也.] 僇人[負罪之人.] ○連坐[罰延他人也.] 干連[干犯之人.] 反坐[欲陷人反受也.] ○發覺[罪狀昭著也.] ○媒孽[釀成罪過.] 失入[誤入人罪.] ○繩[繩, 直也. 以法直柱[337]也.] 當[處斷罪人, 言罪法相當也.] 抵罪[當其罪也.] 末減[薄施罰.] ○文法[持法深刻也.] 舞文[舞, 弄也. 玩弄文法也.] ○承服[服罪也.] 自首[自言其罪.] 首實[仝. <目>.] 承款[當死服罪.] 屈認[이믜히승복ᄒᆞ다. <譯>.] 誣服[不勝拷掠而枉服也.] 抵賴[推托不服也.]

◑ **【**초사(招辭)**】**[죄인이 <범죄 사실을> 진술한 말이다.]

【구초(口招)**】**[<'초사(招辭)'와> 같은 말이다.]

【원서(爰書)**】**['원(爰)'은 '바꾼다〔換〕'는 말이다. 문서로 죄인의 진술을 대체하여 바꾸는 것이다.]

【공사(供辭)**】**[초사(招辭 죄인이 범죄 사실을 진술한 말.)이다.]

◑招辭[罪人口辭.] 口招[仝.] 爰書[爰, 換也. 以文書代換罪人口辭也.] 供辭[招辭.]

◑ **【**고음(侤音)**】**[다짐. ≪주서(朱書)≫.]

【초공(招拱)**】**·**【**초인(招認)**】**·**【**초장(招狀)**】**[<'고음(侤音)'과> 같은 말이다.]

○ **【**원정(原情)**】**[감옥에 갇혀 있으면서 실정(實情)을 진술하는 글이다.]

◑侤音[다짐. <朱>.] 招拱. ○招認. ○招狀[仝.] ○原情[獄囚陳情之文.]

---

337 柱 : '枉'의 잘못으로, 국역에서는 '枉'으로 바로잡아 옮긴다.

◑ **【원(寃)】**[죄가 없는데 무고(誣告)를 당한 것이다.]

【왕(枉)】[<'원(寃)'과> 같은 말이다.]

○ **【직(直)】**[다른 사람의 억울함을 바로 잡는 것이다.]

【평정(平亭)】['칭정(稱停)'의 '정(停)'과 의미가 같다. 사서(史書)에 이르기를 "의심스러운 법을 평정하였다.〔平亭疑法.〕"라고 하였다.][338]

【평반(平反)】[억울한 누명을 바로 잡아 죄수를 살려내는 것이다. <사서(史書)>.][339]

◑寃[無罪受誣者.] 枉[仝.] ○直[理人枉也.] 平亭[稱停之停, 義仝. 史云: "平亭疑法.] 平反[理幽枉, 活罪囚也. <史>.]

◑ **【송(訟)】**[담당 부서에서 옳고 그름을 다투는 것이다.]

【청송(聽訟)】[양쪽의 말을 듣고서 옳고 그름을 결정하는 것이다.]

【양조(兩造)】[다투는 양측이 모두 도착한 것이다.]

【속시(束矢)】[화살 묶음을 조정〔朝〕에 납입(민사소송에 있어서 소송비용에 해당한다.)한 뒤에 재판이 진행된다.]

【구거(鉤距)】[낚싯바늘에 달린 미늘이 삼키면 내려가지만 토하면 걸리는 것처럼, 사람이 그 속에 들어가면 벗어날 수 없게 만들어 숨겨진 내막을 밝혀내는 것이다.]

【면질(面質)】[대질(對質)이다. 면질.]

【대면(對面)】[<'면질(面質)'과> 같은 말이다.]

【객송(客訟)】[사건이 자신과는 상관이 없는데도 함부로 민사 소송을 벌이는 것이다.]

【타관사(打官司)】[송사(訟事)를 벌이다.]

---

338 평정(平亭) : '칭정(稱停)'은 '저울대가 반듯하게 멈추었다'는 말로 매우 공정하다는 의미이다. '평정'은 '공정하게 판결한다'는 말이다.

339 평반(平反) : ≪한서(漢書)≫ <준불의전(雋不疑傳)>에 준불의가 경조윤(京兆尹)이 되어 "판결을 뒤집어 억울한 사람을 많이 살려내자 그의 어머니가 웃으며 기뻐하였다.〔多有所平反, 母喜笑.〕"라고 하였다.

【끽관사(喫官司)】[죄에 걸리다.]

【굴관사(屈官司)】[원통한 송사(訟事).]

【원고(元告)】[정한 놈. <원고이다.>]

【장자(狀者)】[<'원고(元告)'와> 같은 말이다.]

【원척(元隻)】[정해진 사람. <피고이다.>]

【피고인(被告人)】[<'원척(元隻)'과> 같은 말이다.]

【첩(牒)】[소송장이다.]

【안(案)】[소송이다.]

【단안(斷案)】[결입안. <옳고 그름을 판단하는 것이다.>]

【비판(批判)】[비판하다.]

【발미(跋尾)】[살인 사건〔殺獄〕을 마감하는 것이다.][340]

◑訟[爭曲直于有司也.] 聽訟[聽兩辭, 決曲直也.] 兩造[兩爭者皆至也.] 束矢[入束矢于朝, 然後聽訟.] 鉤距[如釣鉤之有鉅, 呑之則順, 吐之則逆, 使人入其中, 不能出, 以鉤索隱情也.] 面質[면지.] 對面[仝.] 客訟[事不干己, 妄興詞訟.] 打官司[숑ᄉᆞᄒᆞ다.] 喫官司[죄의걸니다.] 屈官司[원통ᄒᆞᆫ숑ᄉᆞ.] 元告[정ᄒᆞᆫ놈.] 狀者[仝.] 元隻[정ᄒᆞ인ᄉᆞ람.] 被告人[仝.] 牒[訟辭.] 案[獄訟訟[341].] 斷案[결입안.] 批判[뎨ᄉᆞᄒᆞ다.] 跋尾[살옥의ᄭᅳᆺ마감.]

◑【사(赦)】[죄인을 용서해주는 것이다.]

【유(宥)】·【휴(休)】·【원(原)】·【서(恕)】·【요(饒)】·【대(貸)】·【세(貰)】[죄를 너그럽게 용서해주는 것이다.]

【방(放)】·【석(釋)】[죄수를 풀어주는 것이다.]

【환(逭)】·【탈(脫)】·【면(免)】[지은 죄를 면하여 주는 것이다.]

【실출(失出)】[죄를 용서해주는 것이 부당한데도 고의로 석방하는 것이다.]

---

340 발미(跋尾) : 살인사건에 대하여 검시관이 살인의 원인과 경과 따위를 조사하여 조사서에 적어 넣는 의견이다.

341 獄訟訟 : '訟' 한 글자는 연문(衍文)으로, 국역에서는 한 글자를 빼고 옮긴다.

○ 【금계(金雞)】[당(唐)나라 때에 사면을 시행하는 날에는 장대에 금계(金鷄)를 매달아 죄수를 석방한다는 사실을 널리 알렸다.]
【관색(貫索)】[천리(天理)의 네 별은 귀인(貴人)의 감옥을 주재하는데 마치 지금의 금부(禁府)와도 같고, 관색(貫索)의 아홉 개 별은 천인(賤人)의 감옥을 주재하는데 마치 지금의 전옥(典獄)과도 같다. 그 안에 많은 별이 있는 경우는 죄인이 가득 들어찬 것이고, 그 안에 별이 없는 경우는 감옥이 텅 빈 것이다.]

◑赦[宥罪人.] 宥. ○休. ○原. ○恕. ○饒 . ○貸. ○貰[寬罪也.] 放. ○釋[出罪囚也.] 逭. ○脫. ○免[免罪也.] 失出[不當宥而故出之也.] ○金雞[唐赦日置金雞于竿, 宣制釋囚.] 貫索[天理四星主貴人之牢, 如今禁府; 貫索九星主賤人之牢, 如今典獄. 其內多星, 則罪人充滿; 其內無星, 則囹圄空虛.]

◑ 【속(贖)】[금전을 납부하여 죄를 면제받는 것이다.]
【벌환(罰鍰)】[황금 여섯 냥(兩)으로 죄를 비겨 없애는 것이다.]
【담전(倓錢)】['담(倓)'은 본래 '탐(賧)'으로 쓰는데, 독음은 '담(談)'이며, 만인(蠻人)이 재화를 바쳐서 죄를 비겨 없애는 것이다.]

◑贖[納金免罪也.] 罰鍰[贖金六兩.] 倓錢[倓本作賧, 音談, 蠻人贖罪貨也.]

◑ 【가초(榎楚)】['가(榎)'는 독음이 '가(賈)'로, '회초리〔扑〕'이다. '가(榎)'는 둥글고, '초(楚)'는 모가 졌다. ≪예기(禮記)≫.]
【수〔태〕(笞)】[독음은 '수(眀)'이며, 작은 몽둥이이다.]
【방(榜)】·【편(鞭)】·【정(梃)】[<'수〔태〕(笞)'와> 같은 말이다.]
【장(杖)】[큰 몽둥이이다.]
○ 【신장(訊杖)】[고문할 때 사용하는 몽둥이이다.]
【봉(棒)】['봉(棓)'으로도 쓰며, 몽둥이이다. 도리믹.]
【곤(棍)】['봉(棓)'과 같다. 지금은 '판장(板杖)'이라 부른다.]
【판자(板子)】[곤장.]

【고(敲)】 [짧은 몽둥이이다. ≪사기(史記)≫.][342]

○ **【방격(篣格)】** [형판(刑板 매질을 할 때, 죄인을 묶는 틀.)이다.]

◑榎楚[榎音賈. 扑也. 榎圓楚方. <禮>.] 笞[音蚩. 小杖.] 榜. ○鞭. ○梃[仝.] 杖[大鞭.] ○訊杖[拷訊之杖.] 棒[一作棓, 杖也. 도리미.] 棍[如棓. 今稱板杖.] 板子[곤장.] 敲[短杖. <史>.] ○篣格[刑板.]

◑ **【가(枷)】** [목에 채우는 형틀이다. 칼.]

【교(校)】 [<‘가(枷)’와> 같은 말이다. ≪주역(周易)≫.][343]

【항양(桁楊)】 [목에 채우는 것과 정강이에 채우는 것을 모두 ‘항양(桁楊)’이라 한다.]

【장판(長板)】 [지금의 칼〔枷〕이다.]

【행가(行枷)】 [행차칼(行次칼 옥중에 있는 죄인을 다른 곳으로 옮길 때 목에 씌우던 형구.).]

◑枷[項械. 칼.] 校[仝. <易>.] 桁楊[夾頸及脛者, 皆曰桁楊.] 長板[今之枷也.] 行枷[힝ᄎ칼.]

◑ **【질곡(桎梏)】** [손에 차는 것을 ‘곡(梏)’이라 하고, 발에 차는 것을 ‘질(桎)’이라 한다. <수갑과 차꼬.>]

【계(械)】 [수갑과 차꼬〔桎梏〕를 통틀어 가리키는 이름이다.]

【삼목(三木)】 [목과 손발에 채우는 것이다. <칼, 수갑, 차꼬.>]

【공(拲)】 [두 손을 한꺼번에 채우는 것이다.]

【수〔추〕(銶)】 [독음은 ‘수(囚)’이며, 수갑이다.]

---

342 고(敲) : ≪사기(史記)≫ <가의열전(賈誼列傳)>에 “짧고 긴 몽둥이를 들고 천하를 채찍질하여 위엄을 사방에 떨쳤다.〔執敲扑而鞭笞天下, 威振四海.〕”라고 하였다.

343 교(校) : ≪주역(周易)≫ <서합(噬嗑)> 효사(爻辭)에 “형틀을 신겨서 발꿈치를 자르니 허물이 없다.〔屨校滅趾, 无咎.〕”라고 하였는데, 주에 “지금의 목에 채우는 형틀과 같은 것이다.〔若今枷項也.〕”라고 하였다.

【수뉴(手杻)】[손에 수갑을 채우는 것이다.]

【착(鋜)】[독음은 '착(捉)'이며, 족쇄(足鎖)〔足鈐〕이다.]

【체(釱)】[답각겸(踏脚鉗 무게가 여섯 근인 쇠로 만든 족쇄.)이다.]

【겸(鉗)】[차꼬.]

【각료(脚鐐)】[양쪽 정강이를 휘감고 묶어서 성큼성큼 걸을 수 없게 하는 것이다.]

○ **【찰(拶)】**[독음은 '찰(察)'로, 손가락에 형벌을 주는 형구(刑具)로, 작은 나무토막에 구멍을 뚫어 <손가락을 넣고> 끈으로 열 손가락의 사이사이를 묶고 동여매<고 잡아서 당기>는 것이다.]

【찬지(儹指)】[손가락에 끼워 매는 형구(刑具)이다.]

【삭판(索板)】[손가락을 끼워 넣고 때리는 나무<로 만든 형구(刑具)>이다.]

○ **【협협곤(挾挾棍)】**[주리를 틀다.]

【타고골(打尻骨)】[볼기를 치다.]

◑桎梏[在手曰梏, 在足曰桎.] 械[桎梏通稱.] 三木[鎖頸及手足也.] 桊[兩手同械.] 鉩[音囚, 手械.] 手杻[손의슈박다.] 鋜[音捉, 足枍[344].] 釱[踏脚鉗.] 鉗[챡고.] 脚鐐[以環着兩股, 而以系綴之, 使不得濶步者.] ○桚[345][音察, 栺[346]刑, 穿小木, 以繩係十指間, 束縛之.] 儹指[손가락의쪄믹는것.] 索板[손가락의쪄믹고치는나모.] ○挾挾棍[쥬릐트다.] 打尻骨[복기치다.]

◑ **【휘묵(徽纆)】**[세 가닥으로 꼰 것을 '휘(徽)'라 하고, 두 가닥으로 꼰 것을 '묵(纆)'이라 한다. 오라.]

【유설(縲絏)】[검은색 포승줄이다. ≪논어(論語)≫.][347]

---

344 枍 : '鈐'의 잘못으로, 국역에서는 '鈐'으로 바로잡아 옮긴다.

345 桚 : '拶'의 잘못으로, 국역에서는 '拶'로 바로잡아 옮긴다.

346 栺 : '指'의 잘못으로, 국역에서는 '指'로 바로잡아 옮긴다.

347 유설(縲絏) : ≪논어(論語)≫ <공야장(公冶長)>에 "비록 포승줄에 묶인 적은 있었지만 그가 저지른 죄는 아니었다.〔雖在縲絏之中, 非其罪也.〕"라고 하였다.

【낭당(鋃鐺)】[쇠사슬.]
【쇄련자(鎖連子)】[<'낭당(鋃鐺)'과> 같은 말이다.]

◑徽纆[三股曰徽, 兩股曰纆. 오라.] 縲絏[黑索. <語>.] 鋃鐺[쇠ᄉᆞ슬.] 鎖連子[仝.]

◑ 【낭두(囊頭)】[자루로 얼굴을 덮는 것이다. 보(褓)를 씌우다.]
【졸면래(捽面來)】[끌어 잡고 휘두르다.]
【납(拉)】[끌다.]

◑囊頭[以囊蒙頭也. 보씌우라] 捽面來[ᄭᅳ어두루다.] 拉[ᄭᅳ으다.]

◑ 【침질(椹質)】[나무 받침이다. 칼로 베어 죽이는 자가 사람을 나무 받침〔椹質〕에 올려놓고 도끼로 절단하는 것이다.]

◑椹質[木趺也. 斬戮者伏人於椹質之上, 以斧斷之也.]

◑ [부(附)]
【법(法)】['법(法)'은 '압박하다〔偪〕'는 말로, 압박하여 한도를 지니게 하는 것이다.]
【색(索)】[법(法)이다. ≪춘추좌씨전(春秋左氏傳)≫.][348]
【예(帠)】[독음은 '예(羿)'이며, 법(法)이다. ≪장자(莊子)≫.][349]

---

348 색(索) : ≪춘추좌씨전(春秋左氏傳)≫ 정공(定公) 4년 조에 "상나라의 정치제도〔商政〕로 백성을 계도하고, 주나라의 법〔周索〕으로 토지를 구획하게 하였다.〔啓以商政, 疆以周索.〕"라고 하였는데, 두예(杜預)의 주에 "색(索)은 법(法)이다.〔索, 法也.〕"라고 하였다.

349 예(帠) : ≪장자(莊子)≫ <응제왕(應帝王)>에 "그대는 어찌하여 법〔帠〕으로 천하를 다스리는 것으로 나의 마음을 흔들려고 하는가?〔汝又何帠以治天下, 感予之心爲.〕"라고 하였다.

【제(制)】[법(法)을 만드는 것이다.]

【식(式)】·【도(度)】·【벽(辟)】·【전(典)】·【장(章)】[법(法)이다.]

【헌(憲)】[법(法)을 높이 매달아 사람들에게 보여주는 것이다.]

【율(律)】[법률(法律)이다.]

【삼척(三尺)】[세 자 길이의 죽간(竹簡)에 법률을 기록하였기 때문에 법(法)을 '삼척(三尺)'이라 부른다.]

【설령(挈令)】[율령(律令)<을 담은> 책이다. ≪설부(說郛)≫.]

【금령(禁令)】[금지하고 통제하는 명령이다.]

【검(檢)】[금지하고 통제하는 것이다. ≪맹자(孟子)≫.][350]

◑[附] 法[法, 偪也. 偪而使有所限之也.] 索[法也. <左>.] 帠[音羿. 法也. <莊>.] 制[成法.] 式. ○度. ○辟. ○典. ○章[法也.] ○憲[縣法示人.] ○律[法律.] 三尺[以三尺竹簡, 書法律, 故法謂之三尺.] 挈令[律令之書. <說>.] ○禁令[禁制之令.] 檢[禁制也. <孟>.]

才物譜卷之五

350 검(檢) : ≪맹자(孟子)≫ <양혜왕 상(梁惠王上)>에 "개나 돼지가 사람이 먹을 음식을 먹어도 그것을 단속할 줄 모르고, 들판에 굶어 죽은 시체가 나뒹굴어도 곳간을 열 줄 모른다.〔狗彘食人食而不知檢, 塗有餓莩而不知發.〕"라고 하였다.

국역 재물보 5

2022년 12월 21일 인쇄
2022년 12월 30일 발행

<값 35,000원>

발행인 사단법인 세종대왕기념사업회
02456 서울시 동대문구 회기로 56(세종대왕기념관)
등록 : 1971. 7. 20. No. 제 5-3 전송 : 969-8854
계좌 : 국민은행 010-01-0419-170 전화 : 969-8851
누리집 : www.sejongkorea.org

인 쇄 (주)부광인쇄

ISBN 978-89-8275-201-8 (04700)
ISBN 978-89-8275-090-8 (세트)

재물보 5

目　　次

才物譜卷之五

才物譜卷之五

才物譜卷之五

人譜四

韓山李晩永成之裒輯

○禮 禮凡有五吉禮事鬼神凶禮哀邦国之憂賓禮親邦国軍禮同邦国嘉禮親萬民

○冠禮 加冠之節 三加 冠禮有三加之儀各有祝辭 宿賓 宿猶肅也進也 尊長 父之行曰尊尺之行曰長 禮辭 只一辭曰禮辭再辭曰固辭三辭曰終辭

○昏禮 婚姻之禮 陰禮 夫婦陰和之事故云[周] 嘉禮 陰陽際遇曰嘉 親事 兩姓婚姻爲親 媾 重婚 牉 合也

○媒妁 媒謀也妁勺也勺量其年齒家閥而謀之也 媒婆 즁미ᄒᆞ는계집 保山 中媒[譯] 喜錢 혼미납

○買紅 買絲綃也定婚之称[俗] 合庚 궁합마초다 庚帖 四柱單子

○陪門財 女家門閥高而婚家非耦令其納財以陪門閥

○娶 取婦曰娶 聘 昏禮娶問 再娶 後娶

○嫁 女適人也 適 仝 字 女子許嫁 女 以女妻人 妻之 以女嫁人 移天 女子在家則父天嫁

則夫天也古詩曰二十移所天 改嫁 改適他姓 再醮○後婚○後嫁○晩娘

子添羞臉 仝 請凌 棄夫別嫁 合獨 媒者取鰥寡而和合之者[管]

○納采 納雁以爲采擇之禮也 問名○納雁 奠雁 納幣 或以皮或以帛 儷皮 兩皮

○親迎 壻迎女歸也 攝盛 昏禮壻乘大夫之車服大夫之服執大夫之幣故曰攝盛 ( )催粧

却扇 唐時無昏礼婦未至則壻作催粧詩促之旣至對坐則壻作却扇詩開之如是而已[俗]

( )醮 酌而無酬酢曰醮冠娶礼也 同牢宴 同食一牲也一曰共牢而食牢俎也 交拜 男女交拜

( )巹杯 巹仝破瓢爲卮昏礼合巹 室中之事 交拜合巹於室中故云 靑廬 北俗用靑

布幔爲屋交拜行礼 結髮 古俗結髮爲夫婦猶言結髮而與匈奴戰後人遂有結髮之礼伊川歎去之

新婦禮 婦見舅姑之礼 過門 [諺] 仝 于歸 [毛] 仝

○帛拜 婦始見舅姑持香纓以拜牛弘以綃八尺中擗而代香纓名曰帛拜今新婦手持中即此流也

○蓋頭 親迎女冪其首者 笲 匣仝 音弁盛婦贄棗脩者也 棗栗 贄舅 腶脩 贄姑

○餪 音煗女嫁三日送食 授室 舅姑饗婦訖降自西階婦升自作階謂之授室此礼惟冢婦有之 饋舅姑 婦見舅姑之後若冢婦則盥饋舅姑特豚側載 刀鑷人 粧新婦者 手母 仝

○喪禮 治喪之禮 大故 喪事曰大故

初終 入新死也 ○屬纊 著新綿於死者口鼻以候氣絶也 ○招魂 死者魂氣散故招而復之

○臯復 臯呼也以衣招魂曰復 ○扱尸 扱尸支體而正之也 ○楔齒 楔音雪用角柶楔齒使不閉而受含也 角柶 角為之狀如匕長六寸兩頭曲 ○綴足 以几綴之使足不辟戾也

○發喪 入始死哭 擧哀 哭也 擗踊 推胷跳足 發胷擊心爵踊 婦入不袒披前襟而搯心如雀之跳也[一]

○被髮 散髮 扱衽 扱深衣前襟於帶 徒跣 無屨而空跣

○免○髽○括髮 三者一物冠尊不敢加於祖上故用以繞髻爲飾斬衰以麻齊衰以布括髮着服以下用細布或絹曰免婦人曰髽 布頭帶 即總以束髮 鷄斯 雞幷斯繼喪規去冠留骨笄與韜髮之繒

○訃 告喪 赴車 告訃之車 ○吊 唁喪

○賻 以財助喪事 賵 音奉以車馬 襚 以衣服 祱 音捝全[漢] 贈 以玩好 奠 獻食物 含 以貝玉

○殩孝 秦入饋喪家食[二]

○沐浴 洗尸體及髮也 㵋 音彌浴尸也[周] 香湯 天子喪浴尸用之 潘 音盤所以沐髮者大夫以稷士以粱香湯僭也 差 淅米水也礼云差沐 釁 塗也以瓷塗尸謂之釁瓷[一]

○塊竈 尸持浴時

旬人取西墻土爲塊竈 ○鬊爪 鬊音舜乱髮及爪宲于縁中者〔礼〕 五囊 盛手足左右爪及頭

髮者 ○明衣 所以浴後貼身者以布爲之 ○夷槃 夷尸也槃氷盤也 夷牀 尸牀 夷

衾 覆尸衾

○襲 以衣〻尸也 ○幎目 幎音覓所以覆尸面者 ○充耳 用新綿狀如棗核以塞兩耳

○握手 所以裹手者 削約 握手兩邊中裁八一寸也 摟中 削約 牢中 牢讀若摟 ○

冒 韜尸者制如直囊上玄下纁上曰質下曰殺 質殺 見上

○飯含 口宲米曰飯宲貝玉曰含 無孔珠 取体完不穿者 柳匕 所以抄米者 幎巾 飯含

時覆尸面者

○靈座 設几筵以安靈也 靈几 ○靈筵 ○筵几 ○靈牀 仝 ○魂帛

以束帛爲魂主也 遺衣 亾者衣所以復而納魂箱 復衣 仝 魂箱 藏魂帛者 帕 覆魂箱者

倚 俗稱交椅 ○卓子 俗稱粲林 ○香爐 爇香之器 香盒 盛香之器 香牀 置炉盒者
○總 喪帳 帷幌 旁曰帷上曰幌 ○銘旌 以粉書亡者職名姓氏於絳帛 旐 仝 竹杠
所以懸銘旌者 跗 所以植杠者 ○功布 공포
○小斂 襲而後求之也 縮絞 長絞也 장ᄆᆡ 橫絞 橫抱尸体者 횡ᄆᆡ 散衣 雜衣 ○紞
音淡 以組爲之綴之領側以別前後 被識 仝
○大斂 將入棺而重斂也 収 棺斂曰収 紟 單被大斂用之 盛棺材 入棺
○棺 所以掩尸 壽器 ○柩櫬 仝 槥 小棺 黃腸 棺名 ○梘 音見 棺蓋俗名天板 和
株 仝 棺前曰和[礼] 題湊 棺頭也 ○衽 俗名隱釘 小要 仝 兩端大而中小 銀則子
○長命釘 仝 灰釘 加天蓋者 ○棆樹 棺中苓林今以七星板代之 七星板
以薄板穿七孔 秫灰 所以鋪七星板下者 ○綠中 棺內四角以綠綾貼之故名 ○槨 外棺

沐椰 椰之光淨者 ○仇嵩 斷棺也 ○俠衾 俠衾仝歛前衾尸棺後衾柩即柩衣也

見 音間棺外衣[礼] ○絨繩 棺束即小索 綍 舉棺索即大索 ○褚幕 似幕形以衾柩 屋

小帳如屋衾棺[礼] ○翣扇 棺飾武王始作翣 黻翣 青黑二色謂之黻以黑青色相間為弫形

雲翣 以紫畫雲氣 攝 翣也 翰 棺旁飾左傳棺有翰檜 ○牆 聚諸飾㘭障柩 柳衣 仝柳

聚也

○梓宮 天子棺 椑 音皮天子親身之棺君即位而為椑歲一黍之[礼] 杝棺 杝音即椑也天子之棺

四重杝棺梓棺屬棺大棺[礼] 瓦棺 有虞氏之棺 堲周 夏后氏之棺燒土葬之也

○成服 成制服也 穿孝 ○挂孝 상복 입다

○斬衰三年 斬者布斬而不緝也 ○為父 ○為君 ○承重者為祖曾

高祖 ○為適子繼三世者 ○婦為舅 ○妾為君 即夫也

○齊衰三年齊緝邊也○父卒為母○承重者為祖曾高祖母
○為慈母○婦為姑○母為適子之繼三世者○妾為
君之長子○為養父母三歲前收而養育者○已之父母在者及父沒長子則降士大
夫於賤人亦降○庶子為所生母○為君母
○齊衰杖期○父在為母承重者同○為出母○為嫁母為父後則
無服猶心喪三年○為妻○婦舅在為姑
○齊衰不杖期○為祖父母○為伯叔父母○為兄弟○
為衆子○為兄弟之子○為姑姉妹女在室及適人而
無夫與子者○為適孫若曾玄孫當為後者○為適婦
○女適人者為父母○無夫與子者為其兄弟姉妹及

兄弟之子○適人者爲兄弟之爲父後者父在則大功○嫁

母出母爲其子○爲父兄弟之子○繼母嫁而爲前夫

之子從已者○妾爲女君○爲君之衆子○爲其所生

子○爲同居繼父父子俱無大功之親者○庶子之子

爲父之母爲祖後則不服猶心喪期

○齊衰五月○爲曾祖父母女適人者不降

○齊衰三月○爲高祖父母女適人者不降○爲同居繼父有子

已有大功親者○爲不同居繼父此謂先同今異也元不同居無服

爲宗子宗婦宗子之母在則不爲宗子之妻服

○大功九月布之大功者大紅大功曰大紅[漢]○爲伯叔父之子○爲

衆孫男女○爲衆子婦○爲兄弟子之婦○婦爲夫之
祖父母○爲夫之伯叔父母○爲夫兄弟子之婦○夫
爲人後者爲本生舅姑
○小功五月 布之小功者 小紅 小功曰小紅 漢 ○爲從祖祖父母從祖
祖姑 卽祖之兄弟姊妹也 ○爲從祖父母從祖姑 卽父之從兄弟姊妹也 ○
爲從祖兄弟姊妹 卽從祖父之子女 ○爲兄弟之孫○爲兄弟
之妻○爲從父兄弟之子○爲外祖父母○爲母之兄
弟姊妹○爲姊妹之子○爲同母異父之兄弟姊妹○
爲庶母之養己者○庶子爲嫡母之父母兄弟姊妹 嫡母
死則不服 ○母出則爲繼母之父母兄弟姊妹○女爲兄弟

姪之妻○爲嫡孫及曾玄孫之當爲後者之婦[其姑在則否]○婦爲夫之兄弟之孫○爲夫從兄弟之子○爲夫之兄弟○爲夫姑姊妹[適人不降]○爲夫兄弟之妻

○緦麻三月[煮治絲縷而織之不復洗即以爲緦麻]纖[緦服細布曰纖冝]○爲族曾祖父母族曾祖姑[即曾祖之兄弟姊妹]○爲族祖父母族祖姑[即祖之從兄弟姊妹]○爲族父母族姑[即父之再從兄弟姊妹]○爲族兄弟姊妹○爲兄弟之曾孫○爲從父兄弟之孫○爲從祖兄弟之子○爲曾玄孫[同祖母]○爲從母兄弟姊妹○爲外孫○爲外兄弟○爲內兄弟○庶子爲父後者爲其母○爲庶孫婦[同祖母]○士爲庶母有子者○而妾之子相

爲庶母○爲乳母○爲兄弟孫之婦○爲從父兄弟子之婦○爲妻之父母妻之親母雖嫁出猶服○爲壻○女爲姊妹之子婦○爲甥婦○爲外孫婦祖母同○婦爲夫兄弟之曾孫○爲夫從兄弟之孫○爲夫從祖兄弟之子○爲夫曾高祖父母○爲夫之從祖祖父母○爲夫兄弟孫之婦○爲夫從祖父母○爲夫從兄弟子之婦○爲夫從父兄弟之妻○爲夫外祖父母○爲夫舅及從母○爲夫從父姊妹適人不降○士大夫爲賤人之収養已者

○殤服年十六至十九爲長殤十二至十五爲中殤八歲至十一爲下殤七歲以下爲無服之殤未三月不爲殤○應服期者長殤降九月中殤降七月下殤降五月大功以下以此降等○男子冠娶女子笄嫁不爲殤

○心喪 無服之喪 ○為師 或三年或期或三五九月 ○弔服加麻 弔服制如深衣麻謂

環絰也 錫衰 以緦服之布灰治為錫服曰錫衰錫滑易皃

○制服 有喪者之服 ○適 裁闊中摺而外加肩上者 ○辟領 仝 ○闊中 衣有貼領處裁

適向外濶其中 ○加領 加布領內作三重故曰三加領 ○袷 音刼即加於領裏作三重者 ○負

版 用布方尺八寸綴於領下當背垂之 ○衰 音崔用布長六寸廣四寸綴左衿當心處 ○帶下

尺 用縱布高一尺上屬於衣橫繞於腰 ○衽 用布三尺五寸上下各留一尺上左裁六寸下右裁六寸

相望斜裁者綴於兩腋下垂之以掩裳旁際也 燕尾 俗名 ○裳 前三幅後三幅每幅三輒 三袧

袧衰裳幅兩側也三袧一幅三處屈也

○孝巾 俗名頭巾 ○冠 用布裲而為之俗名屈冠古者有冠而無孝布 厭冠 厭音葉喪冠無纓無

梁厭帖然也 ○首絰 用麻兩股絞之合係兩端如環以加冠上 環絰 仝 ○腰絰 用麻

兩股絞之係於腰 ○絞帶 用麻兩股左絞之又屈其中右絞之即所謂三重四股也係於腰垂其餘

○竹杖 以竹為之五間六節斬衰杖也 苴杖 苴黎黑色斬衰皃曰苴 桐杖 齊衰杖也 削杖

桐杖削之上圓下方也 ○菅屨 斬衰屨 疏屨 疏粗也齊衰屨 外納 屨餘末向外也

○方笠 喪人出時所着俗制也 直領 喪人出時所着俗制也 中單衣 着於制服之內

○箭笄 竹釵也婦人居喪簪也 ○背子 衆妾所着喪服長加身齊小袖即蒙頭衣也

○絻 五服外最輕者 施服 在旁而及曰施之服者服及總免之親也 ○義服 無服而服

○喪主 主喪之人 孤子 父亡稱孤子 哀子 母亡稱哀子 孤哀子 父母俱亡稱孤哀子

棘人 居喪哀遽也[毛] 罪人 喪人自稱 喪人 居喪之人 心制人 大祥後禫祭前稱心制人

○欒欒 卷曲不得舒也[毛] 瞿瞿梅梅 居喪之容[礼] 深墨 面瘦黑也[孟] ○樸

馬 喪人所乘樸素樸之意[學] ○倚廬 倚木於墻以為庐也 堊室 士居堊室 苫塊 居喪寢苫

枕塊苫苄也塊土也 草土苫塊也 苄蒲之可爲席者禮云苄翦不納 ○餐粥葬前所啜者

疏食葬後所食者

○奔喪在外聞喪而赴也 戴星奔喪見星而出見星而入 ○四脚巾不可被髮而行故斂

髮而着 ○起復起於喪麻之中而復其本職也

○殯將葬賓遇之也 肂音貳殯坎 帟小幕覆殯上者 草殯以草掩殯也 藁殯 ○藁瘞

仝

○發引柩載車行也 ○大轝喪車 柩車 ○靈輀 ○屋車 ○柳車 ○

輀仝 小方牀喪車所以安棺者〔家禮〕 橫杠兩柱上距 長杠所以横施受擔者 伏

兔長杠之要所以穿枘者 鑾枘穿枘之要 ○伏兔設鑾於兩柱鑾納使常滑轉 短杠長杠

兩端之橫距 小杠短杠之交加者 撮蕉亭俗一間小屋之名喪轝所用搭之形象此以覆兩

柱之上 流蘇 四角垂結 竹格 以竹爲以綵結之上如撮蔫亭旁施幔四角垂流蘇 褋 車襜

喪車四旁所垂者 輤○幃 仝 綍 引柩索 披 紐也大喪柩行兩旁有紐軍士執之以防傾危

○扛擡軍 샹도군 ○靈車 魂帛之車俗名要轝 魂車 仝 ○方相氏 以禦

逐鬼 防良 仝 魌頭 四目爲方相兩目爲魌頭 蒙倛○蘇○狂阻○觸壙

仝 ○挽歌 送葬執紼者相和声自田橫始令挽辭即其義也 些 挽歌 挽詞○挽章

仝 倀童 所以唱挽歌者 紼謳 別柩者之歌 虞殯 送葬之歌[左] ○哀辭 哀死之文

誄 仝 祭文 祭亡者文

○葬 藏死人也 陰 埋也礼曰人陰爲土 瘞○墐 埋也 堋 葬下土也[左] 脫載 葬也 窆 下棺

也 襄事 成事曰襄 襄奉 仝 ○合葬 夫婦同穴地 合祔 仝 嫁殤 古者禁嫁

殤者謂男女未嫁而死則更取他男女之殤死以合葬也 ○渴葬 不及時而葬 報葬 報讀若赴

函疾之義不待三月而葬 緩葬 過時而葬 ○ 權厝 厝置也姑置於此也 ○ 遷葬 移宅兆也

改葬 ○ 遷窆 ○ 緬禮 仝 ○ 倮葬 無衣服而葬[漢] ○ 葛溝 裹以葛委諸溝

○ 埋 葬不如礼 ○ 道殣 道旁埋尸也 路冢 仝 ○ 捎 不得尸 棄 不得埋 褐

音昌有死于道者埋置表識也 ○ 卜宅 卜葬地也 宅兆 塋墓界域也 佳城 墓地[事] ○

壙 墓穴 坎 穿地以葬 穿中 壙中[二] 竁 穿壙 窀穸 墓穴 ○ 金井 以木作井字穿其中

為壙 ○ 灰隔 以石灰築壙中以周於槨 ○ 茵 棺下藉也今不用 ○ 抗木 俗夕橫帶 ○

豐碑 下棺具也用大木為碑植於壙旁四角鑿碑孔安鹿盧以綍末係棺緘一頭繞鹿盧入各背碑負綍

未聽鼓声却行而漸下之 ○ 明器 作侍御罷用以納壙者 俑 從葬木耦 芻靈 草偶 殉葬

殺人以從葬也 塗車 以泥為車 ○ 折 葬具[雜記] ○ 仵作 埋葬軍也[譯] 仵作行人

官家所用斂尸者

墳 瘞人起土曰墳 〇墓〇冢〇塋〇壟〇墦〇埌 音潘浪仝 土饅頭 仝[范]

窣堵波 犹言墳 馬鬣 墳形長而狹者 斧 仝 堂 墳形似堂 坊 墳形似坊 壽藏 墓也

〇隧 墓中道 阡 墓道 美 墓道[史] 域 墓限 〇黄壚 泉下有坮山[淮] 九泉 地下 九

原 仝

〇墓誌 述亡者行蹟而刻于石納墓中 墓表 刻行蹟于石立墓前 神道碑 墓前開道建石柱爲

標曰神道述亡者事蹟而刻石立之 陰記 爲文刻之碑背 贔屭 碑下趺形似龜

〇牀石 墓前薦祭饌者 魂遊石 安牀石後 香爐石 薦香炉者 望柱 即高麗牲之石 石

人 立于墓前左文右武 石羊馬 立墓左右 莎臺石 以石周冢而上封莎土 〇墓户

守冢之家[史]

〇陵寢 天子墓曰陵寢 寢 古者宗廟後有陵有衣冠几杖象生之具也秦始皇移起墓側[目注] 栢城 山陵

樹栢遮迾後寢

○方中 掘地爲坑曰方掘後上土作方也 方工 仝

○返魂 葬而魂返于室也 回靈 仝 接靈 吐乭보 叶[諺]

○朝夕哭 最昏哭於靈座 朝夕奠 葬前朝夕奠饌 上食 朝夕奠飯 祖奠 發引前日朝于祖晡時奠曰祖奠祖者所行之礼也 遣奠 發引路祭也 虞祭 既葬而安神之祭 卒哭 三虞後剛日之祭 祔祭 亡者祔祖之祭 小祥 期而祭 常事 仝 練祭 小祥練服而祭 大祥 再期而祭 祥事 仝 禫祭 大祥踰月而祭 吉祭 禫後始有事于祖廟也

○祭禮 祭祀之礼 祭祀 以飲食事神也 祀 仝 禋 精意以享

○淫祀 非其鬼而祭也

○與祭 參祭也[語] 將事 承奉祭祀之事也

○時祭 四時之祭 禰祭 有事于父廟也 忌祭 忌日之祭 諱日 亡日 節祀 節日之祭 破散 寒食出祭謂之破散

○齋戒 將祭而潔身也 散齋 齊其身也 致齋 齊其心也

○誓

神 叅拜於神 降神 焚香縮酒以求神也 焚香 爇香 點香 仝 縮酒 灌酒於茅上也 [左]

三獻 奠爵者三 侑食 添酌扱匙也 闔門 旣侑而闔門以竢神享也 啓門 少頃而啓也

○進茶 進茶湯也 告利成 祝告祀事利成于主人也 辭神 祭畢而拜辭于神也 徹 徹去祭饌

也 受胙 胙福肉也祭畢而受之神也 嘏辭 受福之辭 飮福 飮酒受福 ○歆 鬼神享氣

享○饗 仝 昭假 假格至也 仝 ○尸童 祭有尸以依神男〻尸女〻尸 尸 仝 尸

謖 謖起也祭畢而尸起也 ○祝 贊主人享神者 工祝 仝 商祝 習商祝者也 夏祝

習夏礼者 厭飼 音厖飽也民祭祝曰厭飼言民鮮能文故最尊敬祝使能飫飲食也 ○祝文 祭神

也文 ○佐食 佐食有上下二人佐尸食

○茶禮 薦茶果也 薦新 有新物則薦 ○奠 頓爵神前 啟奠 啟盛也 剝奠 剝者不中

饌也脯醢之屬不惡坐埃故剝之 ○告事由 有事則告 ○虛拜 非祭而拜也

○廟 安神之室 宗廟 宗尊也廟皃也 祠宇 ○祠堂 廟也 禰 親廟 祧 遠祖廟 閟 廟門

唐 廟中路 影堂 宋以前無神主必以畫像行祭故有影堂 二主 畫像與神主也 昵 近代之廟

○神主 以栗木爲之 主 虞主用桑練主用栗 祏 神主及櫝之通稱 櫝 쌍샹두고窓之制韓

魏公家制 坐蓋 외독합독有坐有蓋之制司馬溫公家制 家堂神 仝[諱] 主頭 神主頭圜如圭

陷中 刻神主之中書其官職名名字 粉面 以粉塗前面 趺 所以安神主者부방 韜 所以韜神

主者 籍 趺下方席 櫝 所以藏神主者 龕室 藏神主之室 宔 音主以石爲主櫝也 ○昭穆

廟序也左昭右穆 ○班祔 以其班祔昭祔昭穆祔穆 ○祪 音癸毁廟主也

○墓祭 祭於墓也 展墓 省墓也 埽墳 省墓者埽洒塋域也 榮埽 子孫有慶則告墓而祭也

加土 中国墓不被莎每歲加土於墓上 上墳 立븐 望祭 墓遠則於水邊行祭 焚黃 亾者

有贈官則書誥於黃紙焚於墓前

○太廟 天子廟 宗廟 諸侯廟 寢 廟後 唐 廟中路 堧 廟外垣內游地 ○明堂 蔡邕曰明堂者天子太廟也所以宗祀而配上帝明天地統萬物也 合宮 黃帝明堂 總章 有虞明堂 陽舘 殷明堂 明堂 周明堂 ○青陽 明堂東 明堂 明堂南 總章 明堂西 玄堂 明堂北 太廟 明堂中央 左个 明堂左 右个 明堂右 辟雍 明堂外環以水圜如辟形 崑崙 公玉帶明堂圖中有一殿四面無辟以茅蓋垔水環宮垣名曰崑崙

○我 朝國忌

太祖康獻大王 戊子 五月二十四日 健元陵 楊州

神懿王后韓氏 辛未 九月二十三日 齊陵 豊德○籍安邊安川卿女

神德王后康氏 丙子 八月十三日 貞陵 楊州○籍谷山象山允成女

定宗恭靖大王 己亥 九月二十六日 厚陵 豊德

定安王后金氏 壬辰 六月二十五日 厚陵 籍慶州左侍中天瑞女

太宗恭定大王 壬寅 五月十日 獻陵 廣州

元敬王后閔氏 庚子 七月十日 獻陵 籍驪州驪興霽女

世宗莊憲大王 庚午 二月十七日 英陵 驪州

昭憲王后沈氏 丙寅 三月二十四日 英陵 籍青松領議政溫女

祧 文宗恭順大王 壬申 五月十四日 顯陵 楊州

顯德王后權氏 辛酉 七月二十四日 顯陵 籍安東花山尃女

祧 端宗恭懿大王 丁丑 十月二十四日 莊陵 寧越

祧 定順王后宋氏 辛巳 六月四日 思陵 楊州○籍礪山礪良玹女

世祖惠莊大王 戊子 九月八日 光陵 楊州

貞熹王后尹氏 癸卯 三月三十日 光陵 籍坡平判中樞璠女

祧 德宗懷簡大王 丁丑 九月二日 敬陵 高陽

昭惠王后韓氏 甲子 四月二十七日 敬陵 籍青州西原確女

祧 睿宗襄悼大王 己丑 十一月二十七日 昌陵 高陽

祧 章順王后韓氏 辛巳 十二月五日 恭陵 坡州○籍清州領議政明澮女

祧 安順王后韓氏 戊午 十二月二十四日 昌陵 籍青州右議政伯倫女

成宗康靖大王 甲寅 十二月二十四日 宣陵 廣州

恭惠王后韓氏 甲午 四月十五日 順陵 坡州○籍青州領議政明澮女

貞顯王后尹氏 庚寅 八月二十三日 宣陵 籍坡州右議政壕女

中宗恭僖大王 甲辰 十一月十五日 靖陵 廣州

端敬王后愼氏 丁巳 十二月七日 溫陵 楊州 ○ 籍居昌 左議政守勤女

章敬王后尹氏 乙亥 三月二日 禧陵 高陽 ○ 籍坡平 領敦寧汝弼女

文定王后尹氏 乙丑 四月七日 泰陵 楊州 ○ 籍坡平 領敦寧之任女

祧 仁宗榮靖大王 乙巳 七月一日 孝陵 高陽

仁聖王后朴氏 丁丑 十一月二十九日 孝陵 籍羅州錦城墉女

祧 明宗恭憲大王 丁卯 六月二十八日 康陵 楊州

仁順王后沈氏 乙亥 正月二日 康陵 籍青松 領敦寧鋼女

宣祖昭敬大王 戊申 二月二日 穆陵 楊州

懿仁王后朴氏 庚子 六月二十七日 穆陵 籍羅州 領敦寧應順女

仁穆王后金氏 壬申 六月二十八日 穆陵 籍延安 領敦寧悌男女

祧

元宗恭良大王 己未 十二月二十九日 章陵 金浦

仁獻王后具氏 丙寅 正月十四日 章陵 籍綾城左贊成思孟女

仁祖純孝大王 己丑 五月八日 長陵 交河

仁烈王后韓氏 乙亥 十二月九日 長陵 籍青州領敦寧浚謙女

莊烈王后趙氏 戊辰 八月二十六日 徽陵 楊州○籍楊州領敦寧昌遠女

孝宗顯仁大王 己亥 五月四日 寧陵 驪州

仁宣王后張氏 甲寅 二月二十四日 寧陵 籍德水右議政維女

顯宗彰孝大王 甲寅 八月十八日 崇陵 楊州

明聖王后金氏 癸亥 十二月五日 崇陵 籍清風領敦寧佑明女

肅宗元孝大王 庚子 六月八日 明陵 高陽

仁敬王后金氏 庚申 十月二十六日 翼陵 高陽○籍光州光城萬基女

顯仁王后閔氏 辛巳 八月十四日 明陵 籍驪興驪陽維重女

仁元王后金氏 丁丑 三月二十六日 明陵 籍慶州慶恩柱臣女

景宗宣孝大王 甲辰 八月二十五日 懿陵 楊州

端懿王后沈氏 戊戌 二月七日 惠陵 楊州○籍青松青恩浩女

宣懿王后魚氏 庚戌 六月二十九日 懿陵 籍咸從咸原有龜女

英宗顯孝大王 丙申 三月五日 元陵 楊州

貞聖王后徐氏 丁丑 二月十五日 弘陵 高陽○籍大丘達城宗悌女

眞宗孝章大王 戊申 十一月十六日 永陵 坡州

孝純王后趙氏 辛未 十一月十四日 永陵 籍豊壤左議政文命女

正宗莊孝大王庚申六月二十八日 健陵華城

○礿音約夏殷春祭名 祠周春祭名 解祠天子常以春解祠謂祠祭以解罪求福 禘夏殷夏祭名 禴周夏祭名 嘗秋祭 烝冬祭 肆獻祼祫祭 饋食正祭名王者以太牢大夫以少牢士以特牲 追享祧祭 朝享朔祭于太庿 閒祀禘祫 造告稱祭 禘王者大祭 祫合祭先祖親疏遠近也 祊祭名祊之爲言倞也倞遠也 復胙夏后氏祭名祭之明日尋繹復祭也商之肜周之繹義仝 肜繹見上

○郊祭天曰郊 類依郊祀祭上帝 柴書傳作柴燒柴以祭天也 烄音奈 燔柴仝 旅合祀五帝天神 禋祀祀天曰禋 五帝各祭其時之帝 ○圜丘祭天坰場 泰壇仝 明堂九月合享五帝 泰昭祭五帝之地 坎壇仝 兆仝 類有禱于帝 時封土而祀也 五時祭五神也 垗畔也爲四時祭其中 好時天好陰祀必于高山之下 ○王宮日坰春分祭朝日

夜明 月冊秋分祭夕月 實柴 祀日月星辰 日壇○月壇○四類 亦宗祡之

異名○檳燎 祀司中司命觀師雨師曰檳燎 幽宗○雩宗 仝 六宗 仝○庪

祭山 浮沉 祭川 布 祭星 磔 祭風 是類是禡 師祭也 既伯既禱 馬祭也 表

格 師祭也 徧 羣神摠名

○封禪 積土增山曰封爲墠祭地曰禪 貍沉 祭山林川澤 旅 仝 方丘 祭地之地 泰折

仝 升 祭山 沈 祭川 瘞 祭地 地示 天曰天地曰地 壇 崇土 折 爲方冊孔埋于泰折 墠 音膳

冊畔低處平野 壝 冊外平地 場 祭神所 玉牒○銀繩○金泥 皆告天冊文之具

社 土神主萬物 后土 稱社 句龍氏 共工氏子能平九州故祀以爲社 太社 王爲群姓

立 王社 王自爲立社 國社 諸侯爲百姓立社 侯社 諸侯自爲立社 置社 大夫以下

成群立社 冢土 大社也〔毛〕○血祭 祭社稷五祀五岳○厲祀 祭無主之鬼 泰厲

天子之厲 **國厲** 諸侯之厲 **族厲** 大夫之厲

○**稷** 穀神厲山氏之子曰農能殖百穀故祀以爲稷 **膢** 音婁祈穀食神 **四方** 祭四方農神而報之 **八**

蜡 一先嗇二司嗇三農四郵表畷五猫虎六坊七水墉八昆虫 **大儺** 驅厲鬼 **禓** 亦大儺之異名

侲 逐儺之入 **方磔** 磔狗禳之祭風亦曰磔 **䴡辜** 祭四方百物 **臘** 蜡之異名 **貙膢** 秋獵

祭 **嘉平** 殷臘 **清祀** 夏臘 **掌珥** 以牲頭祭社稷也

○**大⿱嗀心** 音貳祀名秋至禾熟天子祀大⿱嗀心 ○**禜** 有水旱厲瘦則祭 ○**禖** 天子求子祭

○**秩** 書傳作秩望祭山川 **望** 祭山川 **旅** 仝 ○**五祀** 門户竈行中霤也 **安宥** 安祭宥祭

皆禮食名 **宜** 有禱于祀

○**祝冊** 天子郊祀祭享祝文 ○**量幣** 祭宗廟幣

○**粢盛** 祭米曰粢在器曰盛 ○**簠簋** 盛黍稷之器簠外方內圓簋內方外圓 **瑚璉** 夏曰瑚殷

曰璉 龜蓋 簠簋之蓋 敦 盛黍稷之器 會 敦蓋 豊 所以承酒爵 杅 盛水漿 ○ 饎 音熾

炊黍稷也〔毛〕

牲 牛羊犬豕用于祭者 犧 毛色純而不雜 特牲 一牲〔書〕 賢 牲之上者〔礼〕 大牢 牛也 小

牢 羊也 一元 牲一頭也 大武 牛 柔毛 羊 剛鬣 豕 羹獻 犬 翰音 雞

明眎 兎 疏趾 雉 尹祭 脯 商祭 亮祭 明粢 稷 嘉疏 稻 薌合 黍

薌萁 粱 脡祭 鮮魚 腯肥 豚 薌 牛膏 臊 犬膏 腥 雞膏 羶 羊膏 ○ 牽 犧生 牲

未殺 腥 未熟 牷 体完 胖 牲半解 充 牲肥 腯 全 ○ 胖 分牲体半解曰胖 胖為十二体首正

脊脡脊横脊代脅正脅短脅有臂臑脾膊骼也而脾則 近竅故不用〻只十一体而已吉祭尚右胖喪祭尚左

胖 ○ 辜 磔牲也 刉 音祭割毛牲 衈 音耳割羽牲 疈辜 疈辟而磔之也 辜割而磔之也

刴 殺牲体解也 剔 解骨也 午割 縱横割也 刌 音寸割也仪礼刌肺 隋 音墮裂肉 豚觧

鮮牲体以豚子之法或曰豚鮮豚音椓竅也 胥 乞牲烹熟載之鼎外之俎皆曰胥 ○鸞刀 刀環

有鈴者發牲用之[毛] 俎 薦肉之罷 大房 俎名 梡俎 有虞氏俎 嶡俎 夏后氏俎足有梡 吴梡外州

椇俎 商俎足挑曲似枳椇樹 㭨○禁 皆俎名大夫士所用 且 音借薦牲罷 肵 音沂盛心

血罷 朼 音皮薦牲体者 畢 擧肉之具 ○脤 生居俎上 膰 熟 胙 祭福肉 ○煇 音暈賤吏

主牲体者[周] ○釁 血祭 血膋 腸間脂又腸胃外幕脂也血膋取其血與膋炳之也

○秬鬯 以秬釀酒和以盃草 鬱鬯○黃流 仝 ○彝 宗廟盛盃卺之罍腹大而圓有耳提上尊

也 雞彝○斝彝○甬彝 盛明水 鳥彝○黃彝○蜼彝 盛盃鬯

舟 承彝之罷 畫布巾 冪六彝[周] ○斝 盃鬯之尊 卣 盛盃鬯者 脩 中尊 罍 下尊盛盃鬯者

壺 下尊 黃目 盃鬯之尊以黃金鑄爲目也[礼] ○尊 形似彝 獻 音些 尊○象樽○

著樽○壺樽○泰樽○山尊 六尊 疏布巾 冪六尊[周] 泰山 有虞氏尊

○瓦甒夏后氏尊 著商尊無足而著于地者商紂為象著者樽也非箸也 犧象周尊 ○瓦甒
祭天用之 瓢齋以甘瓠為樽禜門用之 蜃以蜃飾樽祭四方山川用之 大罍瓦樽祭社用之
○坫音僭形似豆而卑以致爵承尊 ○宿進爵而宿顧命三宿三祭 祼灌祭也灌以鬯始獻尸
求神也 ○茅植茅所以縮酒 ○隋音墮灌鬯名 玉瓚仝[毛] 大璋瓚祼大山川 中
璋祼中山川 圭瓚瓚宗廟灌鬯以圭為柄 邊璋祼小山川 ○概周礼祼事用概注曰黑桼
為尊以朱絡腹
○圭尖上象春用於東方 璋方大象夏用於南方 琥象虎形用於西方 璜半璧象天之半見用於北
方 璧圓而有孔用於天祭 琮為六稜而有孔象六合用於地 肉璧之邊 好璧之孔 瑗大孔
之璧 繅玉之紐 藉玉之承 方明有六面所以載玉用於祭祀 鎮圭尺二寸天子執 桓
圭九寸公執 信圭七寸侯執 躬圭七寸侯執 穀璧五寸子執 蒲璧五寸男執 大圭

三尺玉搢 珽 仝 象笏 諸侯搢 魚須文竹笏 大夫搢 竹笏 士搢 荼 笏之別名

笏長皆二尺六寸 四圭邸 尺二寸祀天 兩圭邸 五寸祀地 璋邸射 祀山川 圭

璧 五寸祀日月星辰 穀圭 七寸天子聘女 大璋 九寸諸侯聘女 中璋 九寸天子巡守 邊

璋 七寸仝 牙璋 七寸治兵 祼圭 尺二寸有瓚祀廟 土圭 尺五寸致日 琬圭 九寸

結好 琰圭 九寸除慝 珍圭 徵守 瑑圭 八寸規聘 瑁 四寸朝諸侯 璧琮 九寸諸侯朝天

子 瑑琮 八寸諸侯享大夫 璧羨 一尺好五寸天子度 駔琮 七寸有鼻天子權 駔琮

五寸宗后權 大琮 尺二寸有射宗后鎮 案 十二寸大人勞諸侯

○籩 竹豆也盛棗栗脯脆 豆 木豆盛醢菹 豐 豆類 鋪 豆類承槃 登 瓦豆以薦大羹 楬豆 夏后

氏之豆以木為柄 玉豆 商豆楬上飾以玉 獻豆 周豆獻音莎 槃 朝鮮入飲食必以籩豆謂

之槃

[漢]

罋 宗盬 盬

致祭（君賜祭也）諭祭（仝）○祭冊（賜祭文）

配享（配匹也同享曰配享臣配于君後學配于先師）腏享（腏綴也連續而祭也）血食（配享不祧）

○饗禮（大飲賓也）燕禮（燕群臣賓客之礼）張飲（設帷帳宴飲）○唱盞（宴享樂作）謁盞

（別奏曲）幹脫（宴享一人執拍板讚曰幹脫）打弼（宴享一人執柏板作樂執鶻和之曰打弼）

遨頭（主宴樂者［谷］）○耽樂（過樂）逸豫（宴樂怠玩）流連（宴樂忘返［孟］）

○鄉飲酒禮（鄉人飲酒序長幼勸孝悌）戒賓○拜至○拜洗○揚觶

升歌○獻酢卒爵拜既（飲礼諸仪）

○鄉射禮（所以觀德也）設位○張侯○速賓○獻賓○誘射○

比耦○樂節○視算○獻獲○獻工○旅酬○徹俎○

拜賜（射礼諸仪）

〇樂五声八音〇五音見下宮土音商金音角木音徵火音羽水音二變五音不周於用故又
有變宮變徵合為七音〇重宮緞商經角送徵柳羽〇六律亦曰六合分陽
声律以竹見下黃鍾〇大蔟〇姑洗〇蕤賓〇夷則〇無射〇六
呂一曰六同合陰声同以銅見下大呂〇應鍾〇南呂〇林鍾〇中呂〇
夾鍾〇八音見下金石絲竹匏土革木〇半聲律有長短若短者為君而
長者為臣則是臣淩其君而不順故截用其半律變聲自黃鍾至中呂而皆三分損益以取数也自中呂復
至黃鍾則其数不合於三分損益故更制黃鍾以下之変律而備蕤賓以下為君而黃鍾以下為臣之用四清
半声変声之法即蔡西山意也自王朴以来不用此法只造黃鍾之二変林鍾大蔟之各一変故今世之律管鍾磬
之属皆十六而已

〇章樂竟為一章【毛】成樂一終【書】闋曲一終奏樂一更端徹章樂之卒章采章樂美曲名艷

樂曲有艷々在曲之前장다ㄴ음 趨 樂之卒章在曲之後여음 亂 仝 節奏 音樂緩急之度 樂

府 音樂之府 ○侏離○兜離 東夷樂 任 南夷樂 禁 西夷樂 昧 北夷樂 ○

[我東樂調] 與民樂 여민락 令 령 有二十章 前引子○後引子○

步虛詞 仝 慢 亦有數章 雅樂 有隆美顯化貞明大猷等九変用於各位世室 中大葉

즁한닙 後庭花 후졍화 羽調 우됴 界面調 계면됴 樂時調 낙시됴 漫

行 만힝 美 룽 靈山會上 령산회상 ○太師 樂官 [語] 樂工 執管絃之工 樂

生 仝 ○纏頭 歌舞者利物

○韽 音樂之微声 嘽緩 樂声舒緩也 惉懘 音不和 噍殺 嘶急也 嘌唱 鄭衛泯濫

之音 哇 謠声 節 和樂也 淫 過濫也

○琴 伏羲作琴或云神農所作本五絃文王加少宫少商二絃 桐君 仝 [亘] 離 [甬] 大琴 ○槽 琴腹 軫

槽下板 断 琴上断文有梅花断蛇腹断之名 池[一] 琴上 濱 琴下 絃 줄 馬子 매[譯] 撥

타乊뒤 徽 琴節以貝玉塡之於指撥之處點ㄱ如星故本作暉字而後誤爲徽字 ○張 張琴弦

鼓 彈琴 攏撚 以左手按弦而弄之 蟹行 彈琴轉指 鸞鳴 側轉指 琴暢 和樂而作 琴

操 憂愁而作如猗蘭操龜山操之類 玄琴 武東不能解琴改作六絃而三絃則以柱承之三絃則以

十六棵承之新羅時猶造有玄鶴來舞故名爲玄鶴琴後遂稱玄琴거문고

○奚琴 奚契丹国馬上琴也히금 ○伽倻琴 俗傳崔孤雲所制也가야고 ○阮咸 阮咸所作

以銅爲之 月琴 仝 ○洋琴 出西洋国以銅絲爲絃

○瑟 伏羲所作本五十絃後折爲二十五絃 灑 大瑟[通] 錦瑟 繪文如錦 ○越 瑟底下孔樂記朱絃

疏越 ○步 徒鼓瑟謂之步

○琵琶 故人馬上弦索也推手前曰琵却手後曰琶 鞞婆 ○胡琴 仝 絃鞉 鞉鼗仝秦末苦

於長城之役百姓絃鼗而鼓名曰琵琶 秦漢子 琵琶圓体脩頸而小号秦沃子盖絃鼗之遺制也

遶殿雷 琵琶名 ○掞 琵琶擽也 ○戞圖腹 弾琵琶也 [玉]

○筝 十三絃蒙恬所作 長離 大筝 [玉] 大筝 以手指弾 牙筝 以捎條戞之 風筝 懸筝簷間

風動成音 鐵馬 仝 ○蓁 似筝有柱七絃 ○箜篌 師涓所作靡靡之樂 坎篌 漢武帝命

侯調所制也擊坎坎之應節故名之訛稱箜篌 竪箜篌 体曲而長 擘 仝 ○筑 似筝而細項

○鐘 顓頊命飛龍氏鑄洪鐘一云古者垂作鐘 鏞 大鐘 剽 ○劇 中鐘 棧 小鐘 鎛 音愽小鐘特鐘 特

鐘大曰特中曰鎛小曰編 編鐘 小鐘十二編而懸之 堵 十二鐘同在一簴者 堵肆 凡懸鐘磬之半為堵

全為肆 歌鐘 即編鐘中二律 ○欒 鐘口如鈴口之兩角為欒 銑 仝 于 銑間名鐘唇上

祛也 鼓 于上 鉦 鼓上 舞 鉦上 旋 鐘懸 旋蟲 仝 幹 旋虫 攡 鐘受係處 蒲牢 形似竜而

小好吼故立鐘上即鐘上紐也 追 鐘紐也 [益] 篆 鐘帶 枚 篆間 景 枚間 鐘乳 鐘四帶有乳以其乳

可數故乳曰枚 ○侈 鍾口寬也 弇 音掩鍾中尖寬也 窕摦 小鍾曰窕大鍾橫大口摦〔左〕

○落 釁鍾 ○簴 鍾鼓樹也 栒 簨仝簴上橫木所以懸鍾磬者 業 加鍾磬橫木上大板刻之捷業

如鉅齒者 崇牙 業上以采色爲崇牙狀樅ㄑ然也 樹羽 樹羽栒簴上者 璧翣 畫繪爲翣載以

璧垂五采羽於下樹於栒之角上 碣磍 音豁勁怒皃簴刻猛獸其形卽碣磍也 趪ㄑ 音黃簴獸

猛皃 ○樅 撞鍾鼓者몽치 脩 徒鼓鍾也 華鯨 蒲牢畏鯨故立蒲牢於鍾上以木刻鯨魚形擊之声

華鯨 華鍾 仝 ○笈 音及鍾口寬則声迫窄也 鬱 鍾弇則声壹〔周〕 喤ㄑ鏗鏘 鍾声也

欽ㄑ 鍾声有詩〔毛〕 舂容 鍾声餘響 ○均 長七尺係之以絃以均鍾音

○鈸 鐃鈸바라 草子 ○鋪鼓 仝 ○金錞 形似鍾頂大腹撂口弇以伏獸爲鼻內懸鈴子振鳴

和鼓 錞于 ○芒筒 仝〔周注〕

○鼓 革音之魁伊耆氏造土鼓少昊氏作建鼓붑 鼖鼓 大鼓 路鼓 仝 應鼓 小鼓 足鼓 夏后氏也

鼓置鼓于樹上 節鼓 全 楹鼓 殷之鼓為一楹而四稜貫鼓於端 縣鼓 周之鼓植柎簴而縣

之也 建鼓 制如楹鼓上設翔鷺四角有龍竿皆御流蘇 雷鼓（ ） 靈鼓 八小鼓同縣一紐用

之社猳 露鼓 祭人鬼用之 土鼓 以瓦為匡以革為面迎暑迎寒用之 晉鼓 大而短振旅用

之 鼛鼓 役事 鼖鼓 守戎 衙鼓 官衙厳鼓 鞕 音印小鼓擊引樂声者 鼗 音逃如鼓而小

持其柄搖之兩耳還自擊 麻 大鼗 料 小鼗 提鼓 馬上鼓也有曲柄 鶍鼓 如黍簡兩頭俱擊

兩杖鼓 全 手鼓 匾而小有柄歃者左手執而右手擊之今抄化乞士 개는 쇼랑 所鼓者即此也 立卫

魚鼓 截竹為筩皮冒其首以指擊之今小兒以河豚皮為鼓者此也 竹銅鼓 大竹三四尺剡其体

為兩弦以柱支弦而鼓之作銅鼓声 拊 狀如革囊實以糠類鼓声則和衆 相 全 [礼]（ ） 鼘 音穎鼓匡

북 扌틈 ⿰扌尾 音尾 全 皋陶 音挑 全 面 革受擊処 枹 桴 全 鼓杖 북채 蕢桴 以草為椎而擊鼓也

[礼] 鼓足 북들（ ） 鞔 音冒鼓 冒鼓 북메우다 韗人 韗音運攻皮治鼓工也 鞔工

冒鼓匠 ○伐 擊鼓 擊 ○打 ○考 ○壴 仝[畫] 咢 徒擊鼓[毛] 搥鼓 擊鼓 應 小擊

鼜 仝 擂 疾擊鼓 駭 疾雷擊鼓 鼕 音撩打鼓邊 ○鼘 音竜鼓皮寬皃 ○鼓 鼓声書

闐鞳鼕々鼕々鼘々鼞々坎々鏜 鼓声 ○面 數鼓声以面 ○岑

卒 鼓吏之冠[吏]

○腰鼓 大者以尾爲匡小者以木廣首纖腰장고 毛貞鼓 ○鷄婁鼓 仝

○磬 八音之石無句氏作磬一云伯夔作磬 泗濱友 仝 特磬 一磬縣一簴 編磬 十六磬縣

一簴 笙磬 應笙之磬 頌磬 應歌之磬 浮磬 水中石若水上浮然 磎 音鷄大磬 天球 玉磬

雷磬 ○珊磬 ○雲雷磬 周磬名 ○寋 音蹇徒擊磬 ○方響 以鐵爲之

其形長方如小牌亦編十六縣之 ○風磬 以玉爲之狀如鐸縣於簷間風動吿有声若磬

○笙 列管匏中貼簧管端大者十九簧廿媧氏作 簧 笙竽管中金葉也 巢 本作簴大笙[俑] 和 小笙[俑]徒

吹亦謂之和 月堂匏面列管處 ○融商笙声悠長也 ○竽三十六管長四尺一寸與笙異笔而同和

○簫編小竹管爲之叅差不齊象鳳尾曰鳳簫 言一作管大簫〔爾〕 筊小簫〔爾〕 韶簫編十管 洞簫簫之無底者無底故曰洞非今之特管似笛者也 參差洞簫名 籟簫別名 ○跳簫声似減復振也

○笛七孔簫也〔月〕 雅笛七孔 羌笛三孔〔周〕 橫吹笛橫而吹之故名 ○後出笛本四孔京房加一孔于下爲商声故下孔名後出也 [illegible]硐以刀通竹節爲笛也 ○竇皷音韡笛声緩也

[illegible]圖音宇遏笛声低下也 ○義觜主과 籥葉필이 籥古籥葉屬 ○尺八今所稱洞簫也〔唐〕

○管似笛而小併兩而吹 簥大管 篞中管 篎小管

○籥 竹管似笛以和衆声執之以舞 産〔通〕大籥 仲〔通〕中籥 箹〔通〕小籥 籟 三孔籥

○篪 暴辛公作篪竹長尺四寸圍三寸凡八孔一孔上出横吹之 沂〔通〕大篪 翹 上出孔謂之翹

○塤 音薰壎仝燒土爲之銳上平底形似稱錘 嘂 音叫大塤

○柷 音觸狀似桼桶方二尺四寸深一尺八寸中有椎柄連底撞之所以起樂者 止 所以鼓柷之木也

○應 長六尺五寸有椎象柷

○敔 音語狀似伏虎背鋘二十七鉏鋙所以止樂者 揭 仝

○籈 音真以木長尺擊敔者

○雅 狀如桼桶而弇口大三圍長五尺六寸以羊韋鞔之賓醉以出等地取声以爲行節〔周〕

○牘 竹大五六寸長七尺虛中筩無底其端兩孔等地取声賓醉而出以爲行節

○雲鑼 以銅爲小鑼十三同一木加下有柄左手持而右手以小槌擊之

○金鉦 如銅盤縣内擊之以節樂

○鈴 방울

鐸 요령 金鐸木鐸仝爲金口而其舌有金木之别

○金鐃

如火斗有柄以銅為匡如鈴中有孔執其柄而搖之

○缶 瓦器所以盛酒漿秦人擊之以節歌 ○擊甌 擊缶遺事也越甌邢甌十二施加減水以鐵筯擊之 ○水盞 明末高道妄任子能以磁器八箇分清濁高下以諧歌声謂之水盞子

○拍板 所以節樂晉魏之代有宋纖善擊節以拍板代之此其始也古用九板今教坊連六板 ○樂句 仝 [邑]

擅板 仝

○歌 永言 闋言 仝 [詠] ○音 謳仝無章者 ○謳 齊歌 ○歈 吳調 ○艷 楚歌 ○俚 野人歌 ○操 ○腔 歌曲

○鹽 歌詩有昔〻鹽神雀鹽突厥鹽等名 ○慢 緩歌也木蘭花慢惜餘春慢是也 ○解 歌一章 ○曲 歌節

○一行 歌行 ○調 曲調 ○曲破 天宝末多以邊地名曲如伊州涼州之類曲遍声繁名為八破也

○子夜 晉女子名造此曲 ○讀曲 ○丁都護 ○白鳩拂舞 ○紫騮馬

○君馬黃 ○菩薩蠻 ○西江月 ○鷓鴣天 ○浪陶沙 皆曲

名 成相 詖謠名〔荀〕 唱 蔎歌上引 부르다 蹋 音毯以足踏地而歌 踏跆 連手唱歌 踏

歌 仝〔孝〕 ○烏烏 秦歌声〔漢〕 纍纍 音雷歌声如貫珠 羊吾夷伊那何 歌声

○歌板 擊節之板 擊節 박자치다 簡子 以竹二片合擊之以和歌

○舞 去 帗舞 祭社稷用之 羽舞 宗廟用之 皇舞 用旱暵之事 旄舞 三入操犛牛尾而舞

用辟雍 纛 旄謂之纛 干舞 祭山川用之 八舞 舞之終以手袖爲﹅仅祭星辰用之 威

荅也以玉飾其柄文舞所執 籥 祭祀用之 翿 舞者所建以爲容也 翳 華盖也卽羽葆也舞者所持羽

也 罰 舞者所執 ○綴兆 舞列 佾 舞列天子八佾諸侯六大夫四士二 選舞 環舞 ○六

幺 舞曲名 大垂手 小垂手 舞名 ○蹲蹲 舞皃〔毛〕 翩翩 舞皃 僊僊 舞容

軒擧皃 僛僛 醉舞傾歌皃〔毛〕 婆娑 舞容 奕 舞閑習也〔毛〕 偠㒟 舞者褭身若環

也 連娟 舞容纖弱皃 跐昜 音紫後宮女歌舞妖麗皃 颯纚 美人舞袖輕颺皃 疾 舞失

節[二]

○兵 荀卿曰禁暴除害曰兵 大刑 討不道故云[二] 凶器 兵者凶器[李]

○將 統領軍卒者 帥 ○將軍 仝 大將 ○元戎 ○魁帥 首將 ○麾下節

下鈐下 呼帥之稱 ○裨將 以小益大曰裨將帥之副[漢] 偏裨 仝 下將 將帥之位

下者 ○麃臣 雄勇如麃者 麃夫 武夫 拓羯 胡人稱勇健士[且] 曳落河 曳音胡

人謂壯士[且] 洸洸 蹻蹻 麃麃 矯矯 武勇皃 赳赳 有才力皃 任任 番番

有力皃 ○閱 音法試力士鑣[字]

○兵 執兵器從戎者 軍師 多曰軍少曰師 士 ○卒 兵也 咢父 卒也[二] 赤老[二] 軍卒 老

華[二] 老兵 賦 古以田賦出故云[左] 嘍囉 軍卒即樓羅之訛樓羅幹辨集事之稱 團結 點差

士人[且] 宮健 州兵給衣粮者[且] 羽林孤兒 從軍死事之子孫養之羽林號羽林孤兒[漢]

○伍五人什十人兩五伍卒四兩旅五卒師五旅軍五師遂一遂出兵一萬二千五百

人也單大國三軍以其餘爲羨卒單者無羨也【毛】○隊伍○行伍什伍之列全夥仝軍

【小】游闕游車補闕者○伍伯一伍之長户伯○大伯仝哨摠若今千摠

把摠之類也哨長若今哨官伍符軍伍之符信○簽丁名署軍籍之稱軍額軍數

點兵呼名點考也【杜】料出隱度戶口以充軍實也訂出仝閒丁未充軍之丁

步兵徒步之兵騎兵騎馬之兵馬兵○馬軍仝

○陣軍之行列營壘壁寨軍所屯處砦以石爲寨柵木柵儲胥軍中藩蔽哨屯戍防盜之處

哨堡仝屯勒兵而守局軍中部分部分屬也部曲五部下有曲廂亦分部之稱猶

司也○啓軍前又左翼先驅前鋒中驅次前中堅中軍胠軍翼兩甄兩翼拒

陣名有前拒後拒左拒右拒殿軍後○轅門王者出行于外次以車轅相向表門【周】戲下

轅門幕府 和 軍門也周礼大司馬爲左右和之門也 幕府 軍行無常居故云 牙 軍前治所 牙
門 建牙之門 幄 軍中帳 牙帳 牙立于門故云 碧油 節度使門旗二龍虎旌一節一麾槍二豹
尾二凡八物旗以紅繒爲之節及麾槍則綢以碧油故云 青油 仝 玉帳 大將所居
〇軍法 軍中法制 〇軍令 軍中号令 〇軍禮 軍中礼度
〇兵書 用兵之書 軍書 仝 軍讖 先言利害而後必符驗故云 六韜 太公兵書 三畧 或曰
黃石公所授或曰素書是 孫武子 孫武著 吳子 吳起著 心書 諸葛亮著 孫子 孫臏
著
尉繚子 未詳
〇講武 講習武事也 閱武 點閱也 訓鍊 教訓鍊習也 治兵 治兵事也 繕 修治也左 組
練 仝 耀威 〇耀武 仝
〇犒 餉軍曰犒 頖 酒食以供軍 旬設 燕犒 醳 酒食養兵[史] 軍餉 軍食 甬道 本是天子馳道

築墻使外人不犯者而軍食轉輸築墻道旁以防刼掠之患而亦借名爲甬道也

出師 發兵也 興師 動兵 仝 類 出師祭天 祠兵 軍出也 治兵 仝 禡 師行所止祭始造軍法者 表貉 仝

征 征正也伐不正而正之也 伐 聲罪致討 擊 膺 仝 侵 潛師掠境 攻 困圍城邑 圍 環其城邑 襲 掩襲也 墮 敗城阜 破 敗軍奪地 屠 破敗城邑誅殺其人 拔 拔城邑而取之 入 造其国都

取 奪其土地 舉 拔取 陷 敗沒 滅 毀宗社 敗 詭道勝之 定 平乱

戰 兵鬪也 鏖戰 彊戰也 短兵接 以短兵接戰也[趑] 致師 壯士掠陣以致敵然後大戰

偏戰 結日偏戰言與敵兵約日正戰不以詐道 鼓噪 鼓而衆聲 吶喊 凡吶喊偵合口念務字莫張口念賀字務字聲長賀字聲短故也

拒 以兵防敵也 禦 仝 旅拒 以兵逆戰[且] 犄角 繼其後曰犄絓其前曰角言駐兵掣敵也

○克捷 勝也 勝捷 ○凱歌 大捷則凱歌〔周〕 鐃歌 鐃音뇨歌戰功也〔漢〕

敗衄 兵敗者被血謂之敗衄 敗績 戰不勝無功 奔 叏敗 北 軍走 龍東 一作隴種兵敗披靡

之謂丈紀隴東軍士 跆籍 兵相踐也 崩潰 大敗不戰自潰

○降服 屈降而服罪也 下 降也 下城 下城降敵也 銜璧 捺死罪以自含也 輿櫬 亦銜璧之

意 面縛 縛手於後使面呈露也 反接 ○背剪 仝目

○救援 以兵救亂也 蚍蜉 援兵 蟻子 仝

○伏兵 隱軍伺敵也 覆 仝 ○守卡 音匝守要害處〔元〕

○振旅 軍入也〔毛〕 旋師 ○班師 回軍 綏 軍退〔二〕 ○逗撓 曲行避敵曰逗頓壁曰撓

○反間 以計愚敵也 ○間諜 陰探敵情 游偵 細作 仝 俔 仝〔甬〕 ○邦沟 盜取密事

探夌 仝 ○斥候 捻行險阻伺候盜賊也 塘報 斥候 蹹 蹋仝斥候隱伏

○俘 軍所獲也 虜獲 生禽曰虜斬首曰獲 擒 生禽曰擒 首級 斬一首進爵一級故云級也 馘 獲賊

左耳為馘

○戰亡 戰死 立慬 慬勇也死於戰而立其勇也〔進〕 殉節 死於節也 國殤 死兵之鬼 ○轒車

載戰死者之車 裒丘 收戰死露骨合一丘埋之者〔目〕 京觀 戰勝而積斬獲賊丘者 左

○掠 掠奪粮械輜重也 刼畧 ○鈔畧 肆掠也 肆 縱兵也 淘虜 俘掠也〔目〕 打草穀

契丹謂剽掠〔目〕

○寇賊 賊兵侵我者 暴客 外寇〔易〕 敵 仇也相對戰鬪者

○兵難 兵禍也 兵火 兵革燒掠 刼燒 兵燹 仝 ○寇斥 侵擾 猖獗 賊勢鴟張

皃 搶攘 乱皃 縴騷 連絡撓動皃 左

○兵罷 釰戟弓弩之稱 兵○戎 仝 仗 釰戟揔名 ○蘭錡 兵架令長架鑿孔以植旗纛者

〇旗 以帛掛竿軍中所建○又熊虎爲旗 常 日月爲常 旂 交龍 旟 鳥隼 旐 龜蛇 旃 通帛 物 雜帛 旞 全羽 旌 析羽 幟 以帛 縿 正幅畫日者 幢 〇麾 旂屬 章 旗謂之章日章月章龍章虎章鳥章蛇章龜章狼章鱅章管 旄 以鳥羽及旄牛尾爲之 牙 將軍之旂 旝 大將旗 貔貅 兵車旗畫貔貅 勿 州里所建之旗 𣃘 音勿大夫士所建 〇旐 旗身 旆 旗尾 斿 旂常之末垂者긔발 旛 旗幅下垂者 旓 旂旒긔드림 扃 建旗車上有關制之事不得動撓者 旗竿 긧대 〇颭旗 點旗也偃旗及地而復立若點頭也 弊旗 사旗 招動 긔썰러부르다 〇旆〻茷〻 旗飛颺皃 旖旎 旗從風委靡皃 淠〻 旗動皃 央〻 旗鮮明之皃 墆翳 旌旗陰翳皃 孑孑 旌旗將出皃[毛]

〇節 本作卩竹柄長三尺以旄牛尾爲眊ᄡᆞᆯ三重將軍所建

〇纛 玄女爲黃帝制玄纛十二以主兵似蚩尤首 掛纓 〇掛子 全 〇纛旗 懸旗於纛竿

〇戟 有枝長兵 창 戈 雙枝爲戟單枝爲戈 戣 三隅戟 鬭 音洽戟屬 孑 戟無刃 胡 戟之曲 勾

兵 戟有鉤者 刺兵 無鉤者 蛸 챵디죄챵죄챵 〇柲 戟柄 盧 音盧戈戟柄[周] 鐏 柲下銅

晋 仝 椑 考工記云句兵椑句兵者戈戟之屬也椑擔圓也戈戟之柄欲椑也 棨 戟衣 棨戟

以本爲之赤油韜之王公以下通以前驅 油戟 仝 〇稱 擧戈[書] 〇矛 如鋋而三廉 鶴

膝 矛名 厹矛 三隅矛[毛] 戵 四出矛書傳省作瞿 矟 槊仝矛長丈八者 鍦 飛矛 鎗 本作槍刺

本傷盜者 鉤鐮槍〇撓鉤槍〇筆管槍〇竹長槍〇木長槍

〇鴉觜槍〇狼筅 所以罣馬 摽槍 投以中人 鋼叉 三枝槍 鋋 小矛 〇矜

矛柄 英 鳥羽飾矛 喬 矛之上勾所以縣英者[毛] 錞 音敦矛底下銅鐏

〇釰 兩刃曰釰一刃曰刀 칼 刀 仝 孟勞〇青萍〇干將〇莫邪〇玉具

〇櫑具〇吳鉤〇魚腸〇秋蓮〇青釭〇偃月〇芙蓉〇

○旗 以帛掛竿軍中所建〇又熊虎爲旗 常 日月爲常 旂 交龍 旟 鳥隼 旐 龜蛇 旃 通帛 物 雜帛 旞 全羽 旌 析羽 幟 以帛 縿 正幅畫日者 幢 ○麾 旌屬 章 旗謂之章日章月章龍章虎章鳥章蛇章龜章狼章鶴章管 旄 以鳥羽及旄牛尾爲之 牙 將軍之旂 旝 大將旗 貔貅 兵車旗畫貔貅 勿 州里所建之旗 ⿰方勿 音勿大夫士所建 ○旐 旗身 旆 旗尾 斿 旂常之末垂者긔발 旛 旗幅下垂者 旓 旂旒기드림 稿 建旗車上有關制之事不得動撓者 旗竿 깃대 ○颭旗 點旗也偃旗及地而復立若點頭也 弊旗 사旗 招動 거셜리부르다 ○旆〻茷〻 旗飛颭皃 旖旎 旗從風委靡皃 淠〻 旗動皃 央〻 旗鮮明之皃 墆翳 旌旗陰翳皃 孑孑 旌旗將出皃 [毛]

○節 本作卩竹柄長三尺以旄牛尾爲眊[illegible]三重將軍所建

○纛 玄女爲黃帝制玄纛十二以主兵似蚩尤首 掛纓 ○掛子 仝 ○纛旗 懸旗於纛竿

○戟 有枝長兵 창 戈 雙枝爲戟 單枝爲戈 戣 三隅戟 闟 音洽 戟屬 孑 戟無刃 胡 鋒之曲 勾

兵 戟有鉤者 刺兵 無鉤者 蛸 챵디최 챵죄챵 ○柲 戟柄 盧 音盧 戈戟柄 [周] 鐏 柲下銅

晉 仝 捭 考工記云勾兵捭勾兵者戈戟之屬也捭揗圜也戈戟之柄欲捭也 綮 戟衣 綮戟

以本爲之赤油韜之王公以下通以前驅 油戟 仝 ○稱 舉戈 [書] ○矛 如鋋而三廉 鶴

膝 矛名 厹矛 三隅矛 [毛] 戵 四出矛 書傳省作瞿 矟 槊仝 矛長丈八者 鍦 飛矛 鎗 本作槍刺

本傷盜者 鉤鐮槍 ○撓鉤槍 ○筆管槍 ○竹長槍 ○木長槍

○鴉嘴槍 ○狼筅 所以罣馬 摽槍 投以中人 鋼叉 三枝槍 鋋 小矛 矜

矛柄 英 鳥羽飾矛 喬 矛之上句所以縣英者 [毛] 錞 音敦 矛底下銅鐏

○釖 兩刃曰釖 一刃曰刀 칼 刀 仝 孟勞 ○青萍 ○干將 ○莫邪 ○玉具

○櫑具 ○吳鉤 魚腸 ○秋蓮 ○青釭 ○偃月 ○芙蓉 ○

54

湛盧、太阿〇錕鋙〇龍泉 皆劒名〇䀹光 劒神名〇桃氏

鑄劒之官〇刃 칼날 刀口 仝 臘 兩刃[周] 鋋 刀鋒凡兵刃皆曰鋋 鋒 刀屬鋋也 又 鍔

鋒鋩[莊] 鍰 刃之直而上達者[周] 鐔 音心劒鼻人握處之下也一名劒環 衛 劒鼻玉也[目] 緱 刀劒

頭纏絲 鋏 劒把 檑具 長劒首以玉作鹿盧上刻山形似蓮未敷時 鹿盧 劒首作鹿盧形者〇

捲環之圓轉者通謂之鹿盧環刀柄冒如燭坮之銅荷者 睚眦 龍子性好殺故立于刀環 鞘 刀室 鞞

音丙仝〇 銛 刀劒利也 利 刀劒快也 刀壞 刀劒不利也 鈍頓 刀壞也〇 鋥 音呈

磨鋥出劒光也 鋻 音淬刀劒刃使堅也 焠 音翠燒以納水中使堅刀也 烱 仝 淬 音翠染也

以物嗆刃也〇 磨刀 갈다 가 ⿱君石 音暑磨刀 靃靃 磨刀皃[虞]〇 礪 숫돌 見石部 硎

錯 仝〇 割 버히다 切 仝 刺 以刀頭插物也 剖 判也가르다 劈 剖破也 刳 刓物

虛其中也 우뷔다 剜〇削 깍다

〇弓 黃帝臣青陽氏始作弓又倕作弓又少昊生般作弓 활 巨黍〇繁弱〇越棘〇烏

弴 弓名 弧 木弓 敦 音雕弴仝畫弓[二] 幹 弓弩[二] 弭 有緣曰弓無緣者曰弭與稍末不同 〇

曲張 弓神名 〇弓人 弓匠[孟] 槀人 掌弓矢[周] 〇銑 金飾弓頭 珧 蜃飾 珪 玉飾

〇把中 활줌 弝〇弣〇敝 仝 紮 音札纏弓弝也 줌뫼감다 簫 弓末差斜如簫故名

弭 弓稍末也以骨飾之滑弭弭也 弰 弓末 彄 弓弩端弦所居也 弓弝子 활도고지 淵 亦作

弸 簫弸之中也淵宛也宛曲也 활오금 隈 亦作畏弸也 胎 弓中幹 활오 幹 弓骨即胎也 帑

音如弓中裨也造弓之法幹雖用整木仍于幹上裨之帑即幹上所襯木 柎 弓側骨 ⿰弓彖 활뎐 ⿰弓蒲 以筋

貼弓 활의 잠늣타 貼弓 樺皮裹弓也 弦 활시위 彄子 시위고 韔 弓衣 韃〇弢

音刀 櫜 音高 韣 仝 弓檠 弛則縛于弓裏以備損傷 柲 本作⿰革必同 閉 仝[毛] 弓架子 긍삼

弓林 仝 弓拿子 도지게 〇液角 浸漬弓角也[周] 㝎 音根正角也[二] 熚 火熱也考

工記弓人撟角欲熟大而無燀 九和 弓力三均謂之九和〔二〕 炕弓 활졉좌넛다 ○ 鑛 煎膠

罷부레도망 鰾罐子 仝 鰾貼 부레로부치다 觧之 角弓調和也 張 張弓弦也 擘

手張弓 彎 持弓滿也 彀 弓弩持滿也 彍 音霍弓弩滿也 彀率 弯弓之限 ⿰弓皮⿰弓婁 音備內張

弓皃 ⿰弓匊 弦急皃 弸 弓声 撒剌 張弓声 ○ 弛 弓解去弦也 弨 弓不張〔毛〕 ○ ⿱𤇾弓 弓戾

也 활뎜따 憺 弓節絶 弓半欺 활뭄이다 句 太曲曲 檠弓 弓不中用 ○ 射 弓弩發于

身中于遠也 中 矢至的也 揚 不中 失手放 뒤ᄲᅵ지우다 ○ 平射 今之射以柳葉箭之

類〔庸〕 騎芻 騎射芻人也기추 長垜馬射 即騎芻也〔庸〕

○ 弩 黃帝始作弩 頭膢 音斉예平 大黃谿子 弩名 ○ 遠望 弩神名 ○ 臂 弩柄 牙

鈎弦 郭 牙外 懸刀 牙下 機 会臂牙郭刀 釗 弩機 ○ 擘張 手張弩也 蹶張 足張弩也

蹏 欲放弩者擧足張弩〔目〕 ○ 弮 弩曲也

○矢 庚弁始作矢一曰浮游作矢 살 箭 仝 由意 ○ 忘歸 ○ 信往 ○ 青鍭 ○ 赤

莖 矢名 ○ 續長 箭神名【木】 ○ 矢人 矢工【孟】 冶氏 掌矢之官【周】 ○ 枉矢 首二

名其一周官六等之矢也其一象妖星枉矢之形似射惡鳥 絜矢 守城車戰用之 殺矢 鍭矢

金鏃翦羽亦曰鉀箭 矰矢 ○ 茀矢 弋射用之 恒矢 ○ 庳矢 散射用之 鈚子箭

付부ᄌᆞ 骨鈚箭 뽈고도리 志 ○ 骲箭 仝【且】 樸頭 고도리 響樸頭 뎨고도리

嚆矢 響箭也射者先以兮箭也而遠近也 響箭 仝 髇 音 鳴鏑也響箭亦謂之髇 柳葉

箭 箭足形似柳葉者鈚子箭也而俗稱柳葉箭者足細而方 片箭 竿短而鏃重袖筒兒放之 鐵箭

六两 細箭 ᄀᆞᄂᆞᆫ디 ○ 殹矢 絜矢鏃矢茀矢庳矢也 ○ 箭幹 살디 稾苛 音稈 仝

栝 音括 括筈仝 筈弦處 오늬 拔 仝【毛】 箭口 仝 叉 括旁曰叉形似叉也 衛 齊人謂箭羽 鍭

金鏃箭羽【爾】 鏑 矢鋒 鏃 살촉 鋌 箭足入幹者即鏃之根也 箭足 鏃也 拔 矢末 砮 石鏃 ○

剛掛 弩鏃名 ○箙 矢之良者或矢箙 箭捌 片箭筒兒 櫜 箭箙 房 ○鞴韃 箭室

箭筒 盛矢筒 箭壺 仝 氷 盛矢箙[毛] 掤䉡 仝 笮 音作矢服 蘭 盛弩矢箙入所負也

弓鞬袋 동기[譯] 走獸壺 ○飛魚袋 仝 ○垸 音完爲殺矢杰而軋之以石磨

平之也[周] 檃 뎌否이 矯 桼箭括也살떠잡다 夾搖 試矢者以指撚箭鏃去有声以審其直也살卧

다 僻衛 夾搖之事 ○搭箭 살메우다 彀弦 仝 ○參連 先放一矢後三矢連續而

彀也[記] 襄尺 與君射讓退一尺[記] 井儀 乘矢并中如井字形記 白鏃 矢透於革見其鏃白

[記] 剡注 羽高鏃低去剡剡然注射也[記] 羿風 箭乘風而疾 趮 音操矢疾也考工記羽殺則趮

撒過 살젓고가다 倒縮 되卒츠다 磞落 仝 ○謞 音哮箭去声 搜 音溲矢疾声

鐖鴟叫 矢疾声若鐖鴟之叫也[世] ○宗 限也射準的也 ○注 射以賭物莊子金注丸注

○韝 팔찌 拾 仝[毛] 射韝 仝 ○韘 쟝갑 皮指 仝

○夌 鈎弦闓体者 각지 韘 仝 [毛] 抰指手 ○箭流子 仝 [謹] 朱極三 삼지 [毛]

○的 射侯之中也 관혁 貫革 仝 㨗革於帿中而射貫之 箭把子 ○把子 紅心 ○巾正

仝 正 本作鴊々擊征鳥也輕疾難中故借為的名 鵠 為鵠形著于帿中

○帿 以布為之 布堋把子 뎐 質 射帿 [前] 帿躬 帿之全体 个 帿邊幅 上个 家上幅

射舌 帿躬左右出 츌혀 維 射舌之角 舌儀 綖持射帿 縜 音云 持綱紐也 버리줄 植 音直

帿竿 솟대 鴻脰 杠長三仞以帛巾冒杠頭如雁頸也 ○貍步 一舉足為貍步半步也大射以貍步

張三帿

○容 形似牀頭小屏射者所以自防蔽也 [周] 防 仝 ○乏 持旌告獲者藉以避矢者 [周] 갑뫼 乏庥 仝

○彈子 以弓激丸而射物也 [史] 彈丸 탄ㅈ 텰환 彈弧 탄ㅈ고 絹 音改 仝 抨 彈也

○銃 총 鳥銃 丕총 銃林 총바탕 照門 在銃身中與照星相應以正丸路者 가막쇠 照

星 在銃頭 뭄ᄌᆞ쇠 火門 綫火之穴 拜鐵 방하쇠 搠杖 筭藥之杖 銅管 筭藥之筩 鐵

丸子 鉛子 火藥 화약 火繩 화승 筭藥 장약ᄒᆞ다

○礮 音鉋機石范蠡爲機飛石重十二斤行三百步砲始於此 抛車 仝 ○大碗口 대완구

西洋砲 ○佛郎機 ○紅衣砲 仝 震天雷 大砲名 木筒 ○甑

筒 ○鐵羽箭 ○子母砲 皆火砲名 ○地雷砲 埋地中伏賊至火起 ○子

砲 ○天墜砲 ○一窩蜂 ○飛天噴筒 ○大蜂窠 砲名 ○火

箭 신긔젼 火燎箭 ○神機箭 仝

○狼筅 用毛竹長而多枝者末銳包鐵如小槍兩旁多留長刺一直一鉤如戟如鉤數以毒藥鋒利難犯

○斧 鉞屬神農作斧 斨 方銎斧 銎 斧孔 ○戉 一作鉞斧之長柄者 ○戚 戉類 ○揚 戉類

○鐵蒺藜 布地以刺人馬足者 ᄆᆞᆯ음쇠 鬼箭 仝 渠荅 仝 菱角 ○地澀 ○鹿

角木 蒺藜之類 拒馬木 거머쟈

○甲 갑옷 函介鐵衣 仝 犀渠 甲謂之渠 犀渠者以犀革為甲也 ○函人 造甲之工 [益]

○札 甲之革片 [左] 甲葉 仝 三屬 上身一也 髀褌一也 脛徼一也 上旅下旅 腰以

上曰上旅 腰以下曰下旅 甲身 上旅 甲裙 下旅 軟戰 輕甲 護心鏡 背上掛鏡當甲 鞈

重革當心著之 即掩心甲也 厴 音 扞腰 仝 ○繄 甲藏謂之繄 [国] ○敹 音料 甲縫綴也

○擐甲 被甲 裹甲 被甲而外掩衣也 披堅 被甲曰披堅

○韎韐 戎衣 黑衣 戎衣 褂子 無袂衣 괘ᄌ 褙裸 ○罩甲 ○搭肩 仝 裲襠

一當胷一當背 今弓衣之舊 箭衣 遵將士率分衩之服 䙆 分衩曰䙆 上馬衣 袴褶 騎服 偏

褽 褽背中縫也 褽在中而左右異色戎衣也 ○裲 戰裙之俗係

○胄 투구 兜 ○鍪 ○鎧 ○釬鞮 ○鞪 ○盔 仝 頭魁 仝 朱 鉅鉾 似是盔屬

○鉐 盔之垂後者 鋄鍜 仝 耳鏡 盔之垂左右者 圍頷鐵 부ᄊ븐 벌쇠 頸項

掩項甲 毦 盔上羽毛飾 샹모 ○鶡冠 武士所著取其毅也

○干 干者扞也 방픠 盾 ○遮箭牌 仝 櫓 大盾 吳魁 大而平者 須盾 大而隆者 䧁虜 大而約背而趨者 露見 仝 子盾 狹而短卑上所持者 木絡 以縫編板者 步盾 狹而長

龍盾 畫龍 犀盾 裹以犀皮 鶴膝 盾名〔吳都賦〕 伐 中干〔毛〕 ○瞂 音盾握 錫 音陽 盾背金飾者 ○牌 以蔽矢石者 藤牌 藤繞作圓牌步兵器 蠻牌 蠻人之器牌內揷飛槍飛

刀

○鼓 見樂府 鼙 騎鼓 大鼙 昏鼓四通 晨戒 夜半三通 鼓呴 朝明五通 朔鼙 中軍執以令衆

應鼙 旅長執以應之 ○播鼓 擊鼓 ○鼘鼘闐闐 填然 戰鼓声

○金 軍行鉦曰金 금 鉦鐃 ○鐲錚 仝 丁寧 左鉦也 ○鈔鑼 馬上所擊 ○刀斗

所以警巖者孟康曰以銅爲鐎晝炊夜擊顏師古曰刀當作刁宣城梅氏曰兩說并非 ○哱囉 바라

○喇叭 나발 鼓子 仝 [本]龍角 祖玄所作一名銅角即喇叭 鎖哪 鎖哪〻〻喇叭曲也 [illegible] 喇叭

蕿号數声在号笛之次故云字 ○嗩吶 似喇叭 ○大角 胡人吹之以驚中国馬也 ○跳

笛 俗名太平簫也始以葭管後以銅爲之

○笳 胡人卷芦葉吹之 菰 仝 鳴鞭 仝 [誤] ○摩訶兜勒 ○出塞 ○八塞 ○

楊柳 曲名

○觱篥 音必衆以竹爲管以芦爲首胡人吹之以驚馬者 笳管 ○悲篥 仝

○海螺 今軍中螺螄吹作波囉之声者及吾

○鐸 摇鈴所以循衆者 㧧鐸 㧧音六摇鐸 兌金 鐸音 [二] ○柝 木柝 ○棷 夜守城者所擊

○梆子 斲木三尺許背上穿直孔擊之有声 ○鈴 방울 鎣〻鈌〻鐰〻 鈴声

○枚 銜枚止喧枚狀如箸橫銜之繣挈于項繣結也挈繞也

○望樓 樓上立望子一人手執白旗無冦則卷冦來則開冦近旗幹平冦至則垂冦退則徐舉之也

○雲梯 所以窺望城中者

○飛絙 所以渡水者

○浮囊 以渾脫羊皮吹氣令滿束於腋下浮之以渡

○木罌 甕缶受二石力勝一入甕闊容五寸以繩句聯編檢其上形長而方左右置棹

○木驢 以木爲脊下安六脚蒙濕牛皮中容六人以攻城[丟]

○洞屋 以木撐進冒以牛皮以攻城[亘]

鵝車 仝

旱船 亦名呂公車非車非船可以瞰城

○鐵撞木 所以餡破木驢者

絞車 [illegible]上敵人木驢之具

○木檑 所以擊攻城蟻附者

夜叉檑 仝

○礌石 城上雷石[漢]

礟 飛石打人之砲

鵝卵石 圓石打人

灰瓶 亦城上打人之具

金汁 仝

○壕橋 以木為橋施而輪遇壕則推輪八壕而渡 ○縆梯 所以登高者垂兩絙〻間橫架以木層〻躡登

○飛梯 蟻附以輪著城推進者 ○鉤援 登城梯詩云云以盾鉤援 ○撞車 飛梯臨城則撞之

○刀車 城門壞以刀車塞之 ○木女 形如女墻敵壞女墻以木女代之

○元戎 周兵車 小戎 秦兵車 ○左廣 ○右廣 楚兵車 ○偏車 二十五乘為偏

車 扁箱車 仝

○檄 音曰 木簡為書長尺二寸以號召也一陳彼之惡布此之德曉諭遠近之書 羽檄 有急插羽

○露布 戰克書之于黍竿上者 露板 仝 捷書 戰勝之書 ○尺書 書斷獲之功於一尺之板

者亘

○水戰 以舟楫戰於水中也 ○舟師 ○水軍 水戰之軍 戰船 水戰之船 樓船 船上建樓

列女墻者 海鶻 樓船名 鬭艦 上設女墻者 艄船 兵卒偵巡者 金翅 艄船迅疾者

皮船 戰紲光渡水法用生牛馬皮竹木緣邊如箱形大乾再用竿係助之以浮水一船可乘一人兩皮合縫可乘三人

○火攻 縱火焚營寨而攻也

○刑 戚有罪也 辟 ○罰 仝

拷 擊也 打、撾 仝 篣格 篣搒仝格擊仝 撻 笞擊 笞 ○扶 ○搒 ○扑 仝 桁

楊 刑杖名 ○刑推 撾脛脊俗名刑推又名刑問蓋拷訊之刑也 亂杖 治盜之刑打脚掌也

[俗] 亂梃 仝 脊杖 唐以前打脊背 夾棍 쥬뢰 周牢 仝 ○㬱 音庀呼痛声 [漢] 鎰

罪入見血也 䏎 杖痕腫起 疻 音只毆傷也 [漢] 五百 一作伍陌行杖也

○捽 挙也 捽胡 捽頭也 멱살잡다 漢 捽田 ㄸ어두루다 [譯]

髡 鬄髮即去髮之刑 髫 音箝仝 耏 輕罪不至于髡完其耏鬢也 ○天 鑿頭刑 [易]

○劓 音意截鼻之刑 ○刵 音二斷耳之刑

○黥 以黑涅面也刀破之而後加墨ス之 墨黵面 仝 ○劼 音謁剺面 剺面 仝 [目]

○宮 腐刑 淫刑 ○椓 ○隱宮 ○胥靡 仝 ○蠶室 施宮刑者四之蚕室

○刖 足刑발뒤즉버히다 剕 仝 兀者 刖者 ○踊 刖者之屨[左]

○雉舂 有罪身舂之者也 步舂 仝 ○城朝 朝伺寇暮築城也一曰朝起築城也 ○鬼薪 取薪以給宗廟也

○殺 죽이다 誅戮 殛 仝 大辟 死罪 斬 斷首 腰斬 斷腰 轘 車裂 矺死 音尺磔仝裂支体也

陵遲 ○支解 仝 肆 陳其尸也[語] 踣 音卜사其尸于市也 梟 音喬斷首倒懸 梟首 懸首木上

聅 音徹死刑者以矢貫耳也 ○法場 刑殺之所 藁街 陳湯斬郅支首懸藁街

○絞 縊刑 縊 仝 磬 縊殺取懸義[礼] ○賜死 大臣有罪賜劍賜藥使自殺也 賜劍 ○

賜藥見上 後命賜死之命 ○族誅三族也父族母族妻族也 夷誅滅 夷丹赤族

仝 ○籍沒籍記財物而沒入也 抄家적몰

○逮繫辭之所及則逮捕之者 捕擒捉也 跟捕追其踵而捕也 拘 ○執捉囚也 ○檻

車拘送罪囚之車 匣牀四車之類

○首匿爲謀首藏匿罪人也 僕匿隱匿亡人 二 ○搜索뒤여찻다 謄房子집뒤다 謹

○囚拘係也 幽仝 對理對獄 就吏就囚也 監著가도다 嫭音孤保任也婦人罪輕者

入獄故係外而待罰보방ᄒᆞ다 ○囚帳籍囚人姓名者亘今稱囚徒案 ○赭衣罪人衣 ○

㬈音溫以四食囚者 ○瘐囚以飢寒死者也 ○折獄決獄 訊鞠囚 問訊罪 討究問

鞫仝窮理罪人 推窮詰 詰問罪 勘鞫囚 拷訊치며ᄭ두다 譴何譴責也何詰問也

論囚定罪也 報論囚 讞音練議獄 錄囚錄音慮錄囚徒知其冤滯與否 慮囚仝 查

査 사힐ᄒᆞ다

○獄 所以係囚 牢陛○福堂○圜土○牢犴○室 仝 犴 鄉亭之係 詩傳宜犴宜獄

圜扉 獄門 狴 龍子形似虎有威力立于獄門 ○夏臺○念室 夏獄名 羑里

○動止 殷獄名 囹圄○稽留 周獄名 若盧 漢獄名 南里因諸 齊獄名

羣 都船○黃沙○北寺 獄名 巖棘 獄中 ○士○長流○李官

○若盧 獄官 廷尉 漢 大理 虞宋 東廠錦衣衛 皇明從又有西廠 ○請

室 請罪之室 ○柱後冠○惠文冠 獄吏冠名

○鎖匠 옥사장이 出麗史 匠當作掌

○謫 有罪徙邊也 遷○流○竄○配○徙○放 全家徙邊曰遷長流不返曰流投畀

遠去曰竄充配軍伍曰配帶餘工作曰徙待放三年曰放 蔡 音殺 ○行遣○安置 仝 蔡

流放曰竄左 付處未到配而姑付中途所止也 栫棘圍以棘也 ○釁入 ○逐臣

○謫客被謫之人 擺站去귀향가다 ○何戈罪戍違遠者

○徇巡也조리도로다 回示有罪者回匝示入獄使人戒而不犯也

○罪辜人有過也 ○釁累仝 眚過眚 ○坐罪죄닙으다 負犯負罪犯法也 故

犯知而犯罪也 僇入負罪之人 ○連坐罰延他入也 干連干犯之人 反坐欲陷

人反受也 ○發覺罪狀昭著也 ○媒孽釀成罪過 失入誤入入罪 ○繩繩直也以

法直枉也 當處斷罪人言罪法相當也 抵罪當其罪也 末減薄施罰 ○文法持法深刻

也 舞文舞弄也玩弄文法也 ○承服服罪也 自首自言其罪 首實仝[亘] 承款

當死服罪 屈認쉬미리오복ᄒᆞ다[諢] 誣服不勝拷掠而枉服也 抵賴推托不服也

○招辭罪人口辭 口招仝 爰書爰換也以文書代換罪人口辭也 供辭招辭

○侤音 다짐 [呈] 招供○招認○招狀 仝○原情 獄囚陳情之文

○寃 無罪受誣者 枉 仝○直 理人枉也 平亭 稱停之停義仝吏云平亭疑法 平反 理出枉法罪囚也 [吏]

○訟 爭曲直于有司也 聽訟 聽兩辭決曲直也 兩造 兩爭者皆至也 東矢 入東矢于朝然後聽訟

鉤距 如釣鉤之有距啓之則順吐之則逆使人入其中不能出以鉤索隱情也 面質 면지 對

面 仝 客訟 事不干己妄興詞訟 打官司 송ᄉᆞ ᄒᆞ다 喫官司 죄의 걸니다 屈官

司 원통ᄒᆞᆫ 송ᄉᆞ 元告 정ᄒᆞᆫ 告 狀者 仝 元隻 정ᄒᆞᆫ인 ᄉᆞ람 被告人 仝

牒 訟辭 案 獄訟訟 斷案 결안 산 批判 데ᄉᆞ ᄒᆞ다 跋尾 살옥의 伏마감

○赦 宥罪人 宥○休○原○恕○饒○貸○貰 寬罪也 放○釋 出罪囚也

逭○脫○免 免罪也 失出 不當宥而故出之也 ○金雞 唐赦日置金雞于竿

宣制釋曰 貫索 天理四星主貴人之牢如今禁府貫索九星主賤人之牢如今典獄其囚多星則罪人充滿其內無星則囹圄空虛

○贖 納金免罪也 劉鍰 贖金六兩 倓錢 倓本作賧音談蠻人贖罪貨也

○榎楚 榎音賈朴也榎圓楚方[死] 笞 音蚩小杖 楠 ○鞭 ○梃 仝 杖 大鞭 訊杖 拷訊之杖

棒 一作棓杖也 도리뫼 棍 如棓今称板杖 板子 장은 敲 短杖[更] ○篘格 刑板

○枷 項械칼 校 仝[邑] 桁楊 夾頸及脛者皆曰桁楊 長枷 今之枷也 行枷 힝ᄎ칼

○桎梏 在手曰梏在足曰桎 械 桎梏通称 三木 鎖頸及手足也 拲 兩手同械 銬 音四手械 手杻 손의슈박다 鋜 音捉足拎 鈦 踏脚鉗 鉗 쟉고 脚鐐 以環着兩股而以系綴之使不得潤步者

○拶 音察指刑穿小木以繩係十指間束縛之 攢指 손가락의쎄이는것 拶板 손가락의쎄이

고치는나모 挾ㄹ棍 쥬리트다 打尻骨 볼기치다

○徽纆 三股曰徽兩股曰纆 오라 縲絏 黑索[語] ○銀鐺 쇠ᄉᆞ슬 鎖連子 소

○囊頭 以布蒙頭也 보씌우다 捽面來 ᄭᅳ어두루다 拉 ᄭᅳ으다

○椹質 木跌也斬戮者伏人於椹質之上以斧斷之也

(附)法 法偪也偪而使有所限之也 索 法也[左] 帠 音昇法也[莊] 制 成法 式 ○度 ○辟 ○典 ○章 法也 憲 縣法示人 ○律 法律 三尺 以三尺竹簡書法律故法謂之三尺 挈令 律令之書[說] ○禁令 禁制之令 捡 禁制也[玉]